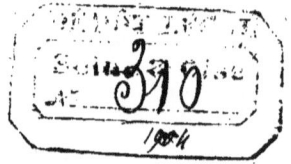

DE LA

LÉGISLATION FRANÇAISE

Concernant la Contrefaçon

SUR LES

BREVETS D'INVENTION

PAR

Ch. THIRION	J. BONNET
INGÉNIEUR	DOCTEUR EN DROIT
DES ARTS ET MANUFACTURES	INGÉNIEUR DES ARTS ET MANUFACTURES

CONSEILS EN MATIÈRE DE PROPRIÉTÉ INDUSTRIELLE

EN VENTE, CHEZ :

BELIN et Cie	Ch. THIRION et J. BONNET
56, rue des Francs-Bourgeois	95, boulevard Beaumarchais
PARIS	PARIS

1904

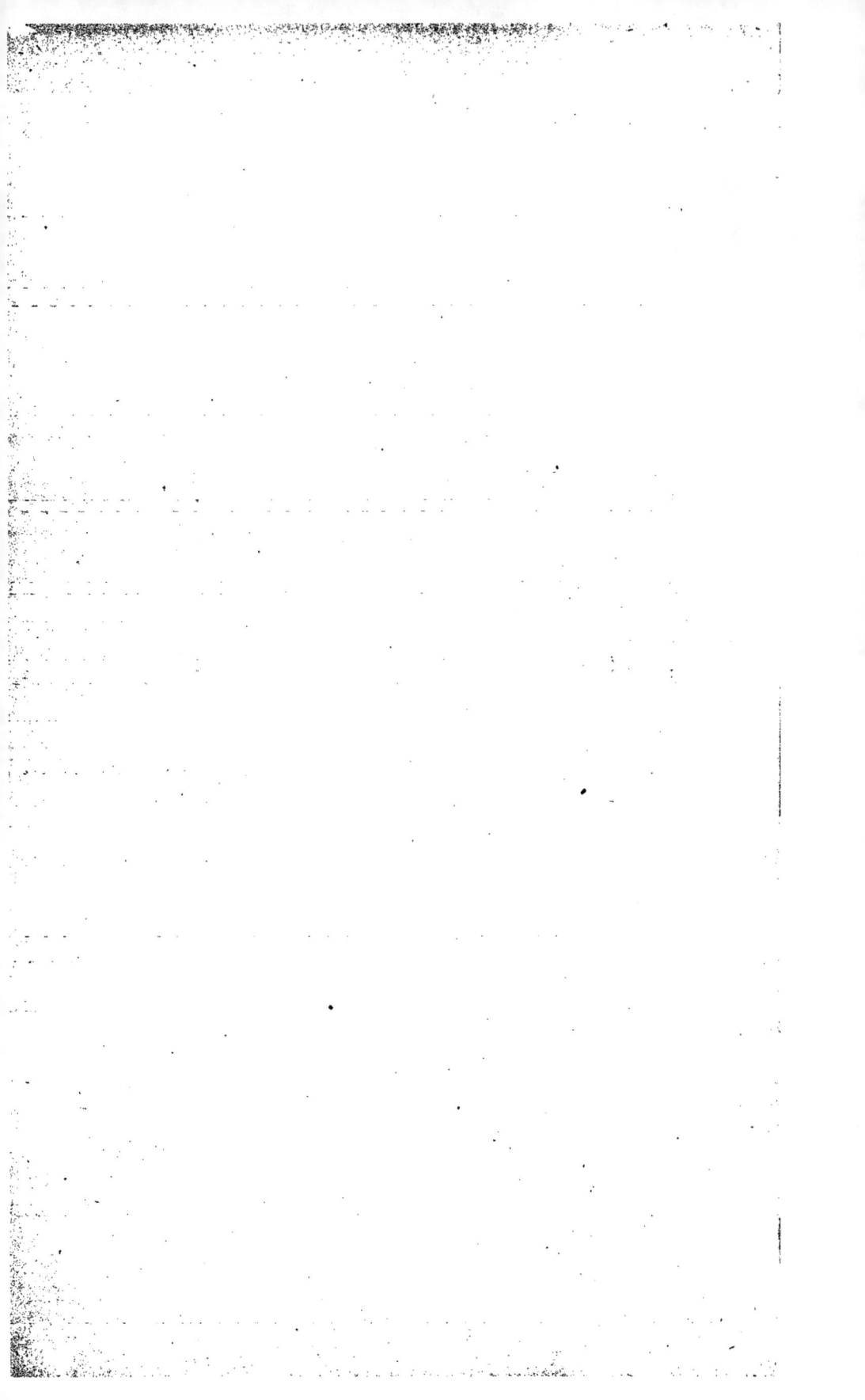

DE LA LÉGISLATION FRANÇAISE

SUR LES

BREVETS D'INVENTION

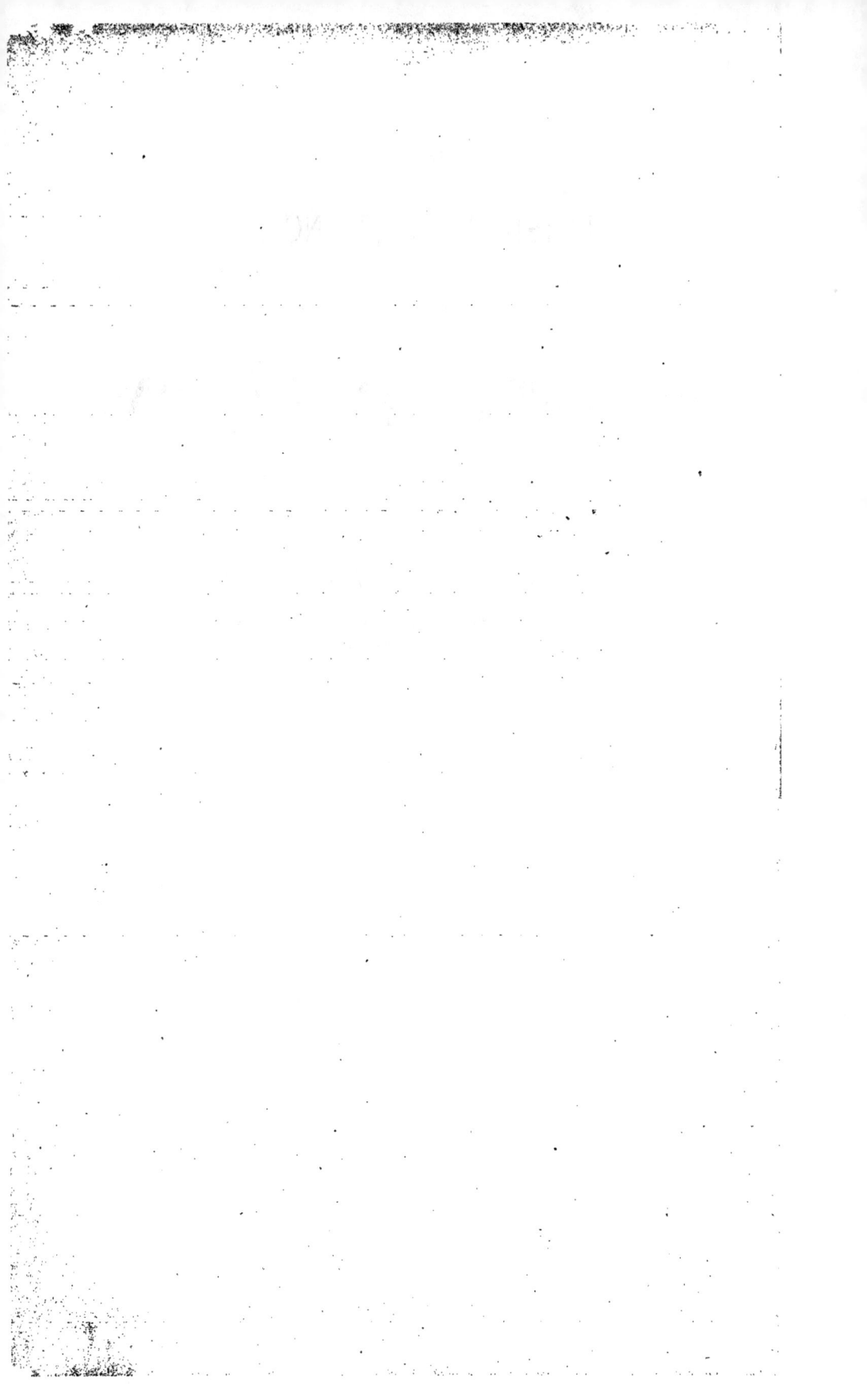

DE LA

LÉGISLATION FRANÇAISE

SUR LES

BREVETS D'INVENTION

PAR

Ch. THIRION

INGÉNIEUR
DES ARTS ET MANUFACTURES

J. BONNET

DOCTEUR EN DROIT
INGÉNIEUR DES ARTS ET MANUFACTURES

CONSEILS EN MATIÈRE DE PROPRIÉTÉ INDUSTRIELLE

EN VENTE, CHEZ :

BELIN et Cⁱᵉ

56, rue des Francs-Bourgeois

PARIS

Ch. THIRION et J. BONNET

95, boulevard Beaumarchais

PARIS

1904

AVANT-PROPOS

Ce nouveau livre n'a d'autre ambition que d'exposer, sous une forme condensée, une étude complète de la législation française sur les brevets d'invention, dans son dernier état.

Nous le présentons avec confiance aux juristes qui veulent s'initier à une branche du droit toujours négligée dans l'enseignement de notre Université, et surtout aux industriels, aux commerçants, aux inventeurs qui ont besoin de connaître les conditions de la protection légale des inventions et qui abordent cette étude sans une préparation juridique.

Nous nous sommes efforcés d'être très brefs et très clairs à la fois, sans renoncer à être aussi complets que certains traités plus étendus.

Le lecteur trouvera donc ici tout l'essentiel de ce qu'il a intérêt à savoir sur cette matière. Nous n'avons pas craint même d'exposer à grands traits la théorie du droit de l'inventeur, en suivant la doctrine qui triomphe dans la science juridique en France et à l'étranger, et qui semble avoir enterré définitivement certaines idées ayant encore cours actuellement dans le public, notamment la conception surannée du prétendu contrat passé entre la société et l'inventeur, dont le brevet serait en quelque sorte l'instrument.

Plaçant les principes généraux au premier plan, nous avons fui les controverses vieillies et oiseuses, l'analyse aride et stérile des textes, pour nous attacher à mettre en lumière les conséquences qui découlent des principes, les solutions acceptées sans conteste ou qui nous paraissent les meilleures. Nous avons cité à l'appui de notre opinion les décisions des cours et des tribunaux, et de préférence celle de l'autorité la plus haute, la Cour de Cassation. Pour illustrer des principes abstraits par des exemples concrets, nous avons puisé dans l'abondante jurisprudence qui s'est accumulée, depuis soixante ans que la loi existe; mais nous nous sommes toujours appliqués à choisir nos espèces avec soin parmi les plus topiques, les plus simples et les plus faciles à saisir.

Tel est le but que nous nous sommes proposé, telle est la méthode que nous avons suivie; au lecteur de dire si nous avons réussi et si nous avons su faire œuvre utile.

Mai 1904.

LIVRE I

DES BREVETS D'INVENTION

CHAPITRE Ier

Considérations générales.

1. Législation. — La législation qui régit en France les brevets d'invention est déposée dans la loi du 5 juillet 1844. Cette loi fondamentale a été modifiée, sur certains points, par des lois du 31 mai 1856 et du 7 avril 1902, mais le législateur est resté fidèle aux principes généraux sur lesquels se fonde la loi de 1844 et il a respecté le régime qu'elle a institué. Une loi du 9 juillet 1901 a organisé, au Conservatoire des Arts et Métiers, un *Office national de la Propriété industrielle* destiné à centraliser les services relatifs aux brevets d'invention et aux autres branches de la Propriété industrielle. Un arrêté ministériel, en date du 11 août 1903, a émis des prescriptions importantes en ce qui concerne les conditions de forme à remplir dans les descriptions et dessins annexés à une demande de brevet.

La législation de la métropole a été rendue applicable aux colonies françaises, par un arrêté du 21 octobre 1848; à l'Algérie, par un décret du 5 juin 1850; à l'Indo-Chine, par un décret du 24 juin 1893, et à Madagascar, par un décret du 28 octobre 1902.

Une loi du 23 mai 1868 a organisé un régime de garantie provisoire pour les inventions admises aux expositions publiques autorisées. Enfin, la participation de la France à la Convention constituant une Union internationale pour la protection de la propriété industrielle, en donnant force de loi aux dispositions de la Convention du 20 mars 1883 et aux

1

Actes additionnels du 14 décembre 1897 et du 14 décembre 1900, apporte à notre législation nationale des dérogations très importantes au profit de tous les ressortissants des Etats de l'Union.

2. Système de la loi française. — Notre législation est fondée sur le principe de non-examen, c'est-à-dire que les brevets sont délivrés en France sans examen préalable de l'invention, aux risques et périls de l'inventeur et sans garantie du gouvernement. Seule, la délivrance du brevet s'opère par un acte administratif ; mais, après sa délivrance, le brevet échappe entièrement à l'autorité administrative : les tribunaux de droit commun sont seuls compétents pour connaître de toutes questions concernant la propriété, l'interprétation ou la validité des brevets, pour en prononcer la nullité, la déchéance, pour statuer sur les atteintes portées aux droits du breveté, pour réprimer la contrefaçon. Le pouvoir législatif a seul qualité pour prolonger la durée d'un brevet.

3. Définition du brevet. — Le brevet d'invention est le titre délivré à l'inventeur par l'Administration. Il constate le dépôt de sa demande et l'objet de son invention ; il fixe le point de départ du droit privatif reconnu par la loi à l'inventeur breveté, pendant un espace de temps limité à quinze ans, au maximum. La demande et la délivrance d'un brevet sont les conditions nécessaires de la protection légale du droit de l'inventeur, mais le brevet n'est pas un titre de propriété incontestable : le droit de l'inventeur n'est pas garanti, en effet, par la seule délivrance d'un brevet accordé sans examen préalable, il demeure soumis, pendant tout le cours de sa durée, au risque d'annulation et de déchéance ; la nullité peut en être prononcée à la requête de tout intéressé et, dans certains cas, du ministère public, soit à raison des vices dont est affecté le titre, soit pour des causes tenant à la nature ou au caractère de l'invention. La déchéance du brevet est encourue par l'inexécution de certaines obligations imposées au breveté.

4. Régime général des brevets. — Nous avons dit que la délivrance d'un brevet était la condition première et nécessaire de l'existence d'un droit privatif de l'inventeur sur son invention et que, la loi française étant fondée sur le principe de non-examen, le brevet délivré ne constituait qu'une présomption de droit. Quelques explications sommaires montreront comment fonctionne le régime de non-examen établi par la loi : S'il veut bénéficier de la protection légale, l'inventeur (ou plus gé-

néralement celui qui prétend détenir le secret d'une invention)
doit solliciter un brevet en se conformant à certaines prescriptions et conditions qui l'obligent à divulguer et à préciser l'objet
de son invention. Le brevet qui lui est délivré sur cette demande
constatera l'accomplissement des formalités légales, la régularité de sa demande, il ne consacrera pas son droit. Le contrôle de
l'autorité administrative dont dépend la délivrance ne porte, en
effet, que sur les conditions extérieures et surtout matérielles
de la demande de brevet. Or, le droit qu'il revendique, et sur
la nature duquel nous donnerons plus loin quelques détails, est
subordonné à d'autres conditions encore, les unes inhérentes à
l'invention elle-même, les autres relatives à certaines prescriptions légales. Les vices de l'invention ou du titre, n'ayant fait
l'objet d'aucun examen avant la délivrance et n'étant pas couverts par elle, peuvent être invoqués par tout intéressé pour faire
prononcer la nullité du brevet. Il y a donc lieu d'étudier successivement quelles sont les formalités à remplir dans la demande
d'un brevet, quelles sont les conditions de la délivrance et quelles
sont enfin les causes de nullité, de manière à distinguer nettement les conditions de délivrance et les conditions de validité
des brevets; mais il nous paraît utile de dire d'abord qui peut
demander et obtenir un brevet et quelles inventions sont susceptibles d'être brevetées.

5. Qui a droit à un brevet? — Le brevet ne peut être
valablement délivré que pour une invention brevetable, il peut
l'être à tout autre qu'à l'inventeur. Non seulement l'impétrant ne
sera pas tenu de justifier de sa qualité d'inventeur, mais cette
qualité est indifférente pour la validité du brevet, car il sera
tout aussi légitimement délivré à ses héritiers, à des ayants
cause, que leur titre soit régulier ou non, qu'ils soient de bonne
ou même de mauvaise foi. Ainsi celui qui a dérobé le secret d'une
invention par fraude ou par délit pourra la faire breveter, et jamais
le défaut de qualité du breveté ne sera une cause de nullité du
brevet. Nous verrons comment la revendication pourra s'exercer à l'encontre de l'indu-breveté et dans quelle mesure elle
permettra à l'intéressé de reprendre son bien; mais, si l'on n'envisage que la délivrance du brevet, on est en droit de dire que la
protection légale est accordée à l'invention plutôt qu'à son auteur,
contrairement au principe énoncé dans l'article 1er de la loi (1):

---

(1) Cf. Paris, 11 avril 1892; *Loi*, 3 mai 1892.

La capacité même de l'impétrant importe peu : le brevet sera valablement demandé et régulièrement obtenu par un mineur, un incapable, un failli. Il sera aussi bien délivré à un seul intéressé qu'à plusieurs en commun, à une personne physique qu'à une personne morale, une société par exemple ; nous n'excepterons même pas l'Etat dont le Domaine privé ne se confond pas avec le Domaine public et qui, d'ailleurs, possède, fabrique et fait le commerce. Enfin, l'étranger jouit, en notre matière, des mêmes droits qu'un Français.

CHAPITRE II

Du droit de l'inventeur.

6. Nature, étendue et durée de ce droit. — L'expression de propriété industrielle, toujours usitée, même dans des textes législatifs, ne suffit pas à trancher la question de la nature du droit conféré ou reconnu à l'inventeur, par une loi qui a négligé cette question à dessein. On s'accorde plus généralement aujourd'hui à considérer ce droit, non point comme un droit de propriété proprement dit, ni surtout comme un simple privilège, concédé par l'Etat en vertu d'un contrat passé avec l'inventeur, mais comme un droit d'une espèce particulière, antérieur et supérieur à la loi positive, rentrant dans la catégorie des droits dits « intellectuels ou immatériels » et qui appartiennent par définition aux auteurs, aux inventeurs, aux créateurs en général, sur la conception sortie de leur cerveau et réalisée par eux (1).

Le droit de l'inventeur s'analyse en un droit d'exploitation de l'invention, droit exclusif, absolu, opposable à tous, s'exerçant par la faculté pour l'inventeur de se réserver le profit de son invention et d'en interdire la jouissance à tous autres, quant à la fabrication, à la vente et à l'usage au moins industriel (2). Dans l'intérêt de la collectivité et de l'industrie nationale, le droit de l'inventeur breveté est limité par l'obligation d'exploiter et l'interdiction

---

(1) Cf. Bonnet, *Étude de la législation allemande sur les brevets d'invention*, pages 6 et suivantes ; Paris, Chevalier-Marescq et Cie, éditeurs.
(2) Cf. sur la portée et les limites du monopole d'exploitation qui appartient au breveté, Trib. corr. Seine, 4 mars 1898, *Droit*, 19 mars 1898 ; Paris, 14 mai 1898, *Droit* du 9 mai 1898 ; — Lyon, 25 janvier 1899, *Mon. jud.*, Lyon, 20 avril 1899.

d'importer. L'exploitation illicite de la part d'un tiers constitue la contrefaçon qui donne lieu, non seulement à la réparation, au profit du breveté, du préjudice causé, mais en outre à l'application d'une peine, car la loi fait de l'atteinte au brevet un délit.

La durée de ce droit est essentiellement temporaire, elle ne peut dépasser quinze ans, et l'inventeur lui-même la fixe dans sa demande de brevet, en optant entre trois termes : 5, 10, ou 15 années. La loi ne prévoit pas la renonciation expresse du breveté, mais il dépend de lui d'amener la déchéance du brevet en cessant de payer les annuités, si elles ne l'ont pas été par anticipation. La prolongation du brevet, qui ne peut être accordée que par une loi, est un fait exceptionnel.

Le droit de l'inventeur breveté n'est pas personnel, il est, au contraire, cessible et transmissible, entre vifs, par testament ou par succession. La cession seule est soumise à certaines formalités et conditions assez rigoureuses. Ce droit, dont le caractère est mobilier et incorporel, peut être l'objet d'un usufruit, d'un nantissement, d'une saisie (théoriquement du moins) ; sa jouissance peut être démembrée par des concessions de licence.

Le brevet confère certains avantages accessoires ; seul, l'inventeur breveté a le droit d'user de ce titre, à condition d'y ajouter la mention « sans garantie du gouvernement ». Il jouit d'une faveur pour étendre son droit privatif sur ses perfectionnements, en demandant un certificat d'addition, et d'un privilège sur les perfectionnements qu'il peut inventer dans l'année de son brevet. Pour faire constater les atteintes portées à son droit, il obtiendra l'autorisation de procéder à la description, avec ou sans saisie, des objets contrefaits.

7. **Droits du possesseur antérieur de l'invention.** — Nous tenons à signaler dès maintenant que le droit exclusif d'exploitation qui appartient au breveté, sur son invention, souffre une exception, qu'il n'est pas toujours, conformément à sa définition, opposable à tous au profit d'un seul, exclusif de tout partage. Malgré le silence de la loi de 1844, la jurisprudence et la majorité des auteurs admettent, en effet, que « le brevet est sans valeur relative quant à celui qui pratiquait antérieurement l'invention, objet du brevet ». Cette exception se fonde sur le respect des droits acquis. Quel est son effet ? Quelle est sa portée ? Quelles sont ses conditions d'exercice ?

Définissons d'abord nettement les caractères de la possession antérieure dans le sens où nous l'entendons : Il s'agit d'une possession antérieure non publique, d'une possession de l'invention à titre de secret de fabrique. Malgré la défaveur, au moins relative, qui frappe le secret de fabrique, aux yeux du législateur qui institue des brevets d'invention, une semblable possession crée un droit au profit de celui qui l'invoque. Quel est ce droit ? Aux termes mêmes de la loi, ce ne saurait être le droit de faire annuler le brevet, car il suffit de se reporter à l'article 30 et à l'article 31 pour se convaincre qu'une exploitation antérieure et clandestine de l'invention n'est pas une cause de nullité du brevet. Le défaut de nouveauté, auquel on doit nécessairement penser, a, pour condition essentielle, la publicité. Or, la publicité, on l'a fort bien dit, est fondée sur une présomption de possession publique (1), et la connaissance personnelle, l'exploitation secrète sont précisément le contraire de la publicité, puisqu'elles sont, par définition, exclusives d'une présomption de possession publique (2). N'étant pas destructive de la nouveauté de l'invention, le fait de la possession antérieure n'est donc pas un obstacle à la validité du brevet et ne peut être invoqué, comme une cause de nullité, ni par le possesseur ni par un tiers. Les effets généraux du brevet subsistent, par conséquent, sous la réserve des droits acquis. Le droit acquis au profit de celui qui justifie d'une possession antérieure, c'est le droit de continuer l'exploitation de l'invention malgré le brevet, qui, sur ce point, est mis en échec. Il en résulte, pour le possesseur, une exception opposable au breveté, dans toute poursuite en contrefaçon, à fins pénales ou civiles. Sa jouissance de l'invention est licite et on assimilera volontiers sa situation à celle d'un porteur de licence, mais cette licence, il ne la doit point à une concession du breveté, il la tient du droit, respectueux des faits établis quand ils ne sont pas contraires à la loi.

8. — Quelle sera la portée ? quelles seront les limites de cette exception, de cette licence d'une nature particulière ? Pour les délimiter rigoureusement, une disposition légale serait assurément nécessaire (3). En son absence, on s'inspirera des conditions de la licence en général ; on reconnaîtra, en conséquence, au possesseur antérieur le droit d'exploiter l'invention pour les besoins de son industrie qu'il peut agrandir librement, de vendre

---

(1) Pouillet, n° 426.
(2) Voy. *infra*, n° 127.
(3) La loi allemande règle cette question. Cf. Bonnet, *op. cit.*, pages 289 et suivantes.

les produits de sa fabrication, de transmettre à ses héritiers, de
céder l'invention qu'il pratique, à la condition toutefois que ses
héritiers ou ayants droit soient en même temps ses successeurs
dans son industrie. Nous entendons par là que le possesseur
antérieur ne peut consentir ni cessions partielles ni concessions
de licences. Son droit est purement personnel et ne peut être
invoqué que par lui-même ou les continuateurs de sa personne.
Il va de soi, pourtant, que les débitants de ses produits seront
couverts par l'exception qui appartient à leur vendeur; dans
cette mesure seulement, le possesseur confère une sorte de
licence tacite (1).

**9. A quelles conditions la possession antérieure
constitue-t-elle un droit acquis?** — Il faut d'abord, pour
qu'elle soit admise, qu'elle soit bien établie, justifiée par des faits
pertinents et concluants, d'où résulte la preuve que le possesseur
connaissait, antérieurement à la demande de brevet, le secret de
l'invention même qui en fait l'objet, qu'il l'a gardé clandestinement
s'il n'en a fait usage dans son exploitation ; l'exécution de l'invention sera naturellement un fait plus concluant que la simple
détention d'un exemplaire du produit breveté (2). Il faut encore et
surtout que la possession se fonde sur un juste titre, qu'elle soit
de bonne foi, non point que la possession doive nécessairement
se rattacher au fait d'une invention antérieure ; elle pourra être
invoquée par celui qui aura acquis d'un autre le secret du procédé, à moins que cet autre ne soit en même temps et précisément
l'auteur de l'inventeur breveté. En un mot, la possession frauduleuse ne constitue pas un droit acquis lorsqu'elle résulte d'une
usurpation commise à l'encontre du breveté avant sa demande,
d'un emprunt illicite ou dolosif qui lui aurait été fait, dans la
période de conception ou d'essais de sa découverte (3) ; mais les cessionnaires du possesseur antérieur, dont le titre serait antérieur
à la demande du brevet, jouiront des mêmes droits que leur
auteur. On voit que la possession antérieure est assez inexactement dénommée, puisqu'elle exige des conditions de bonne
foi et de juste titre qui sont étrangères à la simple possession.

---

(1) Ne semble-t-il pas qu'on arriverait aux mêmes conséquences en attribuant
à l'exception du possesseur le caractère d'un moyen de nullité relative, personnel à l'excipant?
(2) Nancy, 22 juillet 1899; *Gaz. Pal.*, 1900, I, 250.
(3) Riom, 5 avril 1900; *Gaz. Pal.*, 1900, II, 295.

CHAPITRE III

Des inventions brevetables.

§ Ier. — Quelles inventions sont brevetables.

10. — Le bénéfice de la loi peut être invoqué, d'après l'article 1er, au profit de « toute nouvelle découverte ou invention dans tous les genres d'industrie ». La loi assimile à tort la découverte à l'invention : les deux mots ne sont pas synonymes, l'invention étant une création de l'esprit humain à l'aide des forces de la nature, et la découverte étant plutôt une révélation des lois et phénomènes de la nature ; d'ailleurs, il n'est pas douteux que la découverte proprement dite soit étrangère aux prévisions du législateur, puisqu'il n'envisage expressément que le domaine de l'industrie, et que, d'autre part, la nullité du brevet est encourue s'il porte sur des principes, méthodes, systèmes, découvertes ou conceptions théoriques ou purement scientifiques dont on n'a pas indiqué les applications industrielles (art. 30, 32). La loi a été faite, en effet, dans l'intérêt de l'industrie et non de la science ; elle ne protège que les inventions qui ont un caractère industriel. Il suit de là que les conceptions purement théoriques, les découvertes scientifiques, les inventions qui ne se rapportent pas à l'industrie, ne sont pas brevetables, et, par la même raison, on devra rejeter d'emblée une prétendue invention contraire aux lois de la nature, ainsi la découverte du mouvement perpétuel, parce qu'étant irréalisable, impraticable, elle est fatalement sans application dans l'industrie. La loi elle-même nous présente un exemple d'inventions étrangères au domaine de l'industrie : les plans et combinaisons de crédit ou de finances ne sont évidemment pas brevetables, et il n'était pas besoin d'édicter une nullité spéciale en ce qui les concerne.

11. — Il ne suffit pas qu'une invention soit du domaine de l'industrie, qu'elle soit susceptible d'une application industrielle et que cette application ait été indiquée, pour mériter un brevet ; il faut, de plus, qu'elle soit nouvelle et qu'elle produise un résultat industriel. La *nouveauté* est un caractère essentiel de l'invention brevetable ; si l'invention est connue, elle n'existe plus au point de vue de la loi. On verra avec quelle rigueur ce principe doit être appliqué et que la nouveauté requise est la nouveauté absolue, dans le temps et dans l'espace, non seulement en France, mais dans le monde entier, non seulement au point de vue de nos connaissances actuelles et pour les contemporains, mais dans tous les temps et pour l'industrie des civilisations mortes, dans la mesure où la connaissance nous en a été transmise. Bien plus, si l'invention était absolument nouvelle, au moment où elle a été faite, et qu'elle ait été divulguée depuis, dans les conditions que nous dirons, elle aura cessé d'être brevetable, au même titre que si elle était publiquement et universellement pratiquée depuis longtemps.

12. — Une condition essentielle de la brevetabilité, c'est le *résultat industriel*. L'article 2 de la loi est, en effet, ainsi conçu :
» Seront considérées comme inventions ou découvertes nouvelles :
» L'invention de nouveaux produits industriels ; — L'invention de
» nouveaux moyens ou l'application nouvelle de moyens connus,
» pour l'obtention d'un résultat ou d'un produit industriel. »

Ce n'est pas là une définition de l'invention, et, d'ailleurs, la loi française n'en donne pas. Ce n'est pas, à proprement parler, un critérium pour l'appréciation de la brevetabilité, c'est plutôt l'indication, dans un cadre assez exact, des principales catégories d'inventions brevetables ; mais, sur ce canevas, une longue jurisprudence s'est appliquée à déterminer, par l'étude de mille espèces variées, des divisions précises en établissant des distinctions, en formulant des règles dont l'application peut guider aujourd'hui l'inventeur et le juge. Nous nous contenterons d'énoncer quelques principes généraux en suivant le plan de l'article 2.

13. Un nouveau produit industriel. — C'est un corps certain, un objet matériel caractérisé par ses qualités, par ses propriétés et non point par sa forme, et qui se différencie des produits existants et connus par ce caractère distinctif, de nature industrielle. Ainsi une matière colorante, produit chimique (1), un outil, un appareil, un meuble, un tissu, un jouet, produits mécaniques ; mais un produit naturel ne sera pas brevetable, soit qu'il ait été nouvellement découvert, soit qu'on ait découvert ses propriétés naturelles inconnues. La loi ne protège que les inventions de l'homme, les créations dans lesquelles son activité entre comme élément.

_____

(1) Exemples : l'oxyde d'antimoine pur et soluble (Riom, 5 avril 1900; *Gaz. Pal.*, 1900, II, 295); le carbure de calcium C²Ca (Paris, 22 février 1901; *Gaz. Pal.*, 1901, I, 518).

Le brevet pris pour un nouveau produit industriel a une portée toute particulière, car il a pour effet de réserver à son titulaire un droit exclusif d'exploitation sur ce produit, quel que soit le procédé qui serve à l'obtenir (1).

Si donc un tiers invente un procédé nouveau pour la préparation ou la fabrication du même produit, le breveté du produit sera en droit d'interdire à l'inventeur, même breveté, l'exploitation du procédé, car la seconde invention sera dépendante de la première, alors même qu'elle n'en constituerait pas un perfectionnement.

Mais l'étendue du brevet de produit ne va pas jusqu'à l'appropriation du résultat, c'est-à-dire des avantages caractéristiques du produit (2). Le résultat, en effet, n'est autre que le problème considéré dans sa solution (3) ; or, la solution donnée par l'inventeur constitue seule son invention, le problème lui-même, alors qu'il eût été le premier à le reconnaître, existait en dehors de lui et subsistera parce qu'il peut recevoir plusieurs solutions. Si le brevet délivré en interdisait la recherche, il serait un obstacle au progrès.

14. — Un nouveau **moyen** pour l'obtention d'un résultat ou d'un produit industriel, c'est un nouvel agent chimique, un nouvel organe mécanique, un nouveau procédé soit chimique, soit mécanique, dont l'application ou l'emploi servira à la préparation ou à la fabrication d'un produit industriel ou amènera un résultat industriel, que ces produit ou résultat soient nouveaux ou connus, peu importe. L'invention d'un nouveau moyen est assez rare ; elle consistera plus fréquemment dans une nouvelle application d'un moyen déjà connu, et les exemples généralement cités par les auteurs ou dans les recueils de jurisprudence présentent souvent cette confusion. Citons, toutefois, comme nouvel organe mécanique : l'hélice ; comme agent chimique : la toluidine substituée à l'aniline pour préparer la fuchsine ; comme procédé : l'emploi du varech pour la fabrication de la soude.

15. — Les moyens nouveaux pouvant être susceptibles de plusieurs applications, souvent même dans des industries différentes, il y a lieu de se demander si le brevet délivré pour le

---

(1) Pau, 14 janvier 1899 ; *Gaz. Pal.*, 1899, I, 428.
(2) Paris, 22 juin 1898 ; *Gaz. Pal.*, 1899, I, 261.
(3) Cf. Bonnet, *op. cit.*, p. 48 et suivantes. (*La Genèse de l'invention d'après les auteurs allemands.*)

moyen en couvre toutes les applications où seulement celles découvertes et indiquées par l'inventeur dans son brevet? Le droit exclusif du breveté ne portera que sur les applications qu'il a reconnues ou annoncées et qui découlent de la nature même du moyen qu'il a inventé. Il y a d'autant plus de raison de l'admettre que l'application nouvelle de ce moyen constitue, d'après la loi, une invention nouvelle ; toutefois, le brevet délivré pour cette application sera, en règle générale, un brevet dépendant dont l'exploitation sera subordonnée, pendant la durée du brevet principal, à l'agrément du titulaire. On pourrait se demander si. l'*emploi nouveau* du moyen ne constituant pas une invention nouvelle, il n'y aurait pas lieu d'étendre le domaine du brevet délivré pour un moyen nouveau sur tous les usages, les *emplois* dont ce moyen est susceptible, à l'exclusion des applications proprement dites. La distinction entre l'application et l'emploi qui servirait ainsi de critérium pour fixer les limites de la portée d'un brevet s'éclairera par ce qui va suivre.

16. — L'application nouvelle de moyens connus pour l'obtention d'un résultat ou d'un produit industriel constitue une invention brevetable ; c'est même là la catégorie la plus abondante, la plus nombreuse d'inventions nouvelles. Généralement, en effet, pour réaliser la conception, l'idée créatrice qui est le point de départ et le fond de son invention, l'inventeur emprunte au domaine public ses ressources, à la technique ses procédés, ses moyens ; mais, soit qu'il puisse appliquer tels quels des moyens déjà connus, soit qu'il les modifie pour les adapter à une fin, à une fonction nouvelle, en changeant la combinaison de leurs éléments, en y ajoutant ou en en retranchant, en les simplifiant ou en les multipliant, il devra poursuivre un résultat différent pour faire une invention brevetable. La loi dit expressément qu'il s'agit de l'obtention d'un résultat ou d'un produit industriel, mais il faut que ce résultat ou ce produit soit autre que ceux précédemment obtenus à l'aide des moyens ainsi empruntés.

17. — A l'*application nouvelle* s'oppose, dans la terminologie courante, l'*emploi nouveau*, lequel ne constitue pas une invention brevetable. Ces termes sont obscurs, à première vue, pourtant la distinction n'est pas arbitraire : il s'agit encore ici d'une application différente d'un moyen déjà connu, seulement cette application procède, non point d'une idée originale et créatrice, mais d'une simple imitation. Et le critérium est celui-ci : La fonction du moyen est-elle différente? le résultat obtenu est-il sensiblement le même que dans l'application antérieure ? est-il celui qu'on pouvait et devait prévoir, ou est-il, au contraire, essentiellement différent et imprévu ? Ce n'est donc point en appréciant l'originalité de la conception ou la difficulté d'exécution, que le juge devra chercher à fixer le caractère de l'invention : application nouvelle ou emploi nouveau ? c'est par le résultat, par l'effet obtenu, par leur comparaison avec ceux de l'antériorité qu'il assoira son jugement. La réponse ne sera pas toujours facile, car c'est une question de plus ou de moins ; aussi trouvons-nous dans la jurisprudence des contradictions manifestes. Nous allons lui emprunter quelques exemples pour illustrer cet exposé.

18. — **Exemples d'applications nouvelles**, considérées comme des inventions :

L'application aux cafetières, pour perfectionner l'infusion du café, d'une disposition produisant la circulation du liquide, laquelle n'avait été employée jusque-là que dans des appareils à lessiver. (Paris, 30 août 1822 ; Cass., 11 janvier 1825 ; *Sir.*, 1826, I, 141 ; *Dalloz*, 1825, I, 68.)

L'application au biberon ordinaire d'un tube flexible en tous sens, pouvant suivre ainsi tous les mouvements de l'enfant, le tube en caoutchouc étant emprunté au domaine public, mais produisant un résultat industriel nouveau. (Cass., 10 novembre 1855 ; *Ann. Prop. ind.*, 1856, p. 38.)

L'adaptation aux têtes de carton, servant aux modistes pour la confection des chapeaux, de garnitures de liège, en s'inspirant d'un procédé déjà employé dans la fabrication des têtes de poupées en porcelaine, mais dans un but tout différent, l'application nouvelle étant destinée à recevoir les épingles qui maintiennent les objets à confectionner et capable de résister à l'usure résultant de leur emploi continuel. (Paris, 24 mai 1865 ; *Ann.*, 1865, p. 433.)

L'emploi des sulfites, et spécialement du sulfite de soude, pour la défécation des jus sucrés, encore bien qu'auparavant les sulfites aient été employés pour décolorer les jus de canne et pour empêcher leur fermentation. (Cass., 8 janvier 1869 ; *Sir.*, 1869, I, p. 188.)

L'emploi des procédés de la chromolithographie, pour imprimer les tissus de soie noire ou de toute autre étoffe de couleur foncée montées en éventail. (Paris, 14 décembre 1877 ; *Ann.*, 1879, p. 241.)

L'emploi du ciment pour fixer et agréger aux pinceaux des peintres les soies qui les constituent, encore que le ciment ait été appliqué déjà à d'autres destinations multiples, mais cette application présentant ici l'avantage particulier de réaliser un produit inaltérable à l'essence de térébenthine, résultat qui n'avait pas été obtenu jusqu'alors. (Nancy, 26 mai 1883; *Ann.*, 1883, p. 256.)

L'utilisation, comme appât dans la pêche à la sardine, de tourteaux préparés à cet effet, et spécialement de tourteaux d'arachides, bien que ces produits eussent été déjà utilisés dans l'industrie agricole. (Rennes, 1er juillet 1885, et Cass., 31 mars 1886; *Pand. fr. pér.*, 1886, I, 95.)

L'emploi du kaolin dans l'apprêt des tissus et la fabrication des chapeaux imitation de paille, encore que le même produit eût été antérieurement employé dans l'apprêt des tissus, mais en vue d'un résultat essentiellement différent. (Paris, 17 mars 1887; *Pand. fr. pér.*, II, p. 316.)

L'application au téléphone à pile de la bobine d'induction déjà employée dans les transmetteurs de sons musicaux, le rôle de la bobine étant le même, mais le but poursuivi et le résultat obtenu étant différents. (Paris, 5 mars 1891; Cass., 8 mai 1894; *Ann.*, 1895, p. 156.)

19. — Exemples d'emplois nouveaux auxquels a été refusé le caractère d'inventions :

L'adaptation de roulettes à un fourneau mobile, alors que l'usage des meubles à roulettes est dès longtemps connu. (Paris, 20 novembre 1850; Blanc, *de la Contrefaçon*, p. 452.)

L'emploi de la vis pour soutenir les pieds d'un piano, alors que la vis était déjà employée pour les tabourets de piano et les billards. (Trib. corr., Seine, 7 décembre 1858; *Journ. propr. ind.*, n° 58.)

L'usage, pour fermer des bagues de cravates, d'un système de fermeture à charnières depuis longtemps connu et pratiqué dans la bijouterie pour les bracelets. (Paris, 10 décembre 1857; *Ann.*, 1858, p. 136.)

L'utilisation nouvelle des propriétés connues du sulfocyanure de potassium, qui se boursoufle et s'étend sous l'action du feu, pour la construction de jouets d'enfants dits *Serpents de Pharaon*. (Paris, 21 mars 1866; *Ann.*, 1866, p. 144.)

L'adaptation aux boîtes de conserves alimentaires de deux anneaux permettant de les fixer sur le sac du soldat, alors que le même moyen a été employé pour des récipients de toute nature et notamment pour assujettir la gamelle à l'aide de la courroie du sac. (Rennes, 8 mai 1872; *Ann.*, 1871-1872, p. 315.)

Appliquer, pour la fermeture des gants, un genre de fermoir déjà employé pour les jarretières. (Grenoble, 3 août 1872; *Ann.*, 1873, p. 297.)

Employer, en vue de diminuer les chocs ou vibrations, des garnitures pneumatiques pour les roues de vélocipèdes, alors qu'antérieurement on a fait usage du même procédé, dans le même but, pour garnir les roues d'autres véhicules. (Paris, 1er mai 1900 ; *Ann.*, 1900, p. 257.)

20. — Nous avons dit que, dans certains cas, la distinction était délicate et l'appréciation douteuse. Signalons à ce sujet les espèces suivantes :

L'utilisation, dans des pistolets et canons constituant des jouets d'enfants, d'amorces explosibles en papier, alors que la composition de ces amorces était connue et qu'elles avaient déjà été employées à des armes de chasse, réalisait-elle une application nouvelle, c'est-à-dire une invention, ou un simple emploi nouveau ? La Cour de Paris (23 août 1865 et 8 mars 1868) et la Cour de Cassation (11 mars 1867, *Sir.*, 1868, I, p. 77) ont estimé qu'il y avait application, à raison du résultat industriel obtenu, consistant dans l'avantage de supprimer le danger inhérent aux capsules métalliques, avantage non envisagé dans les applications antérieures. La Cour de Paris, dans d'autres décisions ultérieures (14 mai 1868 ; *Ann.*, 1868, p. 210, et 2 juillet 1870 ; *Bull. arr.*, Paris, 1872, p. 198), dénia, au contraire, à cet emploi nouveau le caractère d'invention, parce qu'il n'y avait là aucune appropriation particulière et nouvelle, soit des amorces, soit des organes.

L'adjonction d'un nœud, à chaque point de la couture des gants, a été considérée comme une application nouvelle (Paris, 16 juin 1846, Huard et Pelletier, *Rép. de législ. et de jurisp.*, art. 2, n° 38), alors que la fabrication d'un gant en deux parties, en dissimulant la couture par un volant ou tout autre ornement, n'a pas été jugée digne du nom d'invention, parce que les exigences de la fabrication devaient inévitablement conduire à ce procédé. (Trib. corr., Seine, 12 avril 1860 ; *Journ. Prop. ind.*, n° 167.) Ce dernier motif est évidemment critiquable ; quant aux décisions elles-mêmes, il semble qu'on pourrait équitablement les réformer l'une et l'autre.

On n'est pas moins surpris de voir que le fait de construire des boîtes à allumettes chimiques, en se servant d'un seul rouleau de carton, a été considéré comme une invention, alors que ce mode de fabrication était déjà usité pour d'autres boîtes, sinon pour des boîtes à allumettes. (Aix, 21 août 1846; Huard et Pelletier, *op. cit.*, art. 2, n° 35.)

Signalons encore, dans le même ordre d'idées, un jugement du Tribunal civil de Lyon (10 mai 1878; *Monit. Jur.*, *Lyon*, 4 juillet 1878) qui a admis comme valable un brevet délivré pour l'adaptation de crochets aux échelles à coulisses destinées au sauvetage dans les incendies.

21. Combinaisons nouvelles de moyens connus. — La jurisprudence, dans son œuvre d'appréciation du caractère des inventions, a été amenée à reconnaître, à définir et à classer certaines catégories spéciales d'inventions qui rentrent évidemment dans le cadre de la loi, encore qu'elles n'y soient pas expressément désignées. C'est ainsi que, parmi les applications nouvelles de moyens connus, on peut considérer comme une classe à part les combinaisons nouvelles qui sont, en réalité, des applications combinées de plusieurs moyens connus. (Cass., 4 mai 1901; *Gaz. Pal.*, 1901, II, 315.)

L'invention consiste ici dans la réunion, dans le groupement, dans l'association nouvelle de plusieurs moyens, organes, agents ou procédés empruntés au domaine public, pour la constitution d'un ensemble nouveau produisant un résultat industriel. L'élément caractéristique réside, non dans la nouveauté de l'application, mais dans la combinaison; aussi n'est-il pas nécessaire que les moyens aient été détournés de leur fonction usuelle, pour produire un résultat différent de celui qui leur était habituel; il suffit que l'ensemble soit nouveau et qu'il y ait un résultat industriel. La nouveauté du résultat sera naturellement une preuve du caractère original de l'invention; mais ce critérium ne doit pas être rigoureusement appliqué pour apprécier la nouveauté de la combinaison, si elle peut être établie et reconnue. Pourtant, la réunion de moyens jusqu'alors isolés ne constituera pas toujours une combinaison brevetable; nous avons dit que cette réunion devait réaliser un ensemble, et il faut entendre par là que les divers moyens ainsi groupés devront concourir, collaborer au résultat d'ensemble. Le rapprochement plus ou moins opportun de divers éléments, s'il n'établit entre eux qu'un lien artificiel, sans aucune association réelle, sans aucune action commune, ne réalise qu'une *juxtaposition* et non une combinaison proprement dite (1). Si la combinaison réunit des éléments

---

(1) Cf. pourtant Besançon, 9 mars 1898; *Ann.*, 1899, page 223.

nouveaux, le brevet portera à la fois sur l'ensemble et sur les éléments.

22. Exemples de combinaisons. — La combinaison et la réunion nouvelle, dans le stéréoscope, de divers éléments isolément connus. (Paris, 10 avril 1858; *Sir.*, 1859, I, 701.)

Un revolver, alors même qu'il se compose d'organes tous employés auparavant dans des armes diverses, n'en constitue pas moins une arme nouvelle, si chacun de ses organes, par la modification qu'il a reçue, par la fonction qu'il remplit, a été appliqué d'une manière nouvelle et est associé à des organes avec lesquels il n'avait pas encore été réuni. (Paris, 28 janvier 1864; *Ann.*, 1864, p. 7.)

Celui qui, le premier, a réalisé, pour la trempe des ressorts d'acier, un mode d'enroulement tout à la fois longitudinal et simultané, a fait une invention brevetable, alors même qu'il serait établi qu'avant le brevet on avait séparément pratiqué l'un et l'autre modes d'enroulement. (Cass., 31 juillet 1867; *Ann.*, 1867, p. 323.)

Le fait de réunir les deux opérations du décatissage et du ramage, en adaptant par superposition à l'appareil ordinaire du décatissage, l'organe servant au ramage mécanique, de façon que le second de ces apprêts s'accomplisse au moment où l'étoffe se trouve sous l'action de la vapeur du décatissage, constitue une invention brevetable. (Rouen, 18 mai 1872; *Ann.*, 1873, p. 192.)

La conjugaison mécanique de deux organes, une tondeuse et un appareil porte-brosse, en vue d'un résultat industriel défini, la section des soies de brosse suivant une forme arrondie et bombée qui, jusque-là, n'avait été obtenue qu'à la main, constitue un ensemble essentiellement brevetable. (Amiens, 19 juin 1884; *Ann.*, 1887, p. 118) (1).

23. Exemples de juxtapositions. — Il n'y a ni création d'un produit industriel nouveau, ni combinaison brevetable, dans le fait d'adapter à l'extrémité du manche d'un couteau, une petite boîte cylindrique dans laquelle se déroule et s'enroule, à volonté, un ruban métrique. (Riom, 16 mars 1885; *Ann.*, 1887, p. 168.)

---

(1) Cf. aussi Bordeaux, 18 avril 1894; *Gaz. Pal.*, 1894, II, *supp.*, 23. — Trib. civ. Seine, 16 mai 1893; *Gaz. Pal.*, 1893, I, 607. — Trib. civ. Lyon, 5 janvier 1894; *Mon. Lyon*, 17 janvier 1894; Lyon, 3 mai 1895; *Mon. Lyon*, 10 août 1895. — Cass., 25 mars 1897; *Dal.*, 1898, I, 90. — Cass., 16 janvier 1899; *Sir.*, 1899, I, 69; *Dal.*, 1899, I, 136; *Pand. fr.*, 1899, I, 526. — Trib. civ. Seine, 23 mars 1900; *Gaz. Pal.*, 1900, I, 606. — Trib. corr. Seine, 25 mars 1898; *La Loi*, 21 avril 1898. — Dijon, 4 avril 1900; *Dal.*, 1901, II, 70. — Limoges, 15 juillet 1897; *Ann.*, 1897, page 332.

Le fait, dans une turbine d'une construction connue, de disposer entre les aubes, des semi-aubes, organe déjà employé dans un autre genre de turbine, ne saurait constituer une invention nouvelle, alors qu'il est constant que la semi-aube agit de la même façon, d'une manière qui lui est propre et qui est indépendante du reste du système, quel que soit le genre de la turbine. (Colmar, 6 août 1861; *Ann.*, 1852, p. 215.)

La simple réunion, dans l'agencement d'un sac-nécessaire d'officier, de divers éléments connus et déjà employés ensemble ou séparément dans la même industrie, ne saurait constituer une combinaison nouvelle et brevetable. (Trib. corr., Seine, 8 janvier 1878; *Ann.*, 1878, p. 90) (1).

24. Application nouvelle d'un principe, d'un phénomène naturel, d'une force première, d'une propriété d'un corps. — Nous savons que la découverte d'un principe scientifique, d'un phénomène naturel, d'une force première ou d'une propriété d'un corps, ne saurait être considérée comme une invention et ne donne pas droit à un brevet, tant qu'une application industrielle n'en a pas été trouvée et indiquée; mais l'application est brevetable si elle est nouvelle, si elle est réalisée par un procédé déterminé et si elle produit un résultat industriel et sans distinguer si le principe, le phénomène, etc., ont été découverts par l'inventeur ou étaient déjà connus. On confond, en général, ces inventions dans la classe des applications de moyens connus. Citons quelques exemples :

Le fait que la science ait déjà indiqué le moyen de revivifier, par l'absorption de l'oxygène de l'air, le peroxyde de fer passé à l'état de sulfure, ne fait pas obstacle à ce qu'un brevet soit pris pour l'utilisation industrielle de cette loi naturelle dans l'épuration du gaz d'éclairage. (Paris, 20 janvier 1855; *le Droit*, 1855, n° 23.)

L'épuisement de la vendange au moyen de l'eau, sans pressurage, par application des phénomènes d'endosmose et d'exosmose, constitue une invention brevetable. (Cass., 25 mars 1868; *Dalloz*, 1868, I, 245.)

Est brevetable l'emploi de la pression atmosphérique pour ralentir la marche de la tablette dans les meubles dits « Autonoix » et pour concourir à leur fermeture. (Lyon, 25 mai 1859; *Sir.*, 1859, II, 422.)

---

(1) Cf. aussi Paris, 9 janvier 1894; *Ann.*, 1895, page 94. — Paris, 29 juillet 1898 *La Loi*, 16 janvier 1899.

...L'utilisation de la propriété connue du produit chimique appelé *pyrophore,* de s'enflammer au contact de l'air humide, afin de construire un briquet pour les fumeurs. (Trib. corr. Seine, 11 décembre 1866; *Ann.,* 1866, I, p. 31.)

...La composition et l'emploi, pour le bouchage à froid des bouteilles, flacons ou de tous récipients, d'une pâte à base de silicate, encore que la propriété des silicates, de durcir à l'air, fût connue. (Dijon, 31 juillet 1878; *Ann.,* 1878, p. 364.)

... L'utilisation, pour les besoins de la chirurgie, du phénomène de vaporisation du chlorure d'éthyle à sa sortie de tubes effilés. (Cass., 30 juin 1897; *Sir.,* 1898, I, 333; *Dall.,* 1897, I, 478; Paris, 7 juin 1899; *Gaz. Pal.,* 99, II, 572.)

... Une application nouvelle de l'élasticité du caoutchouc. (Paris, 11 avril 1892, *La Loi,* 3 mai 1892.)

Remarquons que la portée du brevet délivré pour l'application d'un principe découvert par l'inventeur ne dépasse pas celle de tout autre brevet, où le principe appliqué était déjà connu, en ce sens que la loi ne reconnaît pas de brevet de principe conférant un droit exclusif sur le principe lui-même.

25. Transport dans une autre industrie. — L'invention, œuvre originale de l'esprit, acte d'initiative et de création, se caractérise en général par l'emploi de certains procédés que le génie de l'inventeur adopte de préférence pour réaliser ses conceptions : on pourrait enseigner l'art d'inventer. Nous avons déjà signalé, dans l'application nouvelle d'un moyen connu, un mode d'invention très général où ce qu'il y a d'original et d'imprévu c'est l'idée, la conception particulière qui en est le point de départ et aussi le résultat, l'effet obtenu qui en est la fin, le but : mais la voie suivie pour aller de l'un à l'autre est banale et classique.

Il est d'autres procédés d'invention plus spéciaux encore : ainsi le transport d'une industrie à une autre, le changement de matière, le changement de forme, de proportions ou de dimensions, enfin le perfectionnement et le tour de main. Ces divers procédés réalisent-ils des inventions brevetables?

Le transport d'un moyen connu dans une industrie à une autre industrie, où son emploi est nouveau, constitue une application nouvelle d'un moyen connu, laquelle sera brevetable si elle réunit les conditions générales précédemment exposées : fonction différente du moyen, obtention d'un résultat industriel différent. Il n'y a pas lieu de distinguer en réalité si le moyen a été emprunté à la même industrie ou à une autre plus ou moins voisine ; on appliquera donc purement et simplement les règles générales pour reconnaître s'il s'agit d'une application nouvelle ou d'un emploi nouveau.

Exemple d'invention brevetable : l'utilisation dans l'industrie de la charcuterie, pour le brûlage et le flambage des porcs, du chalumeau dit « chalumeau de plombier ». (Rouen, 19 février 1887 ; *Ann.*, 1887, p. 19.)

Exemple d'emploi nouveau non brevetable : l'emploi, même nouveau, pour le découpage du papier à cigarettes, du mode ordinaire de découper les autres papiers. (Trib. Seine, 6 février 1890 ; *Ann.*, 1892, p. 41) (1).

26. Le changement de matière, c'est-à-dire la substitution, dans une invention antérieure, d'une matière à une autre, ne réalisera une invention brevetable que si elle produit des effets nouveaux, différents et imprévus. Si le résultat est rigoureusement celui qu'on devait prévoir, si, par exemple, la substitution du fer au bois, dans un appareil, procure les avantages inhérents à l'emploi du fer, il n'y a pas là d'invention digne de ce nom, mais simplement un nouvel emploi du fer.

Exemples d'inventions brevetables :

La substitution des cheveux à la soie, dans la confection des résilles pour dames ; le filet de cheveux offre une élasticité particulière que n'a pas le filet de soie, qui lui permet de suivre, en se dissimulant, tous les contours de la coiffure ; il subit, comme la chevelure elle-même et de la même façon, l'influence des corps gras ; il est plus complètement invisible que le filet de soie. (Paris, 10 juin 1865 ; *Ann.*, 1865, p. 311.)

La substitution d'une glace en verre aux tables en bois, aux dalles en pierre et en ardoise, pour la fabrication des billards, eu égard aux résultats particuliers qu'elle donne. (Paris, 13 nov. 1866 ; *Ann.*, 1867, p. 390) (2).

Exemple de changement non brevetable :

Pour déterminer l'inflammation des allumettes chimiques, par frottement, adapter des plaques en pâte de porcelaine cannelée au lieu de tous autres corps solides, secs et plus ou moins rugueux jusqu'alors en usage, sans aucun avantage nouveau, réel

---

(1) Cf. aussi Paris, 28 mars 1895 ; *Ann.*, 1895, p. 291. — Paris, 20 déc. 1894 ; *Ann.*, 1895, p. 116. — Paris, 21 février 1900, *Pand. fr.*, 1900, II, 283.

(2) Cf. Lyon, 19 fév. 1897 ; *Mon. jud. Lyon*, 15 avril 1897.

et appréciable. (Trib. corr., Seine, 10 juillet 1860; *Prop. ind.*, n° 160) (1).

27. Le changement de forme apporté à une invention réalisera bien rarement une invention brevetable, parce que la loi, s'adressant aux inventions du domaine de l'industrie, envisage leur utilité industrielle, c'est-à-dire leur nature, leur effet, leur résultat, plutôt que leur aspect, leur forme extérieure. La forme est du domaine de l'art ou de la mode plutôt que de l'industrie. Un changement de forme ne constituera une invention que s'il produit un résultat industriel, c'est-à-dire s'il entraîne un changement de fonction. A plus forte raison, la question d'ornementation est-elle étrangère à notre matière.

Exemples d'inventions brevetables :

Une modification de forme apportée à un étançon de charrue, auquel une courbure est donnée, alors qu'auparavant on ne faisait que des étançons droits, lorsqu'il est constaté qu'elle produit un résultat utile et sérieux ; la courbure de l'étançon dispensant, dans les terrains argileux, d'enlever avec une palette la terre qui engorge la charrue. (Paris, 15 juin 1861 ; *Ann.*, 1861, p. 209.)

Le fait d'arrondir le coin des cartes à jouer, parce que ce changement de forme en augmente la durée et garantit contre certaines fraudes. (Paris, 13 mai 1865 ; *Ann.*, 1866, p. 88.)

Exemples de changements non brevetables :

Le fait de modifier la forme d'une étampe, de manière à obtenir des produits plus élégants, mais ne différant pas par leur nature des mêmes produits antérieurement fabriqués. (Metz, 5 mai 1858 ; *Dalloz*, 1858, II, p. 174.)

Des modifications de forme, sans importance, apportées à de petits appareils propres à relever les jupes de robes. (Paris, 22 novembre 1859 ; *Ann.*, 1860, p. 158.)

28. Exemples d'ornementations non brevetables. — L'adaptation à des jardinières en bois sculpté de petits cadres destinés à contenir des photographies. (Paris, 6 mars 1861 ; *Prop. ind.*, n° 174.)

L'idée de faciliter, à l'aide d'un biseau, le glissement des cartes photographiques dans le passe-partout qui doit les contenir, ne réalise qu'un changement de forme dans le passe-

---

(1) Cf. aussi Paris, 17 janv. 1895 ; *Ann.*, 1895, p. 73.

partout à coulisse employé depuis longtemps pour encadrer les dessins. (Paris, 13 mars 1862 ; *Ann.*, 1862, p. 446.) (1).

Il n'est pas inutile de faire remarquer que des créations artistiques de cet ordre, si elles ne peuvent invoquer la protection d'un brevet, peuvent du moins, à titre de dessins ou de modèles industriels, être protégées par les dispositions de la loi du 18 mars 1806 ; il en sera de même pour certaines des prétendues inventions caractérisées par un changement de dimensions.

29. Le changement de dimensions ou de proportions, lorsqu'il constitue la seule nouveauté d'une invention, ne la rend point brevetable s'il ne produit en réalité des effets industriels, un résultat particulier et nouveau. Les changements de proportions dans le dosage des opérations de chimie industrielle réalisent parfois des inventions nouvelles et considérables.

Exemples d'inventions brevetables :

Les changements de formes, de dimensions et de proportions dans les constructions d'instruments à vent, en cuivre, permettant d'obtenir des résultats industriels nouveaux, tant au point de vue de la beauté du son qu'au point de vue du maniement et du port des instruments. (Cass., 9 février 1853 ; *Sir.*, 1853, I, p. 193.)

Le fait de donner à la chambre vide située dans les fusils des dimensions déterminées, de manière à permettre l'expulsion des débris non encore consumés de la cartouche. (Paris, 14 août 1865 ; *Ann.*, 1865, p. 368.)

La combinaison nouvelle d'une quantité de chaux et d'un degré de calorique autres que ceux employés jusqu'alors, dans la fabrication du sucre, pour obtenir un sucre meilleur, plus blanc et fabriqué en moins de temps et à moins de frais. (Cass., 19 fév. 1853 ; *Dall.*, 1853, I, 53.)

Exemples de changements non brevetables :

L'application des procédés connus pour l'utilisation des eaux rouges de la garance et leur transformation en alcool, dans de grandes cuves ou de grands bassins où les opérations s'accomplissent de la même façon que dans les récipients plus petits en usage, l'échelle sur laquelle une fabrication est entreprise étant

---

(1) Dans le même sens, cf. Lyon, 22 avril 1891 ; *Ann.*, 1892, p. 43. — Paris, 20 juillet 1894 ; *Ann.*, 1895, p. 64. — Lyon, 19 juillet 1898 ; *La Loi*, 30 août 1898.

indifférente pour la question de brevetabilité. (Lyon, 29 avril 1857, Cass., 3 août 1858; *Sir.*, 1859, I, 127.)

Les petites lorgnettes à photographies microscopiques étant connues, il n'y a point d'invention à en réduire encore la dimension de façon à les loger dans toute espèce de bijoux, tels que bagues ou épingles. (Paris, 31 mai 1862; *Ann.*, 1862, p. 440.)

Un jouet d'enfant reproduisant dans des dimensions très réduites, mais dans des proportions exactes, l'instrument connu sous le nom de *musette*. (Paris, 31 mai 1865; *Ann.*, 1865, p. 277.)

30. Le perfectionnement (1) constitue une invention, dans le sens de la loi; on ne saurait en douter en présence des dispositions spéciales destinées à en faciliter et à en favoriser la protection. Nous verrons que les mesures de faveur et d'exception édictées par le législateur s'adressent à toute une catégorie d'inventions dépendantes d'une invention antérieure, qualifiées de « changements, perfectionnements ou additions », et qui ne sont pas toujours rigoureusement des perfectionnements de cette invention, mais parfois des applications d'un même principe, d'une idée commune auxquelles on ne donnerait pas, dans le langage courant ou même technique, le nom de perfectionnement. Quoi qu'il en soit de la conception juridique particulière dont s'est inspiré le législateur, en instituant les certificats d'addition et un régime de faveur au profit de l'inventeur breveté, le perfectionnement proprement dit peut se définir : une invention nouvelle obtenue par des changements, des modifications, des innovations apportés à une autre invention qui en améliorent la nature, l'usage ou le résultat. Il s'agit donc d'une espèce déterminée d'inventions, caractérisée à la fois par son état de dépendance et par la nature de l'effet réalisé. L'amélioration doit s'entendre, naturellement, dans le sens le plus large; elle comprend tous les avantages qu'une invention peut poursuivre ou atteindre; elle consistera à les multiplier, à les étendre, à les augmenter, à les prolonger. Le perfectionnement peut être réalisé par toutes sortes de changements, de modifications ou d'innovations, l'opération d'où il résulte n'offre rien de caractéristique; ce sera l'une quelconque des modalités que nous venons de parcourir : changements de matière, de dimensions, de proportions ou de forme, combinaison nouvelle par multiplication, sim-

---

(1) Voy. *infra*, nᵒˢ 59 et suivants.

plification, suppression ou substitution d'éléments ou encore application nouvelle. Il va de soi que tous les perfectionnements ainsi réalisés ne constitueront pas toujours des inventions nouvelles; il en est qui seront rejetées parce que, à défaut d'un résultat suffisamment nouveau ou qualifié, elles devront être considérées comme de simples emplois nouveaux ou des changements sans importance (1).

31. Ainsi les *tours de main*, c'est-à-dire les procédés d'exécution ou de mise en œuvre d'une invention, dont la perfection et la réussite dépendront toujours plus ou moins de l'habileté, de l'intelligence et de l'expérience de l'ouvrier, ne sauraient constituer des inventions brevetables, encore que l'indication et l'observation de certaines conditions matérielles, de certains soins particuliers, de certaines précautions dans la fabrication, puissent contribuer d'une façon très appréciable à l'amélioration des résultats d'une invention. Mais les tours de main qui s'adressent surtout à la main-d'œuvre, sont plutôt du domaine de l'ouvrier que le fait de l'inventeur; on n'y trouve point cet élément intellectuel qui caractérise l'invention brevetable.

Exemples de tours de main :

L'emploi d'un certain nombre de bains alcalins à dosages déterminés, à l'effet de donner plus de brillant à la bourre de soie, en la dépouillant de son duvet alors qu'il est constant que ce procédé était connu et que les améliorations apportées par le breveté ne consistent que dans une exécution faite avec plus de soin et avec certaines précautions tout à fait matérielles. (Paris, 21 janvier 1860 ; *Ann.*, 1860, p. 154.)

Le fait d'apporter des soins particuliers au triage de la marne destinée à la fabrication du ciment, à sa cuisson, à la pulvérisation et au blutage, pour obtenir ainsi une qualité supérieure. (Paris, 21 février 1861 ; *Journ. Prop. indust.*, n° 172.)

S'agissant d'un procédé connu pour former des perles factices sur les tulles ou autres tissus, par l'application de gouttes d'un liquide visqueux, il n'y a pas d'invention brevetable dans une simple prescription pour l'exécution parfaite du procédé, ainsi laissée à l'habileté de l'ouvrier, sans l'indication d'un moyen précis permettant de régulariser ces gouttes ou perles, en les

---

(1) Trib. corr. Tarbes, 29 déc., 1893; *Gaz. Pal.*, 94, I, *supp.* 37; cf. pourtant Bordeaux, 23 novembre 1896; *Sir.*, 98, II, 207; *Dall.*, 97, II, 397.

limitant au réseau des mailles. (Lyon, 17 février 1883 ; Cass.,
14 mars 1887 ; *Sir.*, 1890, I, 123.)

L'idée d'interposer une toile à mailles larges, dans les pla-
fonds, entre le grossissage et le dernier enduit, pour empêcher
les fentes, étant connue, il n'y a pas d'invention dans le fait
d'indiquer qu'il convient de procéder au fini du plafond par une
couche de plâtre très mince, de façon à ne couvrir que superfi-
ciellement la toile. (Dijon, 3 juin 1899 ; *Gaz. Pal.*, 1899, II, 585 ;
Dall., 1900, II, 214.)

§ II. — Appréciation de la brevetabilité.

32. — En précisant les éléments caractéristiques des diverses
classes d'inventions nouvelles, nous avons indiqué par avance le
critérium auquel le juge devra s'attacher et les règles qu'il devra
suivre pour apprécier la brevetabilité des inventions soumises à
son examen.

Nous allons les énoncer brièvement : pour se conformer aux
dispositions formelles de la loi qui distingue trois catégories
d'inventions brevetables, le juge devra rechercher si l'invention
en cause ne rentre ni dans l'une ni dans l'autre de ces catégories,
car ce qui n'est pas brevetable comme produit ou moyen nouveau peut constituer une application nouvelle d'un moyen connu.
Lorsqu'il s'agit d'apprécier le caractère d'une semblable application, la nature du résultat obtenu est un élément essentiel et
qui ne saurait être négligé. Pour reconnaître une combinaison
nouvelle d'éléments connus, il faut nécessairement considérer
l'invention dans son ensemble : en l'analysant, en la décom-
posant, on trouve des éléments empruntés au domaine public,
mais la nouveauté de l'invention réside dans leur réunion et cela
suffit.

Ces règles s'imposent au juge du fait, car son appréciation
sur ce point est soumise au contrôle et à la censure de la Cour
de Cassation. Le brevet, en effet, est assimilé à une loi véritable
dont la violation donne ouverture à un pourvoi en cassation. La
Cour de Cassation contrôle d'abord l'interprétation du brevet par
les tribunaux (1); elle vérifie, en outre, l'observation des principes

---

(1) Cass. 29 juil. 1891; *Dall.*, 92, I, 91 ; *Pand. fr.*, 95, I, 73. — 10 mars 1892, *Sir.*,
92, I, 284; *Dall.*, 93, I, 104. — 11 juin 1898, *Sir.*, 98, I, 329; *Dall.*, 98, I, 531.

et des règles d'appréciation que nous avons énumérées : elle constate si, en reconnaissant ou en déniant à l'invention le caractère d'un produit, d'un moyen nouveau, d'une application nouvelle, d'une combinaison nouvelle de moyens ou d'éléments connus, le jugement témoigne, dans ses motifs, d'un examen conforme aux principes et d'une exacte appréciation. Mais le contrôle de la Cour de Cassation ne porte pas sur la preuve et sur l'appréciation des faits eux-mêmes ; aussi, le juge du fait décide-t-il souverainement si le résultat obtenu est ou non nouveau ou différent et, par conséquent, si l'invention constitue une application brevetable ou un simple emploi nouveau ; sa décision échappe à la censure lorsqu'elle se fonde sur des motifs suffisants dont l'exactitude sur cette question de fait ne saurait plus être discutée (1).

§ III. — Exceptions à la brevetabilité.

33. — Le législateur exclut du bénéfice des brevets d'invention : 1° les inventions contraires à l'ordre ou à la sûreté publique, aux bonnes mœurs, aux lois de l'Etat (art. 30, 4°) ; 2° les compositions pharmaceutiques ou remèdes de toute nature ; 3° les plans ou combinaisons de crédit ou de finances (art. 3, 1° et 2°). Ces trois exceptions ne se justifient point par les mêmes raisons et ne comportent non plus la même sanction. Tandis, en effet, que le caractère illicite ou immoral d'une invention n'empêche pas la délivrance d'un brevet, mais l'affecte, *ab initio*, d'un vice de nullité que tout intéressé pourra invoquer pour lui dénier tout effet, même dans le passé, les deux exceptions à la brevetabilité édictées dans l'article 3 sont sanctionnées plus rigoureusement encore par une double mesure : l'interdiction de breveter les inventions qu'elles concernent, c'est-à-dire l'obligation pour l'Administration de refuser la délivrance d'un brevet et, d'autre part, la nullité du brevet délivré au mépris de la disposition légale. Sur ce point, le législateur a donc fait une brèche au principe de non-examen qui est la base du régime qu'il a institué. Nous verrons, en exposant les motifs de l'exclusion légale, la raison de cette différence de régime.

34. — L'exception relative aux *inventions illicites ou immorales* est si naturelle, si conforme aux principes généraux du

---

(1) Cass., 28 avril 1896 : *Sir.*, 96, I, 504 ; *Dall.*, 96, I, 579. — 11 juillet 1900 ; *Sir.*, 1900, I, 408 ; *Dall.*, 1900, I, 492.

droit, qu'on la retrouve dans toutes les législations (1) et qu'il était peut-être inutile de l'y écrire. Elle se justifie d'elle-même : la loi ne doit jamais protéger ni favoriser des fins illicites ou immorales. Ne sont donc pas brevetables les inventions dont l'objet est de nature à porter atteinte à l'ordre ou à la sécurité publique, ou est formellement prohibé par la loi, et celles qui, par leur destination même, sont directement contraires aux lois ou aux bonnes mœurs. Mais il ne faut pas confondre la destination naturelle d'une invention et l'emploi abusif qu'elle comporte ; l'exception ne s'applique pas aux inventions dont l'abus serait délictueux, dangereux ou répréhensible (armes, poisons, explosifs), non plus qu'à celles dont l'exploitation est monopolisée au profit de l'Etat (machine à faire des cigarettes, à fabriquer des allumettes), ni enfin à celles dont l'usage ou l'application n'est pas libre (certains poisons, les instruments de chirurgie) ; mais, d'autre part, le brevet délivré à l'inventeur ne crée à son profit aucune immunité spéciale et on pourra, par exemple, être poursuivi pour délit de fabrication ou de vente d'armes prohibées, quoiqu'on ait un brevet. La loi réserve d'ailleurs, expressément, dans l'article 30, 4°, l'application des peines encourues pour la fabrication ou le délit d'objets prohibés.

La jurisprudence ne nous donne qu'un exemple d'une invention illicite : l'appareil qui sert à l'exploitation d'un jeu de hasard ; on peut en imaginer d'autres tels qu'un procédé pour la falsification des denrées alimentaires, un instrument d'avortement, etc.

35. — *Les compositions pharmaceutiques et les remèdes de toute espèce* ont été exclus de la protection légale par un double motif : la considération de l'intérêt général qui a paru menacé par un monopole portant sur des objets de première nécessité, et le souci de protéger la crédulité publique contre les entreprises du charlatanisme, armé du crédit qui s'attache aux brevets. Ni l'une ni l'autre raison ne peut être considérée comme bien sérieuse : les abus du charlatanisme, il appartient à la loi de les prévenir et de les réprimer par des dispositions pénales, mais non par une déchéance générale prononcée contre toute une classe d'inventeurs (2). Quant aux dangers du monopole et aux avantages

---

(1) Cf. Bonnet, *op. cit.*, page 160.
(2) L'inventeur d'un remède ou d'un produit pharmaceutique peut d'ailleurs s'assurer une protection efficace et souvent un monopole de fait, soit par l'apposition d'une marque, soit en donnant son nom au produit qu'il a inventé.

de la libre concurrence, on ne les invoque ici que par une méconnaissance formelle des bienfaits du régime des brevets, qui,
en encourageant les inventions, les suscite, les multiplie et en
assure ainsi le profit à tout le monde (1). Dans des cas exceptionnels, le droit d'expropriation ou un système de licences obligatoires permettrait de sauvegarder l'intérêt général. La disposition légale comprend les remèdes de toute nature, même,
dit-on, ceux destinés aux animaux, mais non les substances alimentaires et certains produits qui sont plutôt du domaine de la
parfumerie que de la pharmacie (eaux dentifrices, huiles capil-
laires, cosmétiques), ni les instruments chirurgicaux (pinces,
bistouris, brosses électriques), ni les appareils destinés aux ma-
lades ou infirmes (chaussures orthopédiques, corsets, membres
artificiels, cornets acoustiques, lunettes).

36. — Une difficulté se présente lorsqu'un même produit
se prête à la fois à un emploi pharmaceutique ou médical, et à
un usage purement industriel (l'acide salicylique, l'acétate de
plomb sont généralement cités en exemples). Comment pourra-
t-on concilier les principes contradictoires qui, d'une part,
s'opposent à la brevetabilité du produit, parce qu'il est un remède
et, d'autre part, l'admettent à la protection d'un brevet à raison
de son caractère et de son usage industriels ? Sans doute, l'inventeur évitera le rejet de sa demande de brevet par l'Administration en se bornant à y indiquer la destination industrielle de la
substance, et les tribunaux pourront, s'ils sont saisis d'une demande en nullité ou de poursuites en contrefaçon, distinguer
dans certains cas entre l'exploitation industrielle qui est brevetée
et l'usage pharmaceutique qui est libre. Mais s'il s'agit de la fabrication du produit, il semble que le breveté soit en droit d'imposer aux fabricants des précautions et des garanties, de nature
à assurer le respect de son droit exclusif, dans le domaine qui
lui est réservé, en exigeant, par exemple, que le produit soit
rendu impropre à toute utilisation dans l'industrie ou que l'exploitation et la vente soient localisées dans les pharmacies.

37. — L'exclusion dont sont frappés les produits pharmaceutiques s'applique-t-elle aux procédés inventés pour leur préparation ? On admet, en général, à raison du caractère exceptionnel de la disposition légale, dérogatoire au droit commun, qu'il
ne faut pas l'étendre mais, au contraire, la restreindre en l'appli-

---

(1) Cf. Bonnet, *op. cit.*, page 163.

quant dans ses termes précis (1). Malgré la faveur que mérite cette règle d'interprétation, il nous paraît difficile de concilier une semblable tolérance avec le but que s'est proposé le législateur, car, par cette voie détournée, toutes les compositions nouvelles, très généralement obtenues par un procédé nouveau, pourront se recommander d'un brevet qui, quoique délivré pour le procédé, n'en couvrira pas moins le produit, aux yeux du public. Quand même la concurrence demeurerait ouverte à l'invention de tous autres procédés, les charlatans n'en seraient pas moins en possession du titre qu'on a voulu leur refuser. D'ailleurs, la distinction qu'on prétend faire ici, entre le brevet de produit et le brevet de procédé, quelles que soient sa portée et sa valeur réelles, qui nous paraissent indiscutables, ne trouve dans la loi française ni une base ni une expression bien certaines (2).

38. — *Les plans ou combinaisons de crédit ou de finances* sont expressément déclarés non brevetables par l'article 3, 2°. Nous avons dit que cette disposition nous semblait parfaitement superflue, parce que les inventions dont il s'agit n'ont aucun rapport avec la matière des brevets d'invention et ne sont pas proprement des inventions, dans le sens de la loi. La préoccupation du législateur dont s'inspire ce texte se justifiait en 1792, par des considérations politiques qui sont du domaine de l'histoire ; son insertion dans la loi de 1844 ne s'explique plus par les mêmes raisons. Cette disposition n'aurait pas dû être maintenue, parce que cette prétendue exception, à la différence de celle relative aux produits pharmaceutiques, n'en est pas une, mais l'application rigoureuse des principes généraux, lesquels entraînent l'exclusion de bien d'autres inventions, découvertes ou imaginations.

39. — Mais il est intéressant de rappeler que le législateur, pour les plans et combinaisons comme pour les produits pharmaceutiques et remèdes, ne se contente pas d'édicter la nullité des brevets délivrés ; il interdit d'abord la délivrance même du brevet, organisant à cet effet un embryon d'examen préalable ; c'est qu'il a pensé qu'il ne suffisait pas de soustraire ces découvertes au régime de la protection légale et du monopole, mais qu'il était urgent de leur refuser même l'avantage provisoire et précaire et jusqu'à l'apparence d'un titre. Le régime d'exception auquel les deux catégories d'inventions se trouvent ainsi

---

(1) Cf. Pouillet, *Traité des brevets d'invention*, n° 77.
(2) Cf. au contraire, dans la législation allemande : Bonnet, *op. cit.*, page 72.

soumises, s'explique manifestement pour les remèdes et médicaments par la crainte un peu puérile des abus du charlatanisme, et la même préoccupation n'était pas étrangère à la proposition et au vote du décret du 20 septembre 1792, qui a introduit dans nos lois l'exception relative aux plans et combinaisons de finances et de crédit (1). Ainsi se justifie, dans une certaine mesure, la dérogation tant critiquée au principe de non-examen : « pour atteindre le but qu'il se proposait, le législateur ne pouvait se contenter d'annuler des brevets, il devait nécessairement en refuser la délivrance. »

CHAPITRE IV

Demande, délivrance et publicité des brevets.

§ Ier. — Demande de brevet.

40. — Pour obtenir un brevet, il faut le demander. La loi a fixé, et un arrêté du 11 août 1903 a réglementé, avec une précision minutieuse, les formalités invariables, sacramentelles, que l'inventeur ou l'impétrant doit accomplir à cet effet. La formalité essentielle consiste dans le dépôt, au secrétariat de la préfecture de son domicile ou d'un domicile élu, de quatre pièces, sous enveloppe fermée, savoir : 1° la demande de brevet adressée au Ministre du Commerce et de l'Industrie ; 2° une description de l'invention ; 3° les dessins ou échantillons nécessaires pour l'intelligence de la description ; 4° un bordereau des pièces déposées. Il y a lieu d'entrer dans quelques explications sur la nature et l'objet de ces diverses pièces, sur la forme requise et les conditions qu'elles doivent remplir pour être régulières.

41. — 1° La *demande* proprement dite fera connaître la nature du titre sollicité (brevet ou certificat d'addition), la durée de la protection (5, 10 ou 15 ans), l'objet de l'invention caractérisé par un titre, la personne de l'impétrant. Rédigée sous forme de lettre ou de requête adressée au Ministre, la demande

---

(1) Cf. Renouard, *Traité des brevets d'invention.*

ne saurait contenir ni restrictions, ni conditions, ni réserves, si ce n'est toutefois la réquisition de sursis d'un an pour la délivrance, conformément au paragraphe 7 de l'article 11 de la loi, modifié par la loi du 7 avril 1902. La réquisition doit être formulée en termes exprès ; toutes autres réserves ou conditions pourraient entraîner le rejet de la demande et seraient en tous cas réputées non écrites. Un même brevet ne pouvant protéger qu'une seule invention, la demande doit être limitée à un seul objet principal ; mais la complexité, si elle justifie le rejet de la demande, ne sera pas une cause de nullité. D'autre part, une invention n'est valablement brevetée que si elle est clairement désignée dans la demande.

L'impétrant indiquera le *titre*, la définition succincte, sous laquelle son invention pourra être sommairement désignée ; l'indication frauduleuse d'un titre inexact constitue une cause de nullité du brevet.

En fixant la *durée* du brevet qu'il sollicite, l'impétrant optera entre les trois termes laissés à son choix : cinq, dix ou quinze ans ; le délai le plus long devra, en général, être préféré, parce qu'il est toujours possible de réduire, mais non de prolonger la durée primitivement fixée.

La demande fera, enfin, connaître les nom et prénoms de l'impétrant, sa nationalité, le pays de sa résidence, son adresse ; elle sera datée et signée par l'impétrant ou son mandataire, dûment autorisé, dont le pouvoir restera annexé au dépôt. Elle devra indiquer la date du premier dépôt fait à l'étranger et le pays dans lequel il a eu lieu, lorsque le demandeur voudra se prévaloir du droit de priorité résultant de ce dépôt (1).

42. — 2° La *description* est destinée, comme son nom l'indique, à expliquer l'invention. L'obligation de révéler, dans un acte public, le secret de sa découverte est l'une des conditions que la loi impose le plus justement à l'inventeur, en échange de la protection qu'elle va lui accorder : brevet et secret de fabrique sont deux termes inconciliables. Dans la description, l'inventeur doit décrire, exposer, détailler tous les éléments de son invention, les moyens qu'il emploie, la marche qu'il suit, le résultat qu'il obtient, les applications dont son invention est susceptible. On comprendra l'importance de cette pièce par son objet : la description servira aux tribunaux de base essentielle d'interpré-

---

(1) Voy. *infra*, n° 115.

tation pour déterminer la portée de l'invention et l'étendue des droits du breveté ; elle sera publiée dans les conditions que nous dirons, pour permettre l'examen et l'étude du brevet pendant sa durée et en assurer la jouissance au domaine public, à son expiration.

Pour toutes ces raisons, la description doit être à la fois *complète* et *loyale* ; elle sera *suffisante* si elle permet à un homme du métier de comprendre et d'exécuter l'invention. L'insuffisance et la dissimulation dans la description sont sanctionnées par la nullité du brevet (1), mais elles se retourneraient d'ailleurs, ainsi que la simple obscurité, contre leur auteur, parce que l'interprétation limitera strictement son brevet dans les termes de la description.

Cette pièce doit être fournie en double exemplaire. Conçue dans la forme d'une notice impersonnelle, la description sera rédigée en langue française, correctement et brièvement, sans longueurs ni répétitions, écrite à l'encre ou imprimée sur un papier d'un format déterminé (2), au recto de la feuille seulement. La longueur n'en excédera pas cinq cents lignes de cinquante lettres, sauf nécessité exceptionnelle, reconnue par la Commission technique. Les feuillets seront solidement réunis, numérotés, paraphés dans le bas.

L'impétrant devra terminer la description par un résumé succinct (*revendication*) des points caractéristiques de l'invention. Ce résumé sera énonciatif et non descriptif (3).

L'original et le duplicata seront signés par le demandeur ou son mandataire, dont les signatures seront précédées de leurs noms lisiblement écrits. Le duplicata sera certifié conforme à l'original.

43. — 3° Les *dessins* ne constituent pas une pièce obligatoire au même titre que la demande, la description et le bordereau ; mais dans bien des cas ils seront indispensables pour illustrer et éclairer le texte de la description ; ils ne pourront ni en tenir lieu, ni en modifier l'objet. Les dessins seront également déposés en original et duplicata, signés, et le dernier certifié conforme,

---

(1) Voy. *infra*, n° 136.

(2) Pour le détail des prescriptions très minutieuses, il y a lieu de se reporter au texte de l'arrêté du 11 août 1903.

(3) Avant l'arrêté du 11 août 1903, la revendication étant facultative, les tribunaux n'y attachaient pas une valeur essentielle pour l'interprétation du brevet ; cette jurisprudence sera-t-elle maintenue ?

comme il a été dit précédemment. Les prescriptions réglementaires imposent des conditions particulièrement strictes pour l'établissement et le détail des dessins : dimension des feuilles, largeur du cadre, faculté de subdiviser les dessins en plusieurs figures sur des planches différentes et numérotées, maximum de dix feuilles, conditions spéciales pour le duplicata, etc. (1).

44. — 4° Le *bordereau* contiendra un relevé détaillé des pièces et documents compris dans le dépôt ; il devra indiquer le nombre de pages de la description et de planches de dessin.

45. — 5° L'*enveloppe fermée*, qui renferme les pièces, portera copie du bordereau et, s'il y a lieu, mention de la réquisition du sursis à la délivrance du brevet.

46. — Il est une formalité essentielle qui doit nécessairement précéder le dépôt de la demande de brevet : c'est le paiement d'une somme de *cent francs*, à valoir sur le montant total de la taxe et représentant la première annuité. Le dépôt n'est reçu, en effet, que sur la production d'un récépissé constatant ce versement et qui sera délivré par le trésorier-payeur général du département où le dépôt sera effectué.

47. — Le dépôt est immédiatement constaté par un *procès-verbal* dressé, sans frais, au secrétariat général de la préfecture, sur un registre à ce destiné ; le procès-verbal doit être signé par l'impétrant ; il mentionne le jour et l'heure de la remise des pièces. Cet acte fixe le point de départ de la durée du brevet, avec tous les effets y attachés. Le déposant peut se faire délivrer une expédition du procès-verbal, en remboursant les frais de timbre.

48. — L'Administration préfectorale n'a pas mission de vérifier la régularité des dépôts qui lui sont remis. Lorsqu'elle a dressé le procès-verbal, il ne lui reste plus qu'à transmettre toutes les pièces au Ministère du Commerce et de l'Industrie, à l'adresse de l'Office national de la Propriété industrielle. Il n'y a qu'une hypothèse où elle puisse refuser un dépôt ; c'est lorsque l'impétrant ne produit pas le récépissé du versement de la première annuité. Dans le but d'éviter aux inventeurs des retards et des complications préjudiciables, les préfectures ont été invitées à rappeler aux intéressés, au moment du dépôt, les prescriptions impératives auxquelles ils doivent se conformer, en leur signa-

---

(1) Cf. art. 4 de l'arrêté précité.

lant les conséquences que pourrait entraîner pour eux l'irrégularité du dépôt (1). Mais l'inventeur a le droit de passer outre aux observations qui pourraient lui être faites dans les bureaux, au vu du bordereau transcrit sur l'enveloppe qu'il demande à déposer.

§ II. — Délivrance du brevet.

49. — La *délivrance* des brevets est prononcée par arrêté du Ministre du Commerce et de l'Industrie, dont une ampliation est remise au titulaire, avec un exemplaire imprimé de la description et des dessins. La procédure qui aboutit à la délivrance comporte deux phases distinctes : l'une va de la réception des pièces au Ministère jusqu'à la signature de l'arrêté ministériel ; la seconde nous conduit à la remise des pièces constitutives du brevet au titulaire.

Le Ministre du Commerce et de l'Industrie, saisi de la demande de brevet transmise par la préfecture, a pour mission de contrôler sa régularité et le respect des dispositions de l'article 3 de la loi (non-brevetabilité des plans de finances et des produits pharmaceutiques). Ce contrôle rentre dans les attributions de l'Office national de la Propriété industrielle. Si les formalités légales n'ont pas été observées ou si l'invention rentre, d'après son titre et sa description, dans l'une des deux exceptions de l'article 3, la demande doit être rejetée comme irrégulière ; mais le rejet, pour inobservation des prescriptions réglementaires de l'arrêté du 11 août 1903, au point de vue de la rédaction de la description et de l'établissement des dessins, ne peut être prononcé que sur avis conforme de la commission technique de l'Office national de la Propriété industrielle, le demandeur ou son mandataire préalablement entendu ou dûment appelé. Dans tous les cas, d'ailleurs, la décision de rejet peut être déférée par l'intéressé au Conseil d'Etat ; le pourvoi doit être formé dans les trois mois de la notification.

50. — Lorsque, après examen, le Ministre rend un arrêté prononçant la délivrance du brevet, il constate la régularité de la demande, et sa décision couvre les vices de forme sur lesquels son examen devait porter et dont la loi ne fait pas une cause

---

(1) Cf. Circulaire ministérielle du 9 septembre 1903.

expresse de nullité (1). Aucune opposition, sur quelque motif qu'elle se fonde, ne peut être formée par des tiers contre la délivrance du brevet.

51. — Le rejet de la demande ou la délivrance du brevet sont prononcés par arrêté ministériel, dont notification est faite à l'intéressé, à son domicile ou au domicile élu. En avisant le demandeur de la délivrance, l'Office national lui indiquera la date de l'arrêté ainsi que le numéro du brevet. Aucun délai n'est prévu pour la décision de rejet; mais, pour la délivrance, l'arrêté ne peut être pris moins de deux mois à partir du dépôt. Avant la délivrance, toute demande de brevet ou de certificat d'addition pourra être retirée par son auteur, s'il le réclame par écrit, sauf le cas dont il sera parlé plus loin (2); et, si cette requête est présentée dans un délai de deux mois à partir du dépôt, la taxe versée lui sera remboursée.

Le remboursement intégral a lieu également, en cas de rejet, par application de l'article 3; il n'est restitué, au contraire, que la moitié de la taxe lorsque le rejet est motivé par une autre cause. Mais la loi accorde une faveur à celui qui reproduira, dans les trois mois du rejet, la demande d'abord repoussée comme irrégulière : on lui tiendra compte de la totalité de la taxe, et la majorité des auteurs y ajoute cet autre avantage que son brevet aura pour point de départ la date du dépôt originaire et sera donc à l'abri des effets d'une publicité ou de la priorité acquise à des demandes qui se seraient produites dans l'intervalle.

52. — Dans la deuxième phase de la procédure de délivrance, l'Office, en même temps qu'il avise l'intéressé, transmet à l'Imprimerie nationale les pièces du brevet, c'est-à-dire la description et les dessins. C'est l'Imprimerie nationale, en effet, qui est chargée de l'impression des brevets d'invention. Après l'impression, qui exigera un délai moyen de deux mois, l'Office remet au breveté une ampliation de l'arrêté ministériel, en y annexant un exemplaire imprimé de la description et des dessins, conforme à l'expédition originale.

Le breveté jouira encore d'un délai de trois mois, à dater de la remise des pièces, pour signaler à l'Office les erreurs ou

_____

(1) Ainsi le vice de complexité : Lyon, 3 mars 1897; *Mon. jud., Lyon*, 29 mars 1897.

(2) Voy. *infra*, n° 55.

inexactitudes qui auraient pu se produire dans l'impression ; passé ce délai, aucune réclamation ne sera admise.

53. — La première expédition des brevets est délivrée sans frais. Au moment de la délivrance, l'inventeur peut obtenir un tirage à prix réduit du texte et des dessins imprimés de son brevet, en faisant sa commande à la Société Belin et Cie, 56, rue des Francs-Bourgeois, à Paris (IIIe), dans les quinze jours qui suivent la notification par l'Office national. S'il désire une nouvelle expédition officielle de son brevet, il devra payer à l'Administration une taxe de 25 francs, non compris les frais de dessin qui demeurent à sa charge.

54. — Il peut arriver que l'inventeur ait besoin, avant la délivrance du brevet ou après l'impression, d'une copie officielle des documents qu'il a déposés, par exemple, pour former une demande identique à l'étranger ; il devra, dans ce cas, rédiger sa requête sur papier timbré, en y joignant un récépissé de 25 francs pour un brevet et de 20 francs pour un certificat d'addition ; les frais de dessin devront être payés à part. Il convient de noter ici que celui qui a réclamé une copie officielle des pièces déposées à l'appui de sa demande, ne pourra plus retirer celle-ci.

55. — Nous avons vu que la demande de brevet pouvait contenir une réquisition expresse tendant à l'ajournement de la délivrance pendant une année. C'est là une innovation de la loi du 7 avril 1902, qui a pensé remédier ainsi aux inconvénients que peut présenter, dans certains cas, la publication intégrale et immédiate des brevets délivrés qu'elle a instituée. On n'a pas voulu que cette publication pût se faire contre la volonté de l'inventeur, qui peut avoir un intérêt légitime à en réclamer l'ajournement, soit pour rechercher et découvrir à loisir des perfectionnements nécessaires, soit pour soumettre à l'épreuve d'un essai en grand une invention relative à l'agriculture ou aux industries qui en dérivent (distilleries, sucreries, féculeries, etc...), soit, enfin, pour empêcher une divulgation prématurée qui ferait obstacle à la brevetabilité de l'invention au point de vue de certaines législations étrangères. Mais le législateur stipule que le bénéfice du sursis ne pourra être réclamé par ceux qui auraient déjà profité des délais de priorité accordés par des traités de réciprocité, et, notamment, du délai d'un an inscrit dans l'article 4 nouveau de la Convention d'Union. Il a voulu éviter ainsi que la durée du secret de l'invention fût portée à deux ans. Cette précaution n'était pas superflue, car la disposition légale paraît par elle-même déjà bien grave : elle introduit dans notre législation un système de brevets occultes, produisant à partir du dépôt de la demande, malgré leur clandestinité prolongée, tous les effets d'un brevet ordinaire, créant au profit de l'inventeur breveté un droit exclusif d'exploitation à l'encontre des tiers non informés, non avertis. On peut se demander si cette innovation était bien nécessaire, alors que les intérêts de l'inventeur breveté sont déjà sauvegardés par un droit de préférence pour la protection des perfectionnements et que, d'autre part, le délai de priorité dont il bénéficie dans les Etats Unionistes le met à l'abri des conséquences de la divulgation par une fiction moins dangereuse que le secret réel et absolu dont notre loi lui offre le redoutable présent.

Quoi qu'il en soit, la délivrance du brevet sera ajournée lorsque l'inventeur en aura fait la demande dans les formes prescrites. La procédure de délivrance ne suivra son cours qu'à l'expiration de l'année de sursis ; ce délai ne pourra être réduit en aucun cas, même à la requête de l'intéressé. L'inventeur jouira de la faculté de retirer sa demande de brevet jusqu'au moment de la délivrance, mais, comme nous l'avons dit précédemment (1), la taxe versée ne sera remboursée qu'autant que la requête de retrait sera présentée dans les deux mois du dépôt.

Le rejet de la demande ne pourra être prononcé avant l'expiration du délai d'un an ; mais l'intéressé pourra-t-il revendiquer, en cas de rejet, la faveur attribuée à un dépôt renouvelé dans les trois mois qui suivent, c'est-à-dire avec effet rétroactif au jour de la demande originaire et en bénéficiant intégralement de la taxe versée (2)? La loi ni l'arrêté ne se prononcent sur cette question, qui est également neuve en doctrine et en jurisprudence; il nous paraît inadmissible qu'une demande ainsi reproduite, quinze mois après le premier dépôt, puisse encore porter sa date primitive et jouir de tous les effets y attachés, au détriment de tous les inventeurs qui auraient fait la même découverte dans l'intervalle.

---

(1) Voy. *supra*, n° 51.
(2) Voy. *supra*, n° 51.

§ III. — Publicité des brevets.

56. — La publication des délivrances de brevets et des inventions brevetées est l'une des bases fondamentales du régime des brevets. Dans un système de non-examen comme le nôtre, la publication des inventions n'a lieu que postérieurement à la délivrance, laquelle est proclamée au *Bulletin des lois* par une insertion qui comprend le numéro du brevet, le nom de l'inventeur, la date de la demande, celle de la délivrance, le titre du brevet. Ces mêmes mentions sont publiées en outre dans un catalogue, imprimé dans le *Bulletin officiel de la Propriété Industrielle et Commerciale*, journal hebdomadaire.

57. — La publicité des brevets eux-mêmes est réalisée à la fois par leur publication en fascicules séparés et par leur communication, au siège de l'Office. Son objet est multiple : elle stimule l'activité des inventeurs et facilite leurs travaux ; elle assure la recherche des antériorités, importante à la fois pour l'inventeur sur le point de demander un brevet et pour les tiers qui veulent critiquer la validité du brevet délivré ; elle intéresse la sécurité de l'industrie, mise en garde contre le danger d'une contrefaçon involontaire ; elle favorise le progrès, en répandant la connaissance des inventions nouvelles et en garantissant au domaine public la jouissance de celles qui lui échoient, par la déchéance ou à l'expiration des brevets. L'efficacité de cette publicité est subordonnée naturellement à l'observation des conditions imposées dans la rédaction des demandes ; mais elle dépend surtout de la forme dans laquelle elle a lieu.

La loi du 7 avril 1902 a ordonné la publication *in extenso* de tous les brevets et certificats d'addition, par fascicules séparés, dans leur ordre d'enregistrement. En exécution de cette loi, les descriptions de tous les brevets et certificats d'addition délivrés depuis le 1er janvier 1902 sont imprimées par l'Imprimerie nationale, et les fascicules sont mis en vente, au prix maximum de un franc l'exemplaire, par la Société Belin et Cie. Des conditions spéciales de vente sont faites aux abonnés soit pour la totalité, soit pour une catégorie ou une classe particulière de brevets. Des fascicules sont, en outre, déposés au Conservatoire des Arts et Métiers et dans les Préfectures et mis à la disposition du public.

58. — La communication des brevets et certificats d'addition a lieu à l'Office national. Aussitôt après l'expédition au breveté de l'ampliation de l'arrêté prononçant la délivrance, la description et les dessins imprimés peuvent être consultés dans la salle de communication ouverte au public. Les brevets antérieurs au 1ᵉʳ janvier 1902 et qui n'ont pas été publiés, sont également à la disposition du public ; l'intéressé peut même en prendre une copie au crayon, sans décalque.

L'Office délivre, en outre, des copies authentiques des descriptions et des dessins de brevets, périmés ou non.

Les brevets dont la délivrance est ajournée à la demande de l'inventeur ne sont naturellement publiés qu'à l'expiration du délai ; ils restent secrets pendant un an, et c'était là, d'ailleurs, le principal objet de cette innovation.

CHAPITRE V

Particularités relatives aux perfectionnements.

59. — Nous avons dit (1) que le perfectionnement était une des formes, une des modalités de l'invention. En un certain sens, la plupart des inventions nouvelles ne sont que des perfectionnements, puisqu'elles procèdent, en général, d'inventions ou de découvertes antérieures dont elles réalisent ou appliquent à nouveau le principe, les moyens ou les éléments. La classe des applications nouvelles et des combinaisons nouvelles de moyens connus se compose, pour la plus grande part, de perfectionnements de ce genre. On ne sera donc pas tenté de croire que le perfectionnement constitue une invention d'ordre inférieur, indigne de la protection des brevets. Il n'y aurait même rien de particulier à dire encore de ces perfectionnements, au point de vue de la brevetabilité ou de la protection légale.

Mais la loi a institué un régime spécial et de faveur au profit du titulaire ou des ayants droit d'un brevet, sur les perfectionnements qui peuvent être apportés à l'invention qui fait l'objet de ce brevet. Le mot perfectionnement doit être pris ici dans un sens plus étroit que celui que nous lui donnions

---

(1) Voy. *supra*, nᵒˢ 30 et suiv.

tout à l'heure : il ne s'agit plus, en effet, que des perfectionnements apportés à une invention actuellement brevetée et, nous
le verrons, des perfectionnements caractérisés par une relation
particulière et déterminée avec l'invention du brevet.

Le législateur s'est préoccupé de ce fait d'expérience que
l'inventeur ne réalise pas, en général, sa découverte du premier
coup sous sa forme parfaite et définitive ; il a voulu lui laisser
le temps et lui donner le moyen de la compléter, de la para-
chever, à l'abri de l'âpre concurrence de ses rivaux, et aussi de
comprendre ces perfectionnements inventés après coup dans un
brevet déjà délivré, sans frais excessifs. A cet effet, il accorde
à l'inventeur breveté une double faveur : 1º un droit de préférence à l'encontre de tous autres, pendant une année ; 2º la
faculté de faire breveter les perfectionnements, pendant toute
la durée du brevet principal, par le moyen économique d'un
certificat d'addition.

60. — Ce double avantage est octroyé à l'inventeur breveté
pour les perfectionnements à son invention première que la loi
définit ainsi : des changements, perfectionnements ou additions.
Nous pourrons, pour la commodité, ranger ces trois formes
d'inventions secondaires sous le terme générique : perfectionnements, en observant toutefois qu'il ne faudra pas exiger dans
tous les cas que l'innovation réalise une amélioration, corrige
une imperfection de l'invention première, mais qu'elle devra
toujours s'y rattacher par un lien assez étroit. Il est malaisé de
fixer un critérium pour déterminer ce rapport particulier de
dépendance, alors que le législateur s'est borné à énoncer trois
termes : changements, perfectionnements, additions, et à imposer la condition de relation, sans préciser, et que les auteurs,
aussi bien que la jurisprudence, ne nous offrent sur ce point
que des données très vagues et souvent contradictoires. Il
s'agit, croyons-nous, d'inventions qui ne peuvent être exploitées
sans toucher à l'invention première, qui ne pouvaient être
faites qu'en prenant comme point de départ et comme point
d'appui cette invention, qui en sont donc tributaires et proprement dépendantes. Et cette conception, nous entendons l'appliquer en toute hypothèse, soit qu'on envisage le perfectionnement comme l'objet possible d'un certificat d'addition, soit
qu'on le considère au point de vue de l'exercice du droit de préférence, soit, enfin, qu'on étudie les droits respectifs de l'inventeur principal et du tiers perfectionneur, en ce qui le concerne.

Quoi qu'il en soit, il faut poser en principe que le perfectionnement est une invention d'une espèce particulière, sans doute, mais avant tout une invention brevetable ; pour invoquer la protection légale sous quelque forme que ce soit, le perfectionnement doit remplir d'abord toutes les conditions de brevetabilité exigées de l'invention en général. Un simple changement de forme, de dimensions ou de proportions, l'addition de quelques ornements, un changement de matière, s'ils ne produisent pas un résultat industriel, tout ce qui ne constituerait qu'un emploi nouveau dans le sens donné plus haut à ces mots, ne saurait être considéré ni comme une invention, ni comme un perfectionnement. Il n'est besoin ni de certificat d'addition, ni de droit de préférence pour réserver à l'inventeur breveté un droit exclusif que son brevet suffit à lui assurer sur son invention, malgré les modifications insignifiantes ou étrangères à notre matière qui y seraient apportées (1)

61. Certificat d'addition. — Le titulaire d'un brevet, ses ayants droit, les bénéficiaires quels qu'ils soient, s'ils découvrent, après la demande de brevet, un perfectionnement caractérisé comme nous l'avons dit, ont le choix entre deux formes de protection : celle d'un brevet ordinaire, pris dans les conditions du droit commun et produisant ses effets légaux, ou celle plus économique d'un certificat d'addition.

Pour l'obtention d'un certificat, les formalités à remplir sont exactement celles que nous avons précédemment étudiées, avec cette seule différence que le demandeur, en spécifiant le titre sollicité et en indiquant le brevet auquel il se rattache, n'aura point à fixer la durée du certificat, laquelle sera nécessairement celle du brevet principal ; il n'aura à payer qu'une taxe de vingt francs.

Car le certificat constitue proprement une addition au brevet dont il n'est qu'une annexe, un accessoire ; ce rapport se manifeste dans toutes les particularités caractéristiques du certificat d'addition : il n'est pas soumis à une taxe annuelle ; il vit et meurt avec le brevet ; délivré pour la durée de celui-ci, il s'éteint normalement à son expiration, ou encore par sa déchéance ou son annulation, si elle est totale. Le certificat d'addition peut subsister, en effet, en cas d'annulation partielle du brevet, lorsqu'il se rattache à la partie valide. Enfin, de même que le certificat

---

(1) Cf. Paris, 8 février 1894 ; *Loi,* 17 février 1894.

peut être demandé par tout ayant droit du brevet, il profite de plein droit à tous les bénéficiaires, co-propriétaires, cessionnaires ou licenciés, sauf convention contraire. Il n'est donc pas nécessaire de comprendre expressément les certificats d'addition déjà délivrés, dans la cession d'un brevet.

Tant que dure le brevet, des certificats d'addition peuvent y être rattachés, en nombre illimité.

On voit quelle est la fonction du certificat : il n'est pas fait pour corriger le brevet et ne permet pas d'en couvrir les vices, auxquels il succombera, au contraire, en même temps que le brevet; si donc ce dernier est annulable, il ne sera ni validé ni consolidé par un certificat (1). Destiné, par définition, à étendre la protection du brevet à des perfectionnements découverts postérieurement, le certificat d'addition ne présente pour l'inventeur d'autre avantage en somme que la faveur d'une taxe réduite, compensée par des inconvénients si graves que la protection d'un brevet ordinaire devra généralement lui être préférée.

Car, en outre des causes d'extinction, de déchéance et d'annulation qu'il peut subir par l'effet de sa dépendance du brevet, il est soumis à une cause de nullité qui lui est propre : le défaut de relation suffisante avec le brevet auquel on l'a rattaché. En pareil cas, le certificat est nul (art. 30, dernier alinéa), parce qu'il ne s'applique pas à un perfectionnement proprement dit et qu'il n'est donc pas conforme à sa loi particulière.

La condition de relation est souverainement appréciée par les tribunaux, si du moins ils ont correctement interprété le brevet et le certificat (2).

62. Brevet de perfectionnement. — Nous savons que le breveté a le choix, pour la protection des perfectionnements qu'il apporte à son invention, entre le certificat d'addition et un brevet ordinaire. Les tiers, eux, ne peuvent solliciter qu'un brevet. Les brevets pris par le breveté ou par un tiers, pour des améliorations à l'invention principale, seront des *brevets de perfectionnement*, d'après la terminologie admise dans la pratique, mais que la loi n'a pas adoptée. D'ailleurs, la nature de ces brevets ne diffère en rien de la condition générale des brevets ordinaires, sauf ce que nous dirons tout à l'heure du droit de préférence et de la restriction au droit d'exploitation : le brevet de perfectionnement

---

(1) Paris, 14 mars 1894; *Gaz. Pal.*, 94, I, 673.
(2) Cass., 27 février 1888; *Sir.*, 1891, I, 310.

est indépendant du brevet principal, au point de vue de sa durée et de sa validité (1); il est la propriété particulière et exclusive de son titulaire et ne profite pas aux ayants droit du premier brevet, sauf convention contraire et expresse. Il y a là une bizarrerie assez choquante : selon que le titulaire d'un brevet optera, pour la protection de ses perfectionnements, entre le moyen d'un certificat et celui d'un brevet de perfectionnement, il étendra à ses cessionnaires et licenciés la jouissance de ces perfectionnements, ou il les en exclura. Il leur faudrait prouver le dol du cédant pour faire rescinder un contrat dont le profit pourra se trouver ainsi anéanti. On ne saurait donc trop recommander aux parties de prévoir, dans les contrats de cession ou de licence, l'éventualité des perfectionnements et de régler leurs droits par des stipulations formelles.

Le droit des tiers sur les perfectionnements qu'ils imaginent à une invention brevetée est doublement limité, d'abord pour l'obtention d'un brevet par le droit de préférence accordé au titulaire du premier brevet, ensuite quant à la jouissance du brevet qui peut leur être délivré, par l'interdiction de l'exploiter pendant toute la durée de l'ancien.

63. Du droit de préférence. — Le droit de préférence accordé au titulaire d'un brevet pour faire protéger, par certificat ou brevet, des perfectionnements à son invention brevetée peut s'exercer pendant une année à partir du dépôt de la demande principale. Par cette faveur, le législateur a voulu garantir à l'inventeur le délai qui pouvait lui être nécessaire pour réaliser pleinement sa conception première et lui faire porter tous ses fruits, sans crainte de se voir devancé par des concurrents que la publication de son brevet aura mis sur la voie des progrès qu'il contenait en germe. Les mesures assez compliquées par lesquelles le législateur de 1844 a cru atteindre ce but ont été depuis longtemps critiquées, elles sont devenues actuellement presque inutiles.

La loi du 7 avril 1902 donne, en effet, à l'inventeur un moyen plus pratique et plus sûr de se réserver le profit des perfectionnements possibles, en l'autorisant à requérir l'ajournement de la publication du brevet pendant une année. La double protection du brevet et du secret, ces deux termes inconciliables, assure désormais à tout inventeur qui en aura fait la demande un privi-

---

(1) Bordeaux, 23 novembre 1896; *Dall.*, 1897, II, 397; *Sir.*, 1898, II, 207.

lège absolu, avec lequel le droit de préférence institué par l'ancienne loi semble faire double emploi. Si l'inventeur breveté jouit d'un délai d'un an pour perfectionner son invention, par l'expérience et par l'étude, à l'abri du secret, toute autre faveur est superflue et paraîtra peu légitime. Et pourtant il n'est pas douteux que le droit de préférence puisse encore être invoqué par le bénéficiaire du sursis à la délivrance.

L'artifice imaginé par le législateur pour assurer l'exercice du droit de préférence est le suivant : tandis que le titulaire du brevet est libre de faire protéger ses perfectionnements, sous la forme qui lui convient, les tiers ne peuvent, dans l'année qui suit le dépôt de la demande principale, solliciter de brevets de perfectionnement qu'à la condition de déposer leurs demandes sous pli cacheté.

A l'expiration du délai légal, les cachets seront rompus ; le brevet sera délivré sans difficulté si le même perfectionnement n'a pas fait l'objet d'une demande de certificat ou de brevet de la part d'un ayant droit du brevet primitif ; si, au contraire, le tiers s'est rencontré avec un de ces ayants droit, ce dernier aura la préférence et jouira seul du droit exclusif d'exploitation. Toutefois, le brevet de perfectionnement devra quand même être délivré au tiers, s'il l'exige, et il appartiendra aux tribunaux de faire respecter le privilège du breveté principal.

64. — Le droit de préférence accordé au breveté entraîne donc une prohibition pour les tiers de prendre, pendant une année, des brevets de perfectionnement *à découvert*. Le législateur la sanctionne en édictant (art. 30, 7°) la nullité des brevets ainsi pris à découvert. Alors même que le breveté n'aurait pas également inventé le perfectionnement, le tiers qui l'aura imaginé se verra privé de son brevet s'il n'a pas observé les formes légales. En pareil cas, à qui profitera le perfectionnement ? nous verrons tout à l'heure que la dépendance où se trouve le perfectionnement par rapport au brevet principal fait obstacle au droit d'exploitation de tout autre que le breveté principal lui-même, et qu'en fait ce dernier sera seul à jouir des perfectionnements appartenant au domaine public, de quelque manière qu'ils y soient tombés. Mais le breveté pourra-t-il revendiquer l'exercice de son droit de préférence annal pour faire breveter des perfectionnements qui auront fait l'objet d'une demande à découvert de la part d'un tiers ou, plus généralement, qui auront déjà été divulgués par des tiers ou par lui-même ? Il n'y a nulle raison de l'admettre : le privilège accordé à l'inventeur n'a pas pour effet de couvrir le défaut de nouveauté de l'invention et de rendre brevetable à son profit ce qui est irrémédiablement tombé dans le domaine public.

65. — On voit quelle prudence s'impose aux inventeurs lorsque leurs découvertes se rattachent à un brevet délivré à un autre depuis moins d'un an ; bien plus, il faut qu'ils se préoccupent des brevets non encore délivrés, puisque le délai d'un an court à partir de la demande du brevet. Et pourtant, cette demande n'est entourée d'aucune publicité! Depuis la loi du 7 avril 1902, la délivrance peut même être ajournée pendant une année, ainsi que la publication. Si l'on songe que la condition de relation qui caractérise le perfectionnement est vague et mal définie, on comprendra combien la situation des inventeurs est périlleuse. Le droit de préférence et les mesures par lesquelles la loi en assure l'exercice, les sanctions qu'elle édicte, sont autant d'embûches et d'écueils au milieu desquels tout inventeur risque de succomber. Pour les éviter, la formalité du pli cacheté paraît presque nécessaire dans la plupart des cas; car qui sait quels brevets ont pu être déposés depuis moins d'un an avec réquisition de sursis? Peut-être cette innovation du législateur de 1902, si pleine de menaces pour les inventeurs qui ont déposé leurs demandes à découvert, pourra-t-elle fournir par ailleurs aux inventeurs de perfectionnement une ressource imprévue : l'ajournement de la délivrance, s'ils l'ont demandé, ne devra-t-il pas être assimilé à la formalité du dépôt sous pli cacheté? Dans les deux cas, le résultat et le but sont identiques, en effet, et nous ne voyons pas comment on pourrait appliquer la nullité de l'article 30, 7°, aux demandes avec réquisition de sursis.

66. Interdiction d'exploiter. — En essayant de caractériser le perfectionnement, nous avons dit qu'il nous apparaissait comme une invention tributaire, dépendante d'une autre, qui lui sert de point de départ ou de point d'appui, et que le perfectionnement ne pouvait, par définition, être exploité sans toucher au brevet principal. Il en résulte, comme une conséquence nécessaire, que, si le perfectionnement est dans le domaine public, le breveté de l'invention première sera, en fait, seul à en jouir, pendant toute la durée de son brevet, parce que, de la part de tout autre, l'exploitation du perfectionnement constituera un empiétement sur son brevet, une contrefaçon. Et il en est ainsi, de quelque manière que le per-

fectionnement soit échu au domaine public, soit qu'ayant pour
auteur le breveté lui-même, celui-ci ait négligé de le faire
breveter, soit qu'inventé par un tiers, il ait été abandonné
volontairement ou ait fait l'objet d'un brevet nul, comme ayant
été pris à découvert dans la première année du brevet principal.

Les droits du tiers inventeur ne sont pas moins limités
lorsqu'il fait breveter son perfectionnement selon les formes
légales; il s'en réserve ainsi la propriété, mais son droit
d'exploitation ne pourra s'exercer qu'à l'expiration de l'autre
brevet. Tant que dure ce dernier, l'exploitation du perfectionnement n'est pas licite pour lui; la loi le dit, et les principes généraux suffiraient à le faire reconnaître (1). Mais, réciproquement, le
premier inventeur n'a aucun droit à l'exploitation du perfectionnement (art. 19). Ainsi ce progrès ne profitera à personne, tant
que subsiste le brevet principal. Les deux inventeurs auront
intérêt, en général, à s'entendre pour lever l'interdiction qui
pèse sur eux; la concession réciproque d'une licence sera le
moyen normal de régler une situation qui leur est préjudiciable
et qui n'est pas moins contraire à l'intérêt général; mais la loi
n'organise pas le régime d'une licence obligatoire, et aucune
déchéance ne viendra frapper ni l'un ni l'autre inventeur, s'ils
s'obstinent à laisser le perfectionnement inexploité jusqu'à
l'expiration du brevet principal. Ce n'est qu'alors que commen-
cera pour l'auteur du perfectionnement la période d'exploitation
licite et obligatoire; en sollicitant un brevet, il s'en réserve le
monopole pour les années restant à courir, en même temps
qu'il met le perfectionnement hors du domaine public et qu'il
en empêche l'exploitation pendant la durée de l'autre brevet,
même pour le titulaire de ce dernier.

CHAPITRE VI

Propriété des brevets.

§ Ier. — Propriété de l'invention non brevetée.

67. — Nous savons déjà que le droit de prendre un
brevet d'invention n'appartient pas exclusivement à l'inventeur;
délivré, dans le système de la loi française, à quiconque en a

---

(1) Nancy, 22 juillet 1899; *Gaz. Pal.*, 1900, I, 520.

fait régulièrement la demande, le brevet est la propriété légitime de celui qui avait acquis l'invention de son auteur, qui en avait hérité de lui, ou de celui pour le compte de qui elle avait été faite, car l'invention non brevetée peut être cédée ou transmise et, de même, le droit au brevet, lorsqu'il est né par le dépôt de la demande : dans les deux cas, la cession s'opérera dans les conditions du droit commun, sans aucune des formalités requises pour la transmission des brevets (1).

68. — Il arrive fréquemment qu'un brevet est demandé par un ayant droit de l'inventeur, et cette situation ne présente pas de difficultés. Mais la question devient délicate lorsque l'invention a été faite par un ouvrier ou un employé au service d'un industriel et que le patron revendique pour lui-même le droit au brevet. Nous verrons plus loin quel recours la loi accorde en pareil cas (2); mais nous tenons à exposer dès maintenant les principes. A qui appartient l'invention faite dans ces conditions? Si une convention a réglé d'avance leurs droits respectifs, elle fait la loi des parties et devra être interprétée et appliquée conformément aux règles générales du droit; en l'absence de toute convention, les tribunaux s'inspireront, pour solutionner le litige, des principes et de l'équité, en tenant compte des circonstances particulières de la cause. Mais on ne saurait décider, sans injustice, que l'ouvrier ou le préposé doit être présumé inventer pour le compte et au profit de son patron, alors même que l'invention s'appliquerait à la branche d'industrie qu'il exploite; on ne doit attribuer au patron que ce qui a été découvert sur ses instructions, ses ordres, dans l'exercice d'une mission confiée par lui à cet effet ou dans un emploi dont l'invention était le principal objet (3). Dans certains cas, la découverte sera la propriété commune de l'industriel et de l'inventeur, et le brevet pourra être demandé et délivré au nom de tous les deux. Il en sera de même, si l'invention a été faite par plusieurs collaborateurs (4), ou si son auteur avait un associé avec qui il doit en partager le bénéfice, ou encore

---

(1) Cf. Besançon, 22 février 1899; Dall., 1900, II, 268. — Trib. civ. Seine, 24 mars 1897; Droit, 17 avril 1897.

(2) Voy. infra, n° 97 et suiv.

(3) Trib. civ. Seine, 2 juin 1899; Gaz. Pal., 1900, I, 27; Cf. aussi Trib. civ. Lille, 25 janv. 1900; Gaz. Pal., 1900, I, 465. — Douai, 1er août 1900; Droit, 8 janvier 1901.

(4) Trib. civ. Seine, 10 mai 1898; Ann., 1900, p. 67. — Amiens, 14 décembre 1899; Gaz. Pal., 1900, I, 371.

si, avant d'être brevetée, elle a été cédée à plusieurs acqué-
reurs collectivement ou est échue par succession à plusieurs
cohéritiers.

§ II. — Droits dont un brevet peut être l'objet.

69. — Le brevet est, par définition, un droit mobilier incorporel; il est susceptible de tous les droits que comporte la
propriété mobilière et, en tant que sa nature particulière n'y
répugne pas, il obéit aux principes qui régissent les meubles.
Ainsi, sous le régime de la *communauté*, le brevet délivré à l'un
des conjoints tombe dans la communauté; les inventeurs feront
bien d'y penser, au moment de la rédaction de leur contrat de
mariage. Si la femme apporte un brevet, le mari, en sa qualité
d'administrateur de la communauté, l'exploitera et exercera les
actions qui en dérivent. Dans une *succession*, l'héritier des
meubles aura droit aux brevets ayant appartenu au *de cujus*.

70. — Le brevet est susceptible d'*usufruit*, soit légal, soit
conventionnel. Mais, comment s'effectuera le partage des droits
entre le nu-propriétaire et l'usufruitier? Il s'agit, en effet, d'un
bien d'une durée essentiellement limitée et précaire. Certains
auteurs voudraient opérer une ventilation des bénéfices de l'exploitation pour donner à l'usufruitier, outre la rémunération de ses
peines et de ses avances, un bénéfice légitime, en laissant au nu-propriétaire une part du produit représentant le capital de son brevet.
Il nous paraît plus rationnel et plus juridique d'assimiler, avec
d'autres auteurs, le brevet à la rente viagère, dont l'usufruitier
touche les arrérages pendant toute la durée de l'usufruit, le
nu-propriétaire devant en attendre la fin pour exercer son droit,
si la rente viagère n'est pas éteinte.

71. — Pour la *mise en gage* du brevet, on remplira les formalités prévues dans l'article 2074 du Code civil.

Il n'est pas douteux qu'un brevet puisse, en principe, faire
l'objet d'une *saisie;* mais on ne voit pas dans quelle forme
il pourrait y être procédé; car la saisie-arrêt est juridiquement
inapplicable, la saisie-exécution du titre entre les mains du breveté ou celle du duplicata de l'arrêté dans les bureaux du Ministère est inadmissible ou pratiquement inefficace. Il faut en conclure que la saisie est légalement impossible. Le brevet échappe
aussi à la saisie-gagerie; car le privilège du propriétaire ne s'exerce
pas sur les droits incorporels appartenant à son locataire.

72. Copropriété. — Nous avons vu qu'un brevet pouvait avoir plusieurs titulaires ; cette copropriété emporte communauté entre eux, sauf conventions contraires expresses ou tacites. Si la propriété n'est pas commune, chacun des intéressés exploitera pour son compte et jouira pleinement de tous les droits attachés à la propriété du brevet, à moins qu'ils ne se soient entendus pour s'en partager l'exercice, le droit exclusif de fabriquer appartenant, par exemple, à l'un, le droit de vendre, à l'autre. Lorsque la propriété est commune, les copropriétaires forment une espèce de société à laquelle ils doivent rapporter tous les bénéfices qu'ils retirent individuellement de l'exploitation ; mais, au regard des tiers, chacun d'eux a qualité pour agir et pour représenter la communauté sans le concours de ses copropriétaires. Ils ne sont point tenus de demeurer dans l'indivision ; toutefois la licitation, qui est le moyen normal pour en sortir, est ici pleine de périls. Ordonnée à la requête de l'un des intéressés, elle lui permettrait souvent de dépouiller les autres, s'ils ne sont pas en mesure de se rendre adjudicataires ; c'est l'exemple souvent cité de l'inventeur pauvre qui a dû s'associer comme copropriétaire du brevet un bailleur de fonds. Pour éviter une spoliation, les tribunaux pourraient, semble-t-il, ordonner le partage, c'est-à-dire l'exploitation divise, chacun pour son compte (1).

73. Brevets mis en société. — Un brevet peut appartenir à une société, soit qu'il lui ait été délivré, soit qu'il lui ait été cédé ou apporté par son titulaire. La société possédera, exploitera comme ferait un particulier et de la manière dont elle jouirait elle-même d'un autre droit mobilier. Toutefois, une jurisprudence, aujourd'hui constante, de la Cour de Cassation, refuse d'assimiler l'apport d'un brevet, même en propriété, à une cession, au point de vue des formalités de l'enregistrement administratif auxquelles la cession proprement dite est soumise (2).

On doit néanmoins conseiller aux intéressés de remplir les formes légales et aussi de fixer, dans l'acte de société, la valeur pour laquelle le brevet est apporté ; à défaut d'une semblable stipulation, le prix en serait fixé par le juge, lors de la liquidation.

---

(1) Cf. Pouillet, n° 301.
(2) Cass., 22 mars 1898 ; *Droit*, 9 octobre 1898.

74. — Lorsqu'un brevet appartient à une société, son exploitation est régie par les principes généraux ou par les dispositions particulières des statuts. Par conséquent, les poursuites en contrefaçon seront intentées par les associés, dans une société en nom collectif ; par le gérant d'une commandite, par les administrateurs d'une société anonyme, par le liquidateur d'une société en liquidation. Dans le cas où la jouissance seule du brevet aurait été apportée à la société, le breveté apporteur conserverait le droit de poursuivre les contrefacteurs ; la société aurait, en principe, la qualité de simple licenciée.

75. — La société constituée pour l'exploitation d'un brevet pourra emprunter toutes les formes organisées par les lois ; elle aura nécessairement un caractère commercial, à moins que son objet ne se limite expressément à prendre et à vendre des brevets. Si l'exploitation d'un brevet forme l'objet unique de la société, la nullité du brevet entraînera celle de la société elle-même (1) ; on admettra donc tout intéressé à provoquer la nullité du brevet, et même les associés, à moins qu'ils n'aient contracté en connaissance de cause. La déchéance du brevet sera une cause de dissolution de la société fondée pour son exploitation.

76. — Que devient le brevet dans la liquidation de la société ? Il faut distinguer selon que la propriété ou la jouissance du brevet aura été apportée : si la société était propriétaire, le brevet sera compris dans l'actif social et suivra le sort des autres biens ; il ne fera pas retour de plein droit à l'apporteur, à moins d'une stipulation expresse dans les statuts (2). Le brevet pourra donc, dans le partage, être attribué à quelque autre associé, ou, s'il est mis en vente, être adjugé à un tiers ; dans les deux cas, l'acquéreur devra faire enregistrer, dans les formes de l'article 20, son titre d'acquisition, s'il veut régulariser sa situation au regard des tiers. S'agit-il d'un brevet dont la jouissance seulement a été mise en société, il fera évidemment retour à l'apporteur, lors de la dissolution normale de la société, par l'expiration du terme fixé dans les statuts ; mais, en cas de dissolution anticipée, le breveté ne pourra reprendre la pleine propriété de son brevet dont la société n'avait pas encore épuisé la jouissance concédée. La période de jouissance à laquelle la société avait droit constitue

---

(1) Cf. pourtant Besançon, 22 février 1899 ; *Dall.*, 1900, II, 268.
(2) Douai, 29 juillet 1897 ; *Journal des Soc.*, 1898, p. 213. — Paris, 16 décembre 1897 ; *Dall.*, 1901, II, 239.

4

un apport qui ne saurait être repris, à moins d'une clause contraire; pour le temps restant à courir, la jouissance sera donc comprise dans l'actif à liquider. Il en serait ainsi, à plus forte raison, si la cause de la dissolution était la faillite de la société, l'actif étant alors le gage des créanciers.

77. — Une forme de société assez usitée, en matière de brevets, est celle de l'association en participation, formée entre l'inventeur et des capitalistes, bailleurs de fonds, pour l'exploitation d'un brevet, qui demeure la propriété du titulaire, sans aucun partage. Mais, au contraire, il y a de la part du breveté une véritable cession, sans aucune constitution de société, lorsque l'inventeur abandonne le droit d'exploitation à un capitaliste, à qui il engage en outre ses services, moyennant une participation dans les bénéfices de l'entreprise. Le caractère distinctif de l'association, c'est, plutôt que la participation aux bénéfices, l'intention de s'associer et la contribution aux pertes.

§ III. — Cession des brevets.

78. — Les brevets peuvent être cédés par le titulaire, à titre onéreux ou gratuit, en totalité ou en partie; la cession partielle peut s'effectuer sous diverses modalités, soit par le démembrement des droits dérivant du brevet, droit de fabriquer, droit de vendre, soit par leur division, par exemple, territorialement : exploitation exclusive dans un périmètre donné, dans un département, une ville.

79. Formalités. — La loi (art. 20) impose à la cession certaines formalités particulières, au nombre de trois : 1° la rédaction d'un acte notarié, 2° le paiement anticipé de l'intégralité des annuités, 3° l'enregistrement de la cession au secrétariat de la préfecture du département dans lequel l'acte a été passé. Pour justifier ces exigences de la loi, on allègue les raisons suivantes : le paiement anticipé des annuités a pour objet d'assurer le cessionnaire contre les risques de déchéance que lui ferait courir la négligence du cédant; la forme-authentique et l'enregistrement du contrat lui donneront date certaine et porteront la mutation à la connaissance des tiers. L'intérêt de la publicité mérite seul d'être envisagé, car il appartient au cessionnaire de prendre ses précautions pour éviter la déchéance et assurer une date certaine à l'acte. Or, la publicité est mal organisée et insuffisante ; d'abord, elle ne s'applique pas à tout l'état civil des brevets, mais seulement à certaines mutations (cessions proprement dites) et non à toutes (succession, apport en société, partage, résiliation d'une cession avec rétrocession, mise en gage); d'autre part, les mentions d'enregistrement n'ont aucune force probante quant au droit du propriétaire inscrit.

80. — Des trois formalités énumérées, l'enregistrement est la seule qui soit requise à peine d'une sanction légale. Il est vrai que le notaire ne devra procéder à la rédaction de son acte que si on lui représente la quittance de la dernière annuité échue et celle des annuités à courir, et l'administration chargée de l'enregistrement ne l'effectuera qu'au vu de la quittance et d'un extrait authentique de l'acte de cession ; ainsi l'observation des deux formalités est assurée en fait, mais en droit leur inaccomplissement ne vicierait pas l'enregistrement. Le défaut d'enregistrement seul est une cause de nullité de la cession, au regard des tiers, car la loi la prononce expressément. Toutefois cette nullité n'est pas d'ordre public ; elle ne peut être opposée d'office par le tribunal, si elle n'est invoquée par les intéressés, « les tiers », c'est-à-dire tous ceux, en dehors des parties elles-mêmes, qui peuvent avoir intérêt à critiquer la cession : un cessionnaire postérieur en date qui a fait enregistrer son titre et veut primer une cession antérieure (1), un contrefacteur pour arrêter les poursuites intentées par un cessionnaire irrégulier (2). Pour la régularité, il suffira que l'enregistrement précède les poursuites, car la loi ne fixe aucun délai fatal. Mais les contractants ne peuvent se prévaloir entre eux du défaut d'enregistrement et l'acte même sous seings privés produit tous ses effets (3); ainsi, pour éviter des frais inutiles, les parties peuvent se contenter, si elles ont confiance dans leur bonne foi mutuelle, d'une cession par acte sous seings privés, sauf à la régulariser en temps opportun dans les formes voulues. Notons que le paiement des annuités est en principe, sauf stipulation contraire, à la charge de l'acquéreur (4).

L'enregistrement administratif de l'acte, lequel ne peut être suppléé par aucune formalité et qui ne se confond pas avec l'en-

---

(1) Trib. civ. Seine, 15 juillet 1895; *Gaz. Trib.*, 23 novembre 1895.
(2) Cf. Paris, 16 décembre 1899; *Dall.*, 1901, II, 239.
(3) Nancy, 14 novembre 1894; *Dall.*, 1895, II, 349. — Cass., 13 juillet 1892; *Droit*, 7 octobre 1892.
(4) Trib. civ. Seine, 26 mars 1895; *Droit*, 3-5 juin 1895.

registrement fiscal, toujours nécessaire, a lieu à la préfecture du département dans lequel l'acte de cession aura été passé ou dans lequel le jugement emportant mutation aura été rendu. L'intéressé devra produire un récépissé établissant le paiement de la dernière annuité échue, une quittance justifiant du versement intégral du complément de la taxe, un extrait authentique de l'acte notarié ou du jugement. Dans ces conditions, l'enregistrement ne peut être refusé ni différé, car l'administration n'est pas juge de la validité de la cession et n'a pas à tenir compte d'une opposition qui lui aurait été signifiée. Procès-verbal de l'enregistrement est dressé sans frais sur un registre spécial à ce destiné. Une expédition du procès-verbal est délivrée, moyennant le remboursement du prix du timbre; une autre expédition est transmise au Ministère du Commerce où elle sera transcrite sur un registre des mutations qui est à la disposition du public; en outre, la cession ainsi régularisée sera publiée par une insertion au *Bulletin des Lois* et au *Bulletin officiel de la Propriété Industrielle*.

81. — Il va de soi que ces formalités ne sont prescrites que pour la transmission des brevets français. A l'égard des brevets étrangers, on suivra pour leur cession en France les formes du droit commun (1). Toutefois, il convient d'observer que chaque pays a ses règles spéciales en matière de cession et qu'il y aura lieu d'en tenir compte.

82. — Les procès relatifs à une cession de brevet sont, en principe, de la compétence des tribunaux civils (2); mais le contrat, bien que civil en lui-même et par définition, peut prendre un caractère commercial à raison de circonstances de fait, et les tribunaux de commerce seront ainsi appelés à connaître de son interprétation ou de son exécution (3).

83. Effets. — La cession d'un brevet doit être assimilée à une vente lorsqu'elle est faite à titre onéreux; elle entraîne le transport de tous les droits qui dérivent du brevet; le cédant devra remettre son titre à l'acquéreur, mais la qualité d'inventeur et les récompenses honorifiques qui peuvent y être attachées continuent d'appartenir à l'auteur de la découverte. Toutefois, le

(1) Nancy, 14 novembre 1894; *précité*.

(2) Trib. des conflits, 27 juillet 1895; *Mon. Lyon*, 5 septembre 1895. — Trib. com. Seine, 2 décembre 1897; *Journ. trib. com.*, 1893, page 251.

(3) Rennes, 7 décembre 1891; *Rec. Nantes*, 1892, I, 364. — Paris, 27 janvier 1899 et 2 janvier 1900; *Ann.*, 1900, page 89.

cessionnaire aura le droit de se servir du nom de l'inventeur pour désigner le produit breveté, sauf convention contraire. Par l'effet d'une aliénation totale, le cédant devient étranger au brevet ; il n'a plus qualité pour intenter les actions en contrefaçon, ni pour défendre à une demande en nullité du brevet ; pourtant il aura encore un intérêt légitime à intervenir dans une semblable instance, car la chose jugée contre son ayant cause sera jugée contre lui. Si la cession n'est que partielle, la convention déterminera et délimitera ses effets ; mais l'intervention du cédant sera toujours de droit dans les instances sur la validité du brevet. Le cessionnaire partiel, dans les limites du domaine concédé, est qualifié pour poursuivre en son nom les contrefacteurs ; il profite de plein droit des certificats d'addition.

84. Garantie. — Appliquera-t-on à la cession toutes les règles du droit civil relatives à la vente? et notamment quant à la garantie du vendeur? Un grand conflit divise sur ce point la doctrine et la majorité de la jurisprudence : une opinion, énergiquement soutenue par des auteurs très considérables, se fonde sur la nature essentiellement aléatoire du brevet délivré sans examen et sans garantie du gouvernement, pour distinguer, entre les causes de nullité, celles qui résultent de vices apparents et celles, au contraire, qui résultent de vices cachés, et pour décider que le cédant n'est garant qu'à raison des dernières, sauf le dol ou la fraude. On considérera comme des vices apparents : le défaut de nouveauté (art. 30, 1°), le défaut de brevetabilité (art. 3 et art. 30, 2° et 4°), l'inexactitude frauduleuse du titre (art. 30, 5°), l'insuffisance de description (art. 30, 6°), l'infraction à l'article 18 (perfectionnement breveté à découvert dans l'année du brevet principal), le défaut de paiement des annuités (art. 32, 1°), le défaut de relation entre le certificat et le brevet dont il dépend (art. 30, *in fine*) ; comme des vices cachés : l'impossibilité d'une application industrielle (art. 30, 3°), l'insuffisance de la description et la dissimulation des véritables moyens (art. 30, 6°) l'introduction en France d'objets fabriqués à l'étranger d'après le brevet (art. 32, 3°) et, sans doute aussi, le défaut d'exploitation dans le délai de deux ans (art. 32, 2°). Une semblable distinction a quelque chose d'arbitraire à première vue ; mais en ce qui concerne spécialement le défaut de nouveauté, que l'on doit envisager surtout et pour lequel la distinction semble faite, ne doit-on pas dire qu'en le considérant comme un vice apparent, les auteurs perdent de vue leur argument initial ; le caractère

aléatoire du brevet ne résulte-t-il pas précisément de ce que le
défaut de nouveauté est essentiellement un vice caché?

85. — Quelles que soient les raisons d'équité et les considérations d'ordre pratique qui militent en faveur de cette doctrine, nous préférons la solution rigoureuse, mais logique et juridiquement incontestable adoptée par la jurisprudence : le brevet
affecté d'un vice de nullité est une apparence sans réalité ; du
jour où la nullité vient à être prononcée, pour quelque cause que
ce soit, il est juridiquement constant que le brevet n'a jamais eu
aucune existence et qu'il n'a pu fonder aucun droit ; le contrat
intervenu est donc sans cause et sans objet (1) ; or, l'obligation sans
cause est dénuée d'effet (art. 1131 du Code civil). Ce qu'il y a de
vraiment aléatoire dans un brevet, c'est le rendement dont il est
susceptible et non point sa validité, qui dépend de conditions
légales parfaitement définies dont l'appréciation ne saurait juridiquement être considérée comme arbitraire ; il va de soi que le
cédant, sauf convention expresse, n'est pas garant des bénéfices es-
comptés par son co-contractant (2). Mais quant à la nullité du
brevet, nous pensons que le cédant ne peut s'exonérer de la
garantie que par une clause expresse. Il demeurerait quand même
responsable de ses faits personnels (introduction, dissimulation
des moyens, etc.) et garant à raison des vices qu'il aurait connus
en contractant.

86. — La conséquence rigoureuse de l'effet rétroactif de la
nullité, c'est que le contrat dont le brevet a été l'objet se trouve
anéanti dans le passé et qu'ainsi toutes les prestations effectuées
par le cessionnaire en exécution du contrat sont sujettes à restitution. Non seulement il ne sera pas tenu de verser les redevances promises pour l'avenir, mais il est en droit de réclamer
le prix qu'il a payé. Cette conséquence qui découle des principes
sera, dans bien des cas, si contraire à l'équité qu'on sera tenté de
la repousser : le cessionnaire a exploité le brevet sans être
troublé dans sa jouissance, il a recueilli pendant un temps plus
ou moins long tous les avantages résultant d'un monopole de
fait, car, s'il est vrai que l'invention a été jugée appartenir au
domaine public et que l'acquéreur du brevet n'ait fait, en l'exploitant, que jouir d'un droit qui était sien et qu'il pouvait
exercer librement sans rien devoir au cédant, rien ne peut abolir

---

(1) Trib. civ. Bordeaux, 9 avril 1894 ; *Rec. Bordeaux*, 1894, II, 83.
(2) Cf. Paris, 25 mars 1893 ; *Revue de droit industriel*, 1894, 13.

ce fait que le cessionnaire a récolté des bénéfices à la faveur d'une apparence de droit dont son co-contractant lui a assuré la jouissance exclusive ; peut-on admettre qu'après s'être ainsi enrichi aux dépens ou du moins à la place du breveté, le cessionnaire obtienne la restitution des redevances ou de la partie du prix qui constituait la contre-partie de sa jouissance? Nous serions disposé à repousser les conséquences extrêmes et injustes de la fiction de la rétroactivité et à limiter à l'avenir, à la période d'éviction, les effets de la nullité. La majorité de la jurisprudence est en ce sens (1).

87. — Le cessionnaire sera-t-il recevable à provoquer lui-même le jugement qui prononcera la nullité? ou à invoquer cette nullité par voie d'exception, pour résister à une demande en paiement du prix? Les auteurs qui lui refusent tout recours en garantie, lui dénient logiquement l'action en nullité. Dans le système suivi par la jurisprudence, on sera porté, au contraire, à la lui accorder pour faire tomber la cession elle-même. La loi ne la lui refuse point, puisqu'elle donne l'action en nullité à « toute personne y ayant intérêt », sans aucune exception. Or, ici, l'intérêt sera incontestable, si le brevet est ouvertement méconnu ; pourquoi obligerait-on le cessionnaire à attendre que les contrefacteurs fassent prononcer la nullité ou l'invoquent sur des poursuites vouées à un échec certain? Nous irons plus loin et nous admettrons qu'il a un intérêt légitime à jouir gratuitement dans l'avenir d'une invention qui appartiendra au domaine public.

88. — Nous avons vu que les auteurs considéraient les causes de déchéance tantôt comme des vices cachés, tantôt comme des vices apparents ; cette distinction présente, dans le système auquel nous nous rallions, peu d'intérêt (2) ; on peut remarquer, d'ailleurs, que toutes les causes de déchéance sont du fait ou de la faute du breveté, c'est-à-dire, dans l'espèce, du cédant ou de son auteur. Au point de vue de la garantie, il faut tenir compte, en outre, de ce que le jugement qui prononce la déchéance n'a pas d'effet rétroactif.

89. Résolution de la cession. — La résolution du contrat peut intervenir encore par suite de l'inexécution des con-

---

(1) Cf. *infra*, n° 160.

(2) Bordeaux, 23 novembre 1896; *Dall.*, 1897, II, 397. — Cf. Besançon, 18 juillet 1900; *Gaz. Pal.*, 1900, II, 518.

ditions stipulées par le cédant, si ce dernier ne préfère demander en justice l'exécution promise (art. 1184, *Cod. civ.*), ou par suite de l'*éviction* prononcée à la requête d'un inventeur que le cédant ou son auteur avaient dépouillé de son invention. Les conséquences de la résolution ne seront pas tout à fait les mêmes dans les deux cas : si elle est motivée par l'inexécution des conditions, la propriété fait retour au cédant, avec effet rétroactif, les sous-cessions étant annulées, et il a droit, en outre, à des dommages-intérêts ; si la résolution du contrat résulte d'une *éviction*, le cessionnaire évincé réclamera l'application des articles 1630 et suivants du Code civil.

§ IV. — Des licences.

90. — La licence est un contrat particulier à la matière des brevets, sans équivalent exact, au moins dans le droit civil (elle se rapproche surtout du contrat d'édition). L'importance de ce contrat réside en ce qu'il fournit à l'inventeur un moyen pratique de tirer de son brevet tout le parti et tout le profit possibles, sans en aliéner la propriété, sans exposer de capitaux et sans renoncer pour l'avenir au droit de l'exploiter par lui-même ou par d'autres. La licence assure ainsi l'exploitation la plus large et la plus complète des inventions brevetées ; la concession de licences paraîtra souvent désirable dans l'intérêt de l'industrie nationale et du public lui-même ; on doit donc regretter que le législateur n'en ait pas mieux organisé le régime et n'ait fait aucune place à l'idée des licences obligatoires.

91. — Par la concession d'une licence, le breveté confère simplement au licencié le droit d'exploiter le brevet, sans lui céder aucune part dans la propriété et sans lui assurer même un droit exclusif quant à l'exploitation. Ainsi non seulement le breveté garde la libre disposition de son brevet, mais il se réserve le droit de l'exploiter et d'en concéder d'autres licences. A ce trait caractéristique, on distinguera la licence de la cession : y a-t-il aliénation même partielle de la propriété ; y a-t-il promesse d'exclusivité (1) ? De cette définition découlent plusieurs

---

(1) Cass., 13 juillet 1892; *Droit*, 7 octobre 1892. — Paris, 16 décembre 1899; *Dall.*, 1901, II, 239. — Paris, 27 janvier 1899 et 2 janvier 1900; *Ann.*, 1900, page 89. — Paris, 1ᵉʳ mai 1902; *Gaz. Trib.*, 17 mai 1902.

conséquences importantes : le licencié n'a pas d'action contre les contrefacteurs, il ne peut les poursuivre en son nom ; son droit est personnel, il passe à ses héritiers mais ne peut être, sauf convention expresse, cédé à un tiers, si ce n'est à son successeur dans son industrie; mais le licencié profite de plein droit des certificats d'addition annexés au brevet(1); son titre est opposable à tous les ayants droit de son auteur, même à un cessionnaire postérieur qui aurait ignoré la licence concédée, si du moins l'acte a acquis date certaine (2) ou si le concessionnaire en a eu connaissance. A ce point de vue, le licencié aura donc intérêt à procéder non à l'enregistrement administratif de son contrat, dont la loi ne lui impose pas l'obligation, mais à l'enregistrement fiscal. Le prix de la licence est généralement payable par annuités; il consiste alors en redevances proportionnelles aux bénéfices de l'exploitation ou à son importance (3).

Ont qualité pour concéder des licences : le titulaire du brevet; un cessionnaire, même partiel, dans les limites de son droit personnel.

Par bien des traits communs, la licence se rapproche du louage auquel on l'assimile, en effet, en ce qui concerne notamment la garantie due au licencié. N'ayant qu'un simple droit d'exploitation, le licencié, dit-on, ne peut exiger qu'une jouissance paisible et n'a donc droit à la garantie de son co-contractant qu'en cas de trouble (contrefaçon), d'éviction (nullité prononcée, déchéance, revendication) ou à raison des vices cachés de la chose qui en empêchent l'usage (impossibilité d'application industrielle) (4). On lui refuse l'action en nullité, tant que sa jouissance n'est pas troublée (5).

92. Licence tacite. — La vente par le breveté d'un objet fabriqué d'après son brevet, par exemple, d'une machine, n'emporte-t-elle pas au profit de l'acheteur la concession d'une sorte de licence? L'acheteur, en effet, va fabriquer à l'aide de la machine, vendre les produits provenant de cette fabrication, en jouissant de la protection du brevet et à l'abri de toute critique. Plus généralement, l'achat d'un objet breveté autorise l'acquéreur à en user librement et ce droit, il le tient directement ou indirectement

---

(1) Cf. Paris, 17 mars 1900; *Gaz. Pal.*, 1901, I, 797.
(2) Paris, 27 janvier 1899 et 2 janvier 1900, *précités*.
(3) Cf. Paris, 29 janvier 1900; *Gaz. Trib.*, 1900, II, 2e partie, 21.
(4) Trib. civ. Seine, 29 mai 1894; *Droit*, 7 septembre 1894.
(5) Voir *infra*, no 160. Cf. Paris, 27 juin 1891 ; *Gaz. Trib.*, 3 novembre 1891.

du breveté. S'il avait acquis d'un contrefacteur, son usage serait illicite. Il semble donc bien qu'on doive reconnaître à la vente effectuée par le breveté ou ses ayants droit les effets d'une sorte de licence, d'une portée très restreinte. C'est ce qu'on appelle en droit allemand la licence tacite (1).

Elle présente cette double particularité qu'elle peut être concédée même par un simple porteur de licence et qu'elle découle de plein droit, sans convention expresse, de la vente d'un objet breveté par un ayant droit.

93. — L'acheteur d'un appareil breveté aura-t-il le droit de le réparer librement?

On conçoit qu'il puisse réparer ou remplacer les parties de l'appareil qui ne font pas spécialement l'objet du brevet et même faire subir aux parties brevetées les menues réparations d'atelier; mais cette faculté ne saurait aller jusqu'à une réfection complète qui aurait pour effet de substituer à l'ancien appareil un appareil entièrement neuf.

§ V. — Expropriation pour cause d'utilité publique.

94. — La loi sur les brevets d'invention ne prévoit ni n'organise l'expropriation pour cause d'utilité publique des brevets. Il n'est pas impossible pourtant d'imaginer telles hypothèses où l'intérêt général commanderait l'expropriation de l'inventeur. L'article 545 du Code civil, dont la portée est générale, recevrait ici son application et l'expropriation pourrait être prononcée, dans les formes légales, moyennant une juste et préalable indemnité.

§ VI. — Revendication de la propriété des brevets.

95. — La délivrance du brevet assure à un seul, à l'exclusion et à l'encontre de tous autres, un droit privatif d'exploitation sur l'invention; entre plusieurs inventeurs, dont les droits pourraient être égaux jusqu'à la demande du brevet, elle décide irrévocablement au profit du plus diligent. Mais si la priorité de la demande justifie, aux yeux de la loi, la préférence accordée à son auteur, sur d'autres qui auraient fait en même temps que

---

(1) Cf., Bonnet, *Etude de la législation allemande sur les brevets d'invention*, n° 403.

lui ou même avant lui la même découverte, elle ne doit pas consacrer une spoliation au bénéfice de celui qui aurait dérobé au véritable inventeur le secret de sa découverte. L'attribution du brevet au premier impétrant n'est légitime que si ce demandeur est l'inventeur ou du moins le propriétaire de l'invention. A-t-elle néanmoins pour effet de régler définitivement le droit à la propriété du brevet, de telle façon que l'inventeur dépouillé de son invention le soit aussi du brevet? ou bien la loi lui accorde-t-elle un recours pour obtenir la restitution de son bien, c'est-à-dire de sa découverte munie du brevet dont elle a été l'objet?

96. — Cette question se pose dans plusieurs hypothèses : le brevet peut avoir été délivré à quelqu'un qui avait dérobé le secret de l'invention ou à un employé à gages, à un ingénieur, à un ouvrier (1), alors qu'un contrat attribuait au patron, à l'industriel, la propriété de la découverte, ou, enfin, à un inventeur qui avait déjà vendu à un tiers la propriété de son invention. D'autre part, il arrivera que l'inventeur ou le légitime propriétaire dépouillé aura pris lui-même un brevet, mais à une date postérieure à celle du brevet délivré à l'usurpateur. Comment pourra-t-on régler la situation extrêmement délicate résultant de la délivrance successive de ces deux brevets qui doivent, en droit et en équité, appartenir à la même personne, dont le premier annule le second mais peut être lui-même affecté d'un vice de nullité ? La loi n'a pas prévu toutes ces difficultés, et les moyens que fournit le droit commun ne permettent pas toujours de les trancher d'une façon satisfaisante.

97. — C'est par l'action en revendication que le légitime propriétaire dépossédé de l'invention et du droit exclusif conféré à l'usurpateur recouvrera son bien, en demandant et en obtenant sa subrogation dans les droits de l'indu-breveté (2). Cette solution n'est pas contestée; elle est tout à fait équitable, encore que le brevet revendiqué n'ait jamais été la propriété de celui qui le revendique : c'est par hypothèse l'inventeur, et il s'est avant tout autre trouvé en mesure d'obtenir un brevet, mais ce brevet il ne l'a pas demandé, ce n'est pas à son profit qu'il a été délivré. Sans doute, on doit considérer le brevet comme un accessoire et l'attribuer au propriétaire de la chose principale :

---

(1) Voy. *supra*, n° 68.
(2) Paris, 22 avril 1896; *Gaz. Trib.*, 14 mai 1896. — Cass., 26 avril 1900; *Sir.*, 1901, I, 100; *Pand. fr.*, 1900, I, 316.

l'invention; mais il se peut que l'inventeur dépouillé bénéficie ainsi d'une diligence qui lui avait fait défaut : avant sa propre demande de brevet, s'il en a fait une, l'invention avait peut-être été divulguée, ou exploitée par un tiers, et ainsi la revendication lui assurera plus de droits qu'il n'en aurait eus de son propre chef.

98. — L'action en revendication appartient légalement, non pas tant au véritable inventeur, ni même à celui qui avait un droit acquis sur l'invention, mais plus généralement à celui qui en détenait le secret et à qui il a été dérobé par l'indu-breveté ou par son auteur. La revendication s'exercera contre l'usurpateur ou contre son ayant droit, même contre le cessionnaire de bonne foi, sauf le recours en garantie de ce dernier contre son cédant (art. 1630, Code civ.). Le revendiquant devra administrer la preuve de l'usurpation, du détournement ou de l'abus de confiance. Si l'acte incriminé constitue un délit et rentre dans la définition des articles 401 ou 408 du Code pénal, l'inventeur dépouillé pourra agir par la voie correctionnelle pour obtenir la condamnation de son voleur, mais la revendication sera toujours de la compétence du tribunal civil. Avant de statuer au fond, ce tribunal peut ordonner toutes mesures provisoires urgentes, par exemple, la mise sous séquestre du brevet pendant la durée de l'instance.

99. — La subrogation, si elle est prononcée au profit du revendiquant, comporte la substitution du nom du véritable propriétaire à celui de l'indu-breveté dans le brevet, et s'opère pratiquement par la mention, en marge de l'arrêté ministériel qui constitue le titre, du dispositif du jugement et du nom du véritable titulaire. Il appartient à l'autorité administrative d'assurer l'exécution matérielle du jugement, en effectuant l'inscription des mentions prescrites. On peut soutenir, en se fondant sur le principe de la séparation des pouvoirs, que l'autorité administrative a seule qualité pour ordonner la substitution du nom et que son rôle ne saurait se borner à celui d'un simple agent d'exécution. Mais, en fait, aucun conflit n'a jamais surgi et l'administration exécute sans difficulté les jugements qui lui sont notifiés.

Le recours à l'action en revendication, en l'absence de toute disposition spéciale dans la loi, ne permet pas de résoudre aisément les graves problèmes que peut faire naître l'usurpation d'un brevet. Il y a lieu d'examiner deux hypothèses principales.

100. — Si l'usurpateur s'est fait délivrer un brevet qui est incomplet, mal rédigé, dont la description est insuffisante au point d'être une cause de nullité, on aperçoit immédiatement que la subrogation pure et simple n'assurera au légitime propriétaire qu'une satisfaction bien médiocre et souvent illusoire. Si la description est suffisante bien qu'incomplète, un certificat d'addition permettra peut-être d'étendre la portée du brevet ; mais si l'insuffisance est telle que le brevet doive être annulé, ou si, d'une façon générale, ce brevet est affecté d'un vice de nullité, la situation faite à l'inventeur dépouillé paraît sans remède. La subrogation dans un semblable brevet ne lui garantit aucun droit, car elle ne couvrira pas la nullité, qui peut être invoquée par tout le monde. Une fois prononcée, elle fera obstacle à la délivrance à son profit d'un nouveau brevet portant sur la même invention, car la nullité du brevet fait tomber l'invention ainsi divulguée dans le domaine public. C'est là un principe absolu, auquel l'hypothèse que nous envisageons, si favorable qu'elle soit, ne saurait faire exception, contrairement à l'avis de certains auteurs (1). M. Pouillet propose une solution ingénieuse : le tribunal prononcera la confusion des deux brevets, celui de l'usurpateur et celui du véritable propriétaire, de manière à corriger par l'un les vices de l'autre. Mais une pareille décision ne se fonderait sur aucune disposition légale et serait purement arbitraire. Notre conclusion sera que l'inventeur est irrémédiablement frustré de son droit exclusif, si l'invention qui lui a été dérobée a fait l'objet d'un brevet nul.

101. — Une autre hypothèse embarrassante est celle où l'indu-breveté, bien loin d'avoir fait breveter, au détriment du légitime propriétaire, une invention incomplète ou insuffisamment décrite, a, au contraire, ajouté des éléments nouveaux et personnels à la découverte dont il avait surpris ou dérobé le secret. Le brevet, en pareil cas, comprend à la fois l'invention de l'un et les perfectionnements de l'autre ; comment régler leurs droits respectifs ? En général, l'invention primitive sera la partie essentielle et les perfectionnements ne seront qu'un accessoire ; on appliquera ici encore, avec une pleine équité, le principe que l'accessoire suit le principal et on attribuera au revendiquant la propriété de l'ensemble, sauf à tenir compte à l'usurpateur, dans le calcul des dommages-intérêts mis à sa

---

(1) En ce sens, Blanc, page 609.

charge, de la valeur des perfectionnements dont il perd ainsi le bénéfice. Si l'importance de ces perfectionnements égale, contrebalance celle de la découverte primitive, le tribunal, tout en s'attachant au principe de la subrogation, s'efforcera de trouver une solution transactionnelle qui sauvegarde également les intérêts des deux parties, soit en accordant aux deux collaborateurs involontaires un droit de copropriété, soit en distinguant, si faire se peut, les éléments apportés par chacun d'eux pour opérer une sorte de partage, de division du brevet litigieux. Si la portée des perfectionnements dépassait sensiblement l'intérêt de l'invention elle-même, le juge pourrait, à la rigueur, et par dérogation au principe qui impose la subrogation, limiter la satisfaction due à l'inventeur originaire à la simple allocation de dommages-intérêts ; on ne se dissimulera pas ce qu'une semblable solution doit avoir d'exceptionnel.

§ VII. — Usurpation de la qualité de breveté.

102. — Parmi les avantages que confère la délivrance d'un brevet, nous avons déjà signalé le droit qui appartient à son titulaire d'user, à l'exclusion de tous autres, de la qualité de breveté en toute occasion, et, notamment, dans l'annonce et dans la vente des produits brevetés, même par la mention du brevet sur ces objets. La publicité ainsi donnée à l'existence d'un droit privatif est conforme à l'intérêt général, en même temps qu'elle constitue pour le breveté un bénéfice légitime ; si le législateur n'en a pas imposé l'obligation, c'est qu'il a pu penser avec quelque apparence de raison que les inventeurs brevetés ne négligeraient pas cet avantage. Mais il a dû prendre des mesures pour en prévenir l'abus, soit de la part de ceux qui usurperaient cette qualité, soit de la part des brevetés eux-mêmes, qui pourraient mésuser d'un titre délivré sans examen ni garantie.

103. — L'article 33 de la loi répond à cette double préoccupation, dans l'intérêt du public plutôt que dans celui des inventeurs brevetés : il érige d'abord en délit le fait de prendre, dans des enseignes, des annonces, des prospectus, affiches, marques ou estampilles, la qualité de breveté sans posséder un brevet délivré conformément aux lois ou après l'expiration du brevet. La peine édictée par la loi est une amende de 50 francs à 1 000 francs, laquelle peut être portée au double en cas de récidive (1). Il résulte de cette première disposition que l'usage de la qualité de breveté est licite de la part du titulaire et de tout ayant droit, cessionnaire ou licencié, mais qu'elle constitue une usurpation délictueuse, non seulement en l'absence d'un brevet français, mais aussitôt après l'expiration du brevet, ou le prononcé de la nullité ou de la déchéance absolues. On doit considérer comme coupable du délit le titulaire même d'un brevet français, s'il appose la mention de son brevet sur des objets qui y sont étrangers. Mais la loi ne s'applique pas lorsque le titre usurpé est un brevet étranger, ni quand l'usurpation se traduit par d'autres faits que celui qu'elle prévoit, par exemple, la menace de poursuivre les contrefacteurs. Les règles d'interprétation admises en ce qui concerne les dispositions pénales interdisent toute extension du texte légal.

104. — Commet aussi un délit, aux termes du même article 33, celui qui, étant breveté, mentionnera sa qualité ou son brevet sans ajouter les mots : *sans garantie du gouvernement*. La peine est la même que pour l'usurpation. Une tolérance établie par un long usage autorise toutefois l'inscription de la mention prescrite en lettres minuscules, et, par abréviation, dans la forme : *s. g. d. g.*

105. — Les deux délits de l'article 33 constituent ce qu'on appelle des délits contraventionnels, c'est-à-dire que l'intention frauduleuse n'en est pas un élément nécessaire ; l'excuse tirée de la bonne foi ne saurait donc être admise. Le tribunal compétent est le tribunal correctionnel ; il sera saisi soit par le Ministère Public, agissant d'office ou à la suite d'une plainte, soit par une partie civile, par la voie de la citation directe. Le plaignant sera, par exemple, un concurrent lésé par l'usurpation. Mais l'usurpation commise peut être considérée d'autre part comme un acte de concurrence déloyale et donner ouverture à l'action civile en dommages-intérêts, à raison du préjudice causé. Le tribunal civil ou correctionnel aura à statuer, le cas échéant, sur les exceptions invoquées par le prévenu ou le défendeur, sa qualité de cessionnaire ou de licencié d'un brevet en vigueur ; par voie de conséquence, les questions de validité ou de nullité, d'existence ou d'expiration du brevet lui seront également soumises (2).

---

(1) Paris, 5 décembre 1900 ; *la Loi*, 23 janvier 1901.
(2) Cass., 2 mars 1894 ; *Sir.*, 1895, I, 478 ; *Pand. fr.*, 1895, I, 73.

106. — La prescription de ce délit s'accomplit par trois ans; le délai commence à courir à partir de l'infraction, c'est-à-dire pour le fabricant coupable d'usurpation, du jour, par exemple, où il a apposé la mention incriminée; pour le débitant, du jour où il a mis en vente les produits qui la portent.

CHAPITRE VII

Du brevet en droit international.

§ Ier. — Droits des étrangers.

107. — L'effet d'un brevet d'invention ne s'étend jamais au delà des frontières du pays qui l'a délivré : un brevet français ne vaut que pour la France et ne s'applique que sur son terri-toire, tant continental que colonial. Nous verrons plus loin com-ment un inventeur français peut obtenir à l'étranger la protec-tion de son invention. Mais si le régime des brevets a, en ce sens, un certain caractère national, il ne faut pas en conclure que la jouissance en soit refusée aux étrangers.

L'étranger jouit, au contraire, en France des mêmes droits que le Français pour l'obtention d'un brevet; en cette matière, le législateur a fait abstraction du principe général de la réciprocité de traitement écrit dans l'article 11 du Code civil : il ne dis-tingue pas entre l'étranger admis à domicile en France et celui qui n'y a ni domicile ni résidence. Aucune formalité particulière n'est imposée à l'étranger pour demander un brevet; il lui suffira d'observer les conditions exigées de tout impétrant. S'il n'a ni résidence, ni établissement, il déposera sa demande au secré-tariat de la préfecture de son choix, en élisant domicile dans la circonscription. Il écrira sa demande en français et se conformera à toutes les prescriptions réglementaires pour la rédaction du texte de la description et pour l'exécution des dessins annexés.

108. Cautions. — Le titulaire étranger d'un brevet fran-çais sera également admis à exercer librement en France tous les droits dérivant de son brevet. La seule restriction que la loi y apporte consiste dans l'obligation de déposer un cautionne-ment pour procéder à une saisie d'objets prétendus contrefaits (art. 47, 4e alinéa); le chiffre de la caution sera fixé par le Président du tribunal dans l'ordonnance autorisant la saisie. En outre, en vertu du droit commun, l'étranger, lorsqu'il est demandeur dans un procès contre un Français, est tenu de fournir la caution dite *judicatum solvi;* cette caution sera-t-elle exigée de l'étranger qui intentera un procès en contrefaçon lorsqu'il aura déjà préalablement consigné un cautionnement pour pratiquer la saisie? On peut admettre, en principe, que les deux cautions ne se confondent pas et qu'ainsi la caution *judicatum solvi* pourrait encore être imposée; toutefois, la jurisprudence tend à tenir compte au demandeur étranger du cautionnement qu'il a déjà versé. Ces restrictions au droit commun, établies contre les étrangers, perdent de leur importance depuis que la Convention de La Haye du 14 novembre 1896 a supprimé l'obligation de caution en faveur des nationaux des pays contractants, lesquels comprennent, à l'exception de l'Angleterre et des États-Unis, presque tous les grands pays industriels. La Convention d'Union du 20 mars 1883, dont il sera parlé ci-après, ne contient, au contraire, aucune dérogation sur ce point à la législation nationale : les ressortissants des pays qui y ont adhéré restent donc tenus des cautionnements et cautions imposés aux étrangers.

§ II. — Protection internationale des inventions.

109. — A raison du caractère strictement territorial de la protection accordée par un brevet, l'inventeur breveté en France ne jouira, dans les autres pays, d'aucun droit, s'il n'y est également breveté. Or, la protection international.onale des inventions, si désirable, si nécessaire, rencontre des obstacles presque insurmontables qui tiennent moins à la nature même du droit de l'inventeur qu'aux conditions particulières du régime auquel il est soumis. Subordonné partout, pour sa reconnaissance légale, à l'observation de certaines formalités qui aboutissent à un acte de l'autorité administrative qui le consacre, le droit de l'inventeur est régi dans les divers pays par des législations dont les exigences sont aussi variables que rigoureuses et telles qu'il est bien malaisé de les satisfaire à la fois. Le désir de faire breveter son invention dans tous les pays où l'inventeur veut se réserver un droit exclusif d'exploitation (la Grèce, la Hollande, la Roumanie et la Serbie n'ont aucune législation protectrice) se heurte, en effet, d'abord à l'obligation de remplir dans chacun d'eux des conditions de forme très complexes, de payer des taxes assez onéreuses, et, en outre, à la condition de la nouveauté de l'invention, plus ou moins rigoureusement exigée partout. Or, la délivrance d'un brevet entraîne, en général, la publicité de l'invention.

Nous verrons quels remèdes ont été apportés à cette situation fâcheuse par la Convention d'Union du 20 mars 1883. Nous allons étudier préalablement la condition faite par la loi française aux inventions déjà brevetées à l'étranger.

110. Brevet français pour une invention déjà brevetée à l'étranger. — La loi n'exige pas de l'inventeur qu'il réserve à la France sa première demande de brevet ; elle admet expressément (art. 29) les inventions antérieurement brevetées à l'étranger. Ce sont les brevets délivrés dans ces conditions qu'on appelle très improprement des brevets d'importation ; ils n'en ont nullement le caractère. La délivrance d'un brevet français, pour une invention déjà brevetée dans un autre pays, n'aura lieu, en effet, qu'au profit du titulaire du brevet étranger ou de ses ayants cause ; mais les Français, aussi bien que les étrangers, peuvent revendiquer ce droit : ainsi, un Français aura la faculté, s'il y trouve quelque avantage, de demander d'abord un brevet à l'étranger. D'ailleurs, en accueillant les inventions antérieurement brevetées, la loi ne leur concède aucune faveur particulière. La condition de nouveauté absolue n'est pas moins rigoureusement exigée que pour toute autre invention (cette question est toutefois controversée). Par conséquent, une invention ne sera valablement brevetée en France que si la demande ou la délivrance du brevet étranger n'a entraîné aucune publicité équivalant à une divulgation. Par contre, la loi restreint les droits de l'inventeur ainsi breveté, en limitant la durée du brevet français à celle du brevet étranger antérieur. Cette rigueur se justifie, paraît-il, dans l'esprit du législateur, par le souci de ne pas enchaîner la liberté de l'industrie nationale après que l'industrie étrangère aura été affranchie par l'extinction du brevet qui la liait.

Signalons, en passant, cette étrange contradiction d'un législateur qui institue le régime des brevets d'invention dans l'intérêt apparemment de l'industrie nationale, sans se préoccuper des prétendus avantages que la concurrence étrangère pourra retirer de sa liberté, mais qui croit devoir faire une réserve pour ce cas unique, d'un intérêt si médiocre, où la durée d'un brevet français excéderait là durée d'un brevet étranger! Quoi qu'il en soit, le brevet français délivré en second lieu sera dépendant du brevet étranger antérieur; non seulement l'expiration de ce dernier entraînera de plein droit celle du brevet français, quel que soit le terme qui lui ait été fixé, mais les deux brevets devront être considérés comme étant absolument et solidairement liés l'un à l'autre, au point que toutes les vicissitudes du brevet étranger (son annulation, sa déchéance, son extinction, par quelque cause qu'elles surviennent) réagiront sur l'autre (1).

111. Brevet étranger pour une invention brevetée en France. — Nous n'avons pas l'intention d'étudier ici les dispositions particulières par lesquelles certaines législations étrangères, à la différence de la nôtre, favorisent, pour la délivrance d'un brevet, l'inventeur qui a déjà demandé ou obtenu un brevet à l'étranger : la loi allemande, par exemple, dans son paragraphe 2, alinéa 2, accorde un délai de priorité de trois mois aux ressortissants de certains États, à partir de la publication officielle d'un brevet pris dans leur pays. Mais nous voulons nous borner à l'exposé de la législation française. La loi du 7 avril 1902 y a introduit une disposition insérée dans l'article 2 (7e et 8e alinéas) qui a pour objet de faciliter la protection internationale des inventions. Cette disposition, que nous avons déjà signalée et commentée, est celle qui permet d'ajourner pendant un an, à partir du dépôt de la demande, la délivrance et la publication du brevet, si l'impétrant en fait la réquisition expresse. Le sursis ainsi accordé a cet avantage d'éviter la divulgation de l'invention par l'effet de la publication du brevet et de laisser intacte la nouveauté de la découverte, condition nécessaire de sa brevetabilité dans tous les pays.

Mais la loi stipule expressément que le bénéfice de l'ajournement ne pourra être réclamé par ceux qui auraient déjà profité des délais de priorité accordés par des traités de réciprocité, notamment par l'article 4 de la Convention internationale du 20 mars 1883. Nous allons examiner brièvement les conditions particulières du régime institué par cette Convention.

---

(1) Cf. pourtant Cass., 5 juin 1897; *Droit*, 2 juillet 1897. — Paris, 7 janvier 1897; *Droit*, 26 janvier 1897.

§ III. — L'Union internationale pour la protection de la propriété industrielle.

112. — Une Convention diplomatique, signée à Paris le 20 mars 1883, successivement modifiée par des actes additionnels signés à Bruxelles les 14 décembre 1897 et 14 décembre 1900, a constitué entre certains Etats auxquels d'autres sont venus se joindre depuis, une Union internationale pour la protection de la propriété industrielle dans le but d' « assurer une complète et efficace protection à l'industrie et au commerce des nationaux des divers Etats et de contribuer à la garantie des droits des inventeurs et de la loyauté des transactions commerciales ». Actuellement l'Union comprend les pays dont l'énumération suit : l'Allemagne, la Belgique, le Brésil, le Danemark et les îles Feroé, la République Dominicaine, l'Espagne, les Etats-Unis, la France avec l'Algérie et les colonies françaises, la Grande-Bretagne avec la Nouvelle-Zélande et le Queensland, l'Italie, le Japon, le Mexique, la Norvège, les Pays-Bas avec les Indes Néerlandaises, Surinam et Curaçao, le Portugal avec les Açores et Madère, la Serbie, la Suède, la Suisse et la Tunisie.

113. — La Convention s'applique à toutes les branches de la propriété industrielle, mais nous n'examinerons que la partie qui concerne la matière des brevets d'invention. Le régime qu'elle institue ne pouvait atteindre le but très désirable mais irréalisable de l'unification des législations nationales; il y introduit, du moins, un certain nombre de dispositions communes, dérogatoires à la loi nationale et dont le bénéfice est assuré à tous les ayants droit, c'est-à-dire les nationaux des Etats contractants, et aussi les étrangers qui, sans être sujets ni citoyens de ces Etats, sont domiciliés ou ont des établissements industriels ou commerciaux sur le territoire de l'un d'eux. Les personnes ainsi désignées sont admises à jouir dans chacun des Etats des avantages que les lois respectives accordent aux nationaux, avec le bénéfice de certaines dispositions exceptionnelles qui sont les suivantes.

114. — Pour faciliter aux intéressés la demande successive de brevets pour une même invention dans les divers Etats de l'Union, il est accordé à l'impétrant un délai de priorité de douze mois, à partir du dépôt régulièrement effectué dans l'un des Etats, pour former sa demande dans les autres. L'effet de ce droit de priorité ou de préférence est que les faits accomplis dans l'intervalle, par exemple, une autre demande de brevet, la publication de l'invention, sa mise en exploitation, et, plus généralement, sa divulgation, même du fait de l'impétrant, ne peuvent être opposés à sa propre demande ou à son propre brevet pour l'invalider; ils sont comme non avenus (1). Mais les droits des tiers sont néanmoins réservés; cette réserve doit s'interpréter, à notre avis, en faveur des tiers qui, *de bonne foi*, auraient entrepris, dans l'intervalle entre la demande faite à l'étranger et le dépôt effectué dans le pays, l'exploitation de l'invention et auraient ainsi acquis les droits attachés à la possession antérieure. Cette question est toutefois vivement controversée (2).

Une protection temporaire est assurée, en outre, aux inventions brevetables pour les produits figurant aux Expositions internationales organisées sur le territoire de l'un des États.

115. — La Convention contient trois dispositions favorables aux inventeurs pour la conservation de leurs brevets : les brevets successivement délivrés dans les divers Etats de l'Union, pour une même invention, sont déclarés indépendants les uns des autres et même de ceux délivrés dans les Etats non adhérents à l'Union; l'introduction, par le breveté, d'objets fabriqués dans un autre Etat unioniste n'entraîne pas la déchéance de son brevet; enfin, le breveté, dans chaque pays, ne peut être frappé de déchéance pour cause de non-exploitation qu'après un délai minimum de trois ans, à dater du dépôt de sa demande dans le pays dont il s'agit, le breveté étant, en outre, admis à justifier des causes de son inaction.

116. — On voit que ce régime de faveur apporte de très graves dérogations à la législation qui nous régit. Il peut être invoqué en France par les ressortissants des autres Etats unionistes, et par les Français dans chacun de ces Etats. Mais il nous paraît difficile d'admettre qu'un Français puisse s'en prévaloir dans son propre pays, et se mettre ainsi en contradiction avec sa loi nationale (3). De sorte que la situation des étrangers

---

(1) Paris, 11 avril 1892; *La Loi*, 3 mai 1892. 14 mai 1902; *Loi*, 25-26 mai 1902.

(2) Cf. Pelletier et Vidal-Naquet, la *Convention d'Union*, p. 120 et suiv.

(3) Vidal-Naquet, *Nouvelle Revue internationale de la Propriété industrielle*, n° 3, p. 65 et suiv. — L'opinion que nous soutenons se trouve en somme officiellement confirmée par le dépôt tout récent (28 novembre 1903) d'un projet de loi qui doit rendre les dispositions de la Convention applicables aux Français en France. L'adoption de ce projet mettra fin à la situation regrettable que nous dénonçons ici. Cf. Laborde, *ibidem*, pages 161 et suivantes.

unionistes serait plus favorable que celle des Français, en France.

Et cette inégalité de traitement, établie en sens inverse des traditions et de la logique, est d'autant plus choquante que les dérogations subies par notre législation sont plus graves. Or, la tentative d'unification dont la Convention est le résultat s'est précisément réalisée au détriment de certaines des particularités caractéristiques de notre loi : les trois dispositions de faveur que nous avons énumérées montrent que notre législation semble avoir fait les frais de la transaction. Et la conséquence, c'est qu'il y a en France deux régimes de brevets. l'un applicable aux nationaux, l'autre aux étrangers, et que ce dernier est privilégié et préférable. Ce qui rend cette situation particulièrement critiquable, c'est que les concessions faites aux étrangers ne sont pas compensées, pour nos nationaux, par des avantages équivalents obtenus dans les autres pays, dont la législation nationale leur sera appliquée, si défavorable qu'elle soit aux inventeurs. Certains des Etats admis au bénéfice de l'Union n'ont qu'un régime de brevets tout à fait imparfait, d'autres n'en ont aucun et ne protègent pas l'invention. Il est à remarquer encore que la Convention ne reçoit pas partout une application également loyale, bienveillante et conforme à son esprit. On est donc en droit de se demander si les avantages qu'elle est censée conférer ne sont pas purement illusoires et si les inventeurs ont un intérêt sérieux à s'en prévaloir.

CHAPITRE VIII

Régime d'exception à l'occasion des Expositions.

117. — La protection temporaire que prévoit l'article 11 de la Convention d'Union pour les inventions brevetables produites dans des Expositions internationales officielles ou officiellement reconnues, organisées sur le territoire de l'un des Etats unionistes, ne leur a jamais fait défaut en France. Pour favoriser le succès des Expositions et les intérêts multiples qui y sont attachés et pour y faciliter la production des inventions nouvelles non encore brevetées, le législateur a, en effet, créé un régime d'exception applicable à toutes les Expositions publiques autorisées par l'administration, et, d'autre part, il a accordé certaines faveurs particulières à l'occasion des Expositions univer-selles.

Une loi du 23 mai 1868 organise d'une façon permanente et normale la garantie provisoire des inventions susceptibles d'être brevetées qui sont admises à une exposition publique autorisée. Des lois spéciales, votées à l'occasion des Expositions univer-selles de 1878, 1889, 1900 (loi du 30 décembre 1899) ont encore ajouté à ce régime de faveur en assimilant la production d'une invention brevetée à une véritable exploitation, dans le sens de l'article 32, paragraphe 2, en autorisant l'introduction par le breveté de spécimens de son invention fabriqués à l'étranger, enfin, en mettant les produits exposés à l'abri, dans certaines conditions, de toute saisie autre que descriptive.

118. — Nous n'étudierons brièvement que les dispositions de la loi générale du 23 mai 1868. Son objet est d'assurer aux inventeurs qui exposeraient des inventions nouvelles, non encore brevetées, dans des Expositions autorisées, le bénéfice d'une protection provisoire, produisant temporairement des effets ana-logues à ceux d'un brevet. Tout inventeur, français ou étranger, qui aura obtenu l'admission d'une invention non brevetée, pourra s'assurer la garantie provisoire en adressant sa demande au préfet ou au sous-préfet de la circonscription dans laquelle est située l'Exposition, au plus tard dans le délai d'un mois après l'ouver-ture officielle. La demande devra être conçue et rédigée dans des formes analogues à celles d'une demande de brevet; elle sera donc accompagnée d'une description exacte, précise et complète, avec des dessins s'il y a lieu.

La garantie sera constatée par un certificat descriptif, délivré gratuitement par l'administration; la publicité en est assurée par l'inscription de la demande et du certificat sur un registre spécial, lequel sera transmis au Ministre du Commerce et de l'Industrie et communiqué sans frais à tout intéressé. La déli-vrance du certificat a lieu sans examen préalable, aux risques et périls du demandeur; elle ne peut être refusée qu'en cas d'ir-régularité de la demande; la décision de l'autorité compétente est soumise aux voies de recours du droit commun; enfin, la demande rejetée peut être renouvelée, si les délais ne sont pas expirés.

La protection temporaire comporte, disions-nous, les mêmes effets qu'un brevet; elle met la nouveauté de l'invention à l'abri d'une divulgation, de quelque façon qu'elle se produise; elle

donne à l'inventeur garanti le droit de procéder à la description
et même à la saisie d'objets contrefaits et l'action en contrefaçon.
Certains auteurs, il est vrai, refusent à la garantie une semblable portée, quant à la saisie et au droit d'agir, mais les termes
de la loi nous paraissent formels ; tout au plus pourrait-on subor-
donner la condamnation du contrefacteur, sur les poursuites en-
gagées en vertu du certificat, à la délivrance préalable d'un
brevet.

Ces effets se produisent non point du jour de la demande ou
de la délivrance du certificat, mais ils rétroagissent à la date de
l'admission des produits à l'Exposition et ils se continuent jusqu'à
la fin du troisième mois qui suit sa clôture officielle. L'intéressé
veillera à ne pas laisser expirer ce délai sans s'être mis en règle
par la prise d'un brevet, s'il veut éviter de perdre le bénéfice de
la garantie provisoire. En remplissant cette condition, il aura
ainsi joui d'une protection plus prolongée que celle d'un brevet
ordinaire, le brevet qui lui sera délivré ne prenant date que du
jour de sa demande.

Ce régime d'exception s'applique à toutes les Expositions,
industrielles ou agricoles, générales ou spéciales, universelles,
nationales ou régionales, à la condition qu'elles soient régulièrement autorisées par l'administration compétente.

CHAPITRE IX

Nullités et déchéances.

§ Ier. — Généralités.

119. — Délivré sans examen et sans garantie, le brevet
d'invention reste soumis, après sa délivrance, à toutes les contestations qui peuvent se fonder soit sur ce que l'invention ne rem-
plissait pas les conditions requises pour être brevetée, soit sur
ce que certaines formalités sacramentelles n'ont pas été observées
dans la demande du brevet. Le défaut de brevetabilité et quelques
vices de forme particulièrement graves constituent, en effet, des
causes de *nullité* du brevet. D'autre part, la loi impose au breveté
plusieurs obligations qui sont des charges du privilège qu'elle lui
confère : obligation de payer certaines redevances et d'exploiter

l'invention dans l'intérêt de l'industrie nationale. Leur inexécution entraîne la *déchéance* du brevet.

On aperçoit immédiatement une différence capitale entre les causes de nullité et les causes de déchéance : les premières sont antérieures à la délivrance du brevet et résultaient des vices dont le titre était affecté dès l'origine ; les secondes, au contraire, sont postérieures à la délivrance et ne se sont réalisées que par la faute ou l'inaction du titulaire du brevet. Aussi, et par une conséquence naturelle et logique, l'effet attaché à ces deux sanctions n'est-il pas le même : tandis que le brevet dont la nullité a été prononcée est anéanti pour l'avenir et dans le passé, est censé n'avoir jamais existé, le brevet déchu aura valablement existé jusqu'au jour où la cause de déchéance est survenue, et ne sera donc aboli que pour l'avenir. Ainsi la nullité et la déchéance entraînent l'extinction des droits du breveté, mais la nullité seule produit un *effet rétroactif.*

La nullité ou la déchéance sont *absolues* ou *relatives :* absolues, elles profitent à tout le monde, et peuvent être invoquées par tous ; elles n'ont ce caractère que lorsqu'elles ont été prononcées à la requête du Ministère Public, représentant de l'intérêt général. Relatives, elles n'ont d'effet qu'à l'égard d'une personne déterminée, celle au profit de qui elles ont été judiciairement reconnues.

La nullité, mais non la déchéance, peut affecter une partie seulement du brevet ; car on doit admettre que le brevet n'est pas plus indivisible que l'invention qu'il protège ; or, l'invention peut être nouvelle en partie, encore que certains éléments revendiqués par l'inventeur appartiennent au domaine public. En pareil cas, la *nullité partielle* du brevet pourra être prononcée ; elle équivaudra à une restriction, à une limitation des droits du breveté, ou parfois à une simple délimitation, à une interprétation du brevet.

120. — La maxime : *Provision est due au titre*, s'applique en matière de brevets d'invention, malgré le caractère précaire et fragile d'un titre délivré sans examen préalable, aux risques et périls de l'impétrant. Par conséquent, le propriétaire du brevet, pour jouir des droits y attachés, n'a qu'à invoquer son titre et à le produire ; il obtiendra ainsi l'autorisation de saisir les objets contrefaits et il aura le droit d'agir contre les contrefacteurs. D'autre part, si la validité du brevet est contestée, la preuve de la nullité ou de la déchéance doit être rapportée par le contestant; le brevet est présumé valable jusqu'à preuve du contraire, et le fardeau de la preuve n'incombe pas au breveté (1). Enfin, le doute sur l'existence des causes de nullité ou de déchéance profite au brevet. Ces principes incontestables constituent, pour l'inventeur breveté, un privilège enviable et tel que les législations fondées sur l'examen préalable ne lui en offrent pas de plus grand.

121. — L'article 30 de la loi de 1844 énumère huit causes de nullité. Les six premières sont communes aux brevets et aux certificats d'addition, la septième est spéciale aux brevets, et la dernière, propre aux certificats. Mais nous savons qu'à raison de sa nature, qui fait de lui comme un accessoire et une annexe du brevet dont il dépend, le certificat d'addition subit nécessairement le contre-coup des vicissitudes dont le brevet peut être atteint. Il ne survit à sa nullité partielle que s'il se rattache à la partie valide.

§ II. — Causes de nullité.

122. 1° Défaut de nouveauté. — La nouveauté de l'invention est une condition nécessaire, essentielle de sa brevetabilité. La raison en est simple : le droit de l'inventeur, droit exclusif, opposable à tous, ne peut s'exercer que sur un objet susceptible d'appropriation. De même qu'il s'éteindra à l'expiration d'un délai qui est, chez nous, de quinze ans au maximum et que ce caractère temporaire du droit se justifie parce que « le monde des idées n'est point fait pour le particulier, mais pour la communauté » (2), de même, et à plus forte raison, il ne peut prendre naissance lorsque l'invention qui doit en être l'objet n'est plus nouvelle, parce qu'elle est alors dans le domaine public et qu'elle est censée être entrée dans le patrimoine de la collectivité.

123. Nouveauté absolue. — La condition de nouveauté peut être exigée d'une façon plus ou moins rigoureuse ; l'article 31 la définit ainsi : « Ne sera pas réputée nouvelle toute découverte, invention ou application qui, en France ou à l'étranger, et antérieurement à la date du dépôt de la demande, aura reçu une publicité suffisante pour pouvoir être exécutée. » La nouveauté légale est donc la nouveauté absolue, sans aucune restriction ni dans le temps, ni dans l'espace : la publicité est destructive de

---

(1) Toulouse, 29 décembre 1894; *Gaz. Pal.*, 1895, I, 423.
(2) Planiol, *Traité de droit civil,*, I, n° 1283.

la nouveauté, à quelque époque qu'elle se soit produite, dans quelque pays qu'elle ait eu lieu, pourvu qu'elle soit antérieure au dépôt de la demande de brevet et qu'elle soit suffisante pour permettre l'exécution de l'invention. Certaines législations distinguent deux formes de publicité, l'une résultant de la publication d'une description de l'invention, soit dans un écrit ou un imprimé public, soit dans un compte rendu ou par une divulgation faite verbalement, l'autre, réalisée par la production en public d'un modèle ou d'une application de l'invention. La définition de l'article 31 les comprend toutes, et la jurisprudence l'applique rigoureusement, en s'attachant à ces deux conditions : que l'antériorité soit sérieuse, c'est-à-dire qu'elle porte vraiment et identiquement sur l'invention même revendiquée par le breveté et qu'elle en comprenne les éléments essentiels, non à l'état de conception vague, de projet inachevé, mais avec ce degré de maturité qui est nécessaire pour en permettre l'exécution, et, d'autre part, que la divulgation soit réelle, de nature à donner à des tiers la possibilité de connaître l'invention et de l'appliquer immédiatement, pour peu qu'ils soient compétents en la matière.

La publicité ainsi entendue comprend, en réalité, deux choses tout à fait distinctes : 1° l'*antériorité proprement dite*, c'est-à-dire la publicité donnée à une invention antérieure, identique à celle qui fait l'objet du brevet en cause, en présence de laquelle cette dernière n'a plus ni nouveauté, ni originalité, puisqu'elle n'est que la répétition d'une chose connue ; peu importe que la rencontre soit fortuite et involontaire, ou, au contraire, l'effet d'un simple emprunt, d'un plagiat ou d'une réminiscence ; 2° la publicité n'est pas moins destructive de la nouveauté, lorsqu'elle résulte de la *divulgation* dont a été l'objet, avant le dépôt de la demande, l'invention même pour laquelle le brevet a été délivré, divulgation par le fait de l'inventeur, par sa faute, sa négligence, ou même à son insu et contre son gré, par l'infidélité de ses ouvriers, employés, associés, à la suite d'une fraude ou d'un délit dont il aurait été victime. Dans tous ces cas, l'invention a aussi cessé d'être nouvelle, dans le sens de la loi.

124. Publication. — Ces définitions permettent de prévoir la solution qu'on devra donner dans les hypothèses multiples et variées qui peuvent se présenter sur la question de nouveauté. Reprenant la division que nous avons indiquée entre les deux modes principaux de publicité et les formes secondaires qu'ils affectent, nous trouverons une cause de nullité : dans la publication d'une description de l'invention, soit qu'elle ait été donnée dans *un ouvrage imprimé et publié* (peu importe le nombre d'exemplaires, peu importe qu'il n'ait pas été mis en vente mais offert par l'auteur, peu importe encore la langue dans laquelle il est écrit), soit qu'elle se trouve contenue dans *un brevet*, délivré en France ou à l'étranger, pourvu, dans ce dernier cas, qu'il ait été publié avant le dépôt de la demande (1). Dans l'hypothèse d'*un brevet français*, les auteurs déclarent toutefois que la publication n'en est point nécessaire, et que la délivrance suffit pour en constituer l'antériorité ; le brevet, disent-ils, est un acte public réputé connu de tous, puisque celui qui l'imite, même de bonne foi, est considéré comme contrefacteur (2). Cet argument ne nous paraît pas décisif ; car la présomption de publicité sur laquelle se fonde ici la sanction de la contrefaçon ne satisfait pas assurément à la définition très nette de l'article 31, elle ne permet pas l'exécution de l'invention. Mais la solution proposée est trop nécessaire pour qu'on puisse la repousser ; regrettons du moins que le législateur n'ait pas expressément prévu cette cause de nullité, qui résulte de la délivrance d'un brevet français identique ou même de la demande d'un brevet en France, si elle a abouti ultérieurement à la délivrance (3).

Nous assimilons pleinement la publicité qui résulte de la *communication d'un manuscrit au public*, à celle qui consiste dans son impression et sa publication ; ainsi les brevets constituent des antériorités, dès lors qu'ils peuvent être librement consultés par les intéressés, par exemple, dans les pays où leur publication n'est pas régulièrement effectuée. Mais la simple *demande de brevet*, lorsqu'elle n'est entourée d'aucune publicité, comme en France, ne sera pas destructive de la nouveauté ; si donc elle est rejetée ou retirée par son auteur, elle ne fera pas obstacle à la validité du brevet qui pourra être délivré plus tard soit au même impétrant, soit à un autre, en suite d'une nouvelle demande. Pourtant si la première demande de brevet, entre le jour de son dépôt et la date de la délivrance, a été suivie d'une autre demande portant sur la même invention, que devra-t-on décider ? Nous avons admis que le dépôt de la demande ne réalisait, ni en fait ni en droit, la publicité prévue dans l'article 31 ; il est bien certain

---

(1) Cass. 8 mai 1895 ; *Ann.*, 1895, p. 172. — Paris, 7 janvier 1897 ; *le Droit*, 26 janvier 1897. — Cass. 5 juin 1897 ; *Ann.*, 1897, p. 162.

(2) Pouillet, n° 406.

(3) Paris, 15 mars 1894 ; *Gaz. Trib.*, 22 mars 1894.

cependant que le second brevet devra être considéré comme nul; mais en vertu de quel texte? Disons que la délivrance du brevet produit un effet rétroactif au jour de la demande et que l'invention est présumée connue à partir du dépôt. Mais ici encore, répétons-le, une disposition formelle de la loi nous paraîtrait opportune, car la définition de l'article 31 s'accommode mal d'une présomption aggravée d'une fiction (1).

125. — Nous avons vu précédemment que, aux termes de l'article 29, *l'invention déjà brevetée à l'étranger* ne pouvait l'être valablement en France qu'au profit d'un même breveté, et à condition que la délivrance du brevet étranger n'eût pas réalisé une publicité destructive de la nouveauté. La loi française ignore très juridiquement la présomption que le législateur étranger a pu attacher à l'acte de délivrance, mais elle a voulu réserver au titulaire du brevet étranger le droit d'obtenir le même titre en France. Ainsi le brevet délivré à tout autre, dans les mêmes conditions, sera nul, encore que sur ce point non plus nous ne trouvions pas dans la loi une disposition expresse édictant cette cause spéciale de nullité. Mais supposons que le brevet français ait été demandé dans l'intervalle entre la demande et la délivrance d'un brevet étranger pour la même invention, si le demandeur est un autre que le breveté étranger ou son ayant cause, le brevet sera-t-il nul? La question est des plus délicates; la difficulté ne vient pas, en réalité, de ce que la demande du brevet à l'étranger constituerait une antériorité, dans le sens de l'article 31, 1°, ce qu'on ne peut admettre, puisque la délivrance même n'en est pas une, elle est tout entière dans l'interprétation de l'article 29 : la faveur accordée au breveté étranger lui est-elle réservée à partir de la demande de brevet à l'étranger ou seulement du jour de la délivrance? Le texte de l'article 29 (l'auteur d'une invention *déjà brevetée à l'étranger*) nous incline à décider que le simple dépôt effectué à l'étranger ne fait pas obstacle à la validité du brevet demandé en France par un tiers, même après ce dépôt. La solution à laquelle nous nous rallions est conforme à l'opinion des auteurs, mais nous croyons avoir évité les contradictions qu'on peut leur reprocher (2). Ce qui complique tous ces problèmes, c'est que dans

---

(1) Cf. Orléans, 21 janvier 1896 ; *le Droit*, 11 février 1896.
(2) Cf. Pouillet, n° 408 : l'article 29 déclare expressément que le droit de prendre un brevet d'importation n'appartient qu'au propriétaire du brevet

certaines hypothèses où la nullité d'un brevet doit fatalement être prononcée, soit en vertu des principes généraux, soit à raison d'une disposition de la loi telle que l'article 29, on en est réduit, à défaut d'un texte formel, à appliquer l'article 31, 1°, bien que la nullité ne résulte pas, en réalité, d'un défaut de nouveauté, selon la définition légale.

126. — A la description publiée, il faut assimiler celle qui a pu être donnée *verbalement*, dans un cours ou une conférence publique, dans une communication à une société savante. La divulgation qui en résulte sera fatale au brevet, à moins que faite à titre confidentiel et à huis clos, le secret de la communication ait été gardé. Il en sera de même pour une confidence à un tiers, dans une conversation ou dans une correspondance privée (1); tout dépend de la publicité que la révélation de l'invention aura reçue en fait. Il va de soi que le dépôt sous pli cacheté d'une description de l'invention, destiné à en sauvegarder le secret, ne sera pas considéré comme ayant entraîné sa divulgation.

127. Usage public. — La publicité résulte aussi bien de la production d'une application de l'invention en public que de sa révélation, dans un imprimé, par écrit ou orale, si toutefois les conditions dans lesquelles le public a été admis à en prendre connaissance lui permettaient d'en pénétrer le secret et d'en réaliser l'exécution. L'usage public, dans ce sens, consistera, par exemple, dans l'*exhibition* d'une machine dans un *concours public* ou dans une *Exposition* (sauf les dispositions exceptionnelles de la loi du 23 mai 1868), ou dans un *musée;* la publicité sera plus complètement réalisée, si la machine est produite en marche que si elle est exhibée à l'état de repos. Dans ces divers cas, l'inventeur doit être présumé faire abandon de sa découverte au domaine public; mais, malgré une intention contraire, toute publicité imprudente lui sera préjudiciable; il devra donc prendre des précautions toutes particulières pour éviter une divulgation lors des *essais* ou des *expériences* qu'il sera souvent obligé de faire avant d'avoir pu demander son brevet. Mais, surtout, il se gardera de *vendre* à des tiers l'objet de son inven-

---

étranger; et n° 409 : mais si un tiers, faisant de son côté la même découverte, vient avant lui (le breveté étranger) demander un brevet, toujours dans cette période où il n'y a point eu de publicité, ce tiers primera nécessairement et naturellement le breveté étranger.

(1) Paris, 20 juin 1900; *Ann.*, 1900, p. 163.

tion, tant qu'il ne sera pas en règle avec la loi (1) les tribunaux useront souvent d'une certaine bienveillance dans l'appréciation des actes reprochés au breveté (2) ; sans doute, la publicité résultant de l'usage antérieur de l'invention par un autre que l'inventeur breveté, l'antériorité proprement dite seront, au contraire, très naturellement appréciées contre le breveté avec plus de rigueur. Ici encore, comme lorsqu'il s'agissait du dépôt sous pli cacheté, l'*usage secret* de l'invention nous apparaît comme étant le contraire de la publicité. Ni le possesseur antérieur de l'invention, ni les tiers ne pourront tirer argument de cet usage secret contre la validité du brevet (3). Nous avons examiné déjà dans quelle mesure la possession antérieure constituait une exception opposable au droit exclusif de l'inventeur breveté (4).

128. — L'antériorité ne peut être opposée au brevet que si elle réalisait déjà les conditions d'une application industrielle, si elle était « susceptible de passer dans le domaine de l'industrie (5) ». Ce principe permet de reconnaître dans quels cas l'*antériorité scientifique* constitue une antériorité. Si le savant, en découvrant une loi, un principe, un corps, en observant un phénomène dans la nature, a ainsi fourni au domaine public un moyen ou un produit dont l'application ou les propriétés industrielles étaient tout indiquées ou évidentes, peu importe qu'il ne les ait pas signalées expressément, personne ne pourra se faire breveter pour avoir réalisé l'application industrielle prévue (6).

129. — Nous avons dit que la nouveauté absolue devait s'entendre au point de vue du temps et de l'espace. Une invention ne sera plus réputée nouvelle si elle a été décrite dans un ouvrage publié aux antipodes, à la veille même du dépôt de la demande du brevet en France, ou si on la retrouve dans un manuscrit datant de l'antiquité et conservé dans une bibliothèque publique. Et, de même, l'usage qui a pu être fait de l'invention dans les temps les plus reculés sera considéré comme une anté-

---

(1) Paris, 17 juin 1891 ; *le Droit*, 8 octobre 1891. — Amiens, 14 décembre 1899 ; *Gaz. Pal.*, 1900, I, 371. — Amiens, 26 mars 1901 ; *Rec. Amiens*, 1901, 68.

(2) Pau, 14 janvier 1899 ; *Gaz. Pal.*, 1899, I, 428. — Paris, 10 janvier 1901, *Dall.*, 1901, II, 438 ; *Ann.*, 1901, p. 185.— Paris, 10 juillet 1900, *Ann.*, 1901, p. 178.

(3) Cass. 30 juin 1897 : *Gaz. Pal.*, 1897, II, 170. — Paris, 20 juin, 1900 ; *Ann.*, 1900, p. 163.

(4) Voy. *supra*, n° 7 et suiv.

(5) Cf. Pouillet, n° 413.

(6) Cf. Trib. civ. Seine. 13 juillet 1900 ; *Gaz. Pal.*, 1900, II, 316.

riorité, alors même que l'invention aurait été abandonnée, que le secret en aurait été oublié ou perdu depuis longtemps. La loi française n'admet pas les *brevets de résurrection*.

130. La preuve. — Le fait matériel de la divulgation ou de la publicité de l'invention peut être établi par tous les moyens de preuve, même par témoins et par des présomptions, si elles sont graves, précises et concordantes. L'appréciation des juges du fait est souveraine, tant sur l'existence de l'antériorité que sur son caractère et sa portée, à la condition toutefois que leur décision sur ce point soit motivée (1). Il importe peu que la preuve de l'antériorité n'ait été découverte par le défendeur ou le prévenu que depuis les poursuites; si la publicité dont il se prévaut est antérieure à la demande de brevet, elle en entraîne la nullité et couvre donc l'acte de contrefaçon qui lui est reproché, quand même il l'aurait entrepris dans l'ignorance de toute antériorité. Du principe que nous avons posé, il résulte suffisamment que le caractère de *moralité* de la divulgation est indifférent, c'est-à-dire que la nullité pour défaut de nouveauté doit être prononcée dès lors que la publicité est établie, sans examiner si elle a été *intentionnelle* et si elle est le fait volontaire et conscient de l'inventeur, ou si, au contraire, elle a été *fortuite* et accidentelle, le fruit d'une erreur ou d'une négligence, d'une indiscrétion, ou même *frauduleuse*, la conséquence d'une infidélité, d'un vol, d'un abus de confiance de la part des ouvriers de l'inventeur ou d'un tiers quelconque. Mais la jurisprudence, par des considérations d'équité plutôt que de droit et par horreur de la fraude, refuse souvent à la divulgation frauduleuse le caractère d'une publicité légale (2). Elle rejette surtout la demande de nullité formée par l'auteur ou le bénéficiaire de l'acte dolosif qui a amené la divulgation.

131. 2° Défaut de brevetabilité. — Les deux exceptions à la brevetabilité que nous avons déjà rencontrées et qui frappent : 1° les compositions pharmaceutiques ou remèdes de toute nature et 2° les plans et les combinaisons de crédit ou de finances, sont sanctionnées, nous l'avons dit, à la fois par le rejet de la demande

---

(1) Cass. 24 janvier 1896 ; *Ann.*, 1897, p. 61. — 5 juin 1897, *Ann.*, 1897, p. 162. — 11 juillet 1900, *Sir.*, 1900, I. 408, *Dall.*, 1900, I, 492. — 11 juin 1901, *Dall.*, 1901, I, 395. — 4 novembre 1901, *Gaz. Pal.*, 1901, II, 620. — 7 mai 1902, *Dall*, 1902, I, 287, *Gaz. Trib.*, 14 mai 1902. — 23 avril 1903, *Dall.*, 1903, I, 240. — Cf. pourtant Cass. 11 juin 1898, *Sir.*, 1898. I, 329, *Dall.*, 1898, I, 531.

(2) Paris, 20 juin 1900; *Ann.*, 1901, p. 163.

de brevet et par la nullité du brevet qui pourrait être délivré par mégarde. Le moyen de nullité présente une utilité certaine dans l'hypothèse où la demande de brevet aurait dissimulé la véritable nature de l'invention, de manière à échapper au contrôle de l'administration.

132. 3° Défaut d'application industrielle. — L'article 3o, 3°, prononce la nullité des brevets qui « portent sur des principes, méthodes, systèmes, découvertes et conceptions théoriques ou purement scientifiques dont on n'a pas indiqué les applications industrielles ». C'est la sanction naturelle d'une condition nécessaire de brevetabilité : le brevet n'est délivré que pour l'utilité de l'industrie, il doit donc se justifier non point par un progrès, ni même par un avantage (le mérite de la découverte n'est pas un élément de validité du brevet), mais par une application pratique dans l'industrie. Nous avons dit que l'antériorité scientifique pouvait faire obstacle à la nouveauté de l'invention, mais la découverte purement scientifique ne sera pas pour cela brevetable, si le savant n'a pas reconnu et exposé l'application dont elle est susceptible. D'autre part, le brevet qui aura été délivré pour une découverte de ce genre, pour un principe nouveau, une méthode, un système, ne protège que l'application qu'il indique ; sa portée ne s'étend point à toutes les applications possibles, au principe lui-même.

Il n'y a pas, dans notre loi, de *brevets de principe* (1).

133. 4° Caractère illicite ou immoral de l'invention. — Le brevet est nul « si la découverte, invention ou application est reconnue contraire à l'ordre ou à la sûreté publique, aux bonnes mœurs ou aux lois du royaume, sans préjudice des peines qui pourraient être encourues pour la fabrication ou le débit d'objets prohibés » (art. 3o, 4°). Nous avons déjà étudié la condition de brevetabilité qui justifie cette cause de nullité (2).

134. 5° Inexactitude frauduleuse du titre du brevet. Le brevet est nul si le titre sous lequel il a été demandé indique *frauduleusement* un objet autre que le véritable objet de l'invention (art. 3o, 5°). Nous savons que la demande de brevet doit contenir une définition sommaire de l'invention, destinée à servir de titre au brevet. L'importance de cette prescription nous est

---

(1) Pouillet, n° 449.
(2) Cf. *supra*, n° 34.

apparue dans l'étude de la publicité dont est entourée la délivrance des brevets; c'est au point de vue de la sincérité et de l'efficacité de cette publicité que le législateur devait prévoir et réprimer les fraudes qui pourraient être commises dans l'indication du titre par l'intéressé. La disposition que nous venons de citer répond à cette préoccupation; elle est moins rigoureuse que celle qui va suivre, relative à la teneur de la description : la nullité n'est prononcée, en effet, à raison de l'inexactitude du titre que si cette inexactitude est voulue, frauduleuse, calculée de mauvaise foi, de manière à induire le public en erreur sur le véritable objet du brevet (1).

135. 6° Insuffisance ou dissimulation dans la description. — Nullité « si la description jointe au brevet n'est pas suffisante pour l'exécution de l'invention ou si elle n'indique pas d'une manière complète et loyale les véritables moyens de l'inventeur » (art 30. 6°). En étudiant les formalités de la demande de brevet, nous avons expliqué quel était l'objet de la description : elle servira aux tribunaux de base essentielle d'interprétation pour déterminer la portée de l'invention et l'étendue des droits du breveté (2); elle sera publiée pour permettre l'examen et l'étude du brevet pendant sa durée et en assurer la jouissance au domaine public à son expiration. Ainsi se justifient les conditions exigées dans la description : qu'elle soit complète, c'est-à-dire *suffisante* pour permettre à un *homme du métier* de comprendre et d'exécuter l'invention, et *sincère*, sans réticence ni dissimulation. L'insuffisance, même si elle n'est pas intentionnelle et de mauvaise foi, est une cause de nullité (3), et nous savons que les lacunes du brevet ne pourraient être corrigées par la demande d'un certificat d'addition ; mais les dessins et même les échantillons, s'ils sont demeurés annexés au brevet, fourniront des éléments pour compléter et éclairer la description (4). On exagère, sans doute, lorsqu'on prétend que le breveté ne pourrait renvoyer, pour le détail des opérations, à un sien brevet antérieur (5), car la description s'adressant surtout aux gens du mé-

---

(1) Lyon, 22 avril 1891 ; *Ann.*, 1892, p. 43.
(2) Paris, 30 janvier 1901 ; *le Droit,* 23 mars 1901.
(3) Lyon, 22 avril 1891 ; *Ann.*, 1892, 43. — Bordeaux. 11 décembre 1893; *Rec.* *Bordeaux*, 1894, I. 76. — Lyon, 19 juillet 1898; *La Loi,* 30 août 1898.
(4) Limoges, 15 juillet 1897; *Ann.*, 1898, 332; cf. trib. civ. Seine, 2 mars 1893, *Gaz. Pal.* 1893, I, 269; 27 mars 1902, *Loi* 9 avril 1902.
(5) Il y a pourtant un arrêt dans ce sens; Lyon, 19 juillet 1872 : *Ann.*, 1872, p. 330.

tier, il n'est pas nécessaire d'y insister sur ce qui est du domaine
courant de la technique. A plus forte raison, une erreur de rédaction ne doit-elle pas vicier le brevet, si elle peut être rectifiée
par le contexte ou par le bon sens : c'est une question d'espèce
et d'appréciation par les tribunaux (1).

L'insuffisance de la description ou l'inexactitude dans l'énoncé
des moyens employés ou du résultat obtenu doit être réprimée
plus sévèrement lorsqu'elle est calculée et que l'inventeur, par
cette dissimulation, a tenté de cumuler frauduleusement le bénéfice d'un brevet et les avantages du secret de fabrique et de se
réserver ainsi un monopole de fait à l'expiration de la durée
légale de son brevet. On dit (2) que la preuve de la dissimulation
sera malaisée, l'inventeur pouvant toujours prétendre qu'il n'a
imaginé qu'après sa demande de brevet les moyens qu'il emploie
maintenant pour réaliser son invention. Mais il est peu probable
qu'en cachant ses moyens véritables, il ait pu indiquer néanmoins d'autres moyens également nouveaux et susceptibles d'une
application industrielle ; le brevet dans lequel les véritables
moyens auront été dissimulés sera donc généralement frappé de
nullité, soit à raison de l'insuffisance de la description, soit à raison
du défaut de nouveauté de l'invention telle qu'elle y est décrite.

136. — Ainsi le fraudeur sera la première victime de son
habileté. Il le sera encore d'une autre façon : car *le brevet s'in-
terprète contre le breveté ;* dans le doute sur le sens exact des
termes de la description, l'interprétation devra non point en
étendre la portée mais, au contraire, la restreindre. Ce principe
est conforme aux règles d'interprétation posées dans le Code
(art. 1162). Donc toute obscurité, intentionnelle ou involontaire,
se retournera contre le breveté (3). Mais l'appréciation des tribunaux sur ce point restera toujours soumise au contrôle de la
Cour de Cassation, chargée en dernier ressort d'assurer l'exacte
interprétation des brevets.

**137. 7° Inobservation des prescriptions de l'ar-
ticle 18.** — L'article 30, 7°, sanctionne, en édictant la nullité
du brevet, la prohibition pour les tiers de prendre, pendant une
année à partir de la demande d'un brevet, des brevets de perfectionnement à découvert (4). Cette sanction rigoureuse, et qu'on

---

(1) Cass., 10 février 1893 ; *Dall.*, 1895, I, 216.
(2) Pouillet, n° 476.
(3) Trib. civ. Lille, 24 juillet 1902 ; *Droit*, 3 décembre 1902
(4) Voy. *supra*, n° 63 et suiv.

a jugée excessive, était pourtant nécessaire pour assurer l'exercice du droit de préférence que la loi a voulu conférer à l'inventeur breveté sur les changements, perfectionnements et additions à son brevet qui pourraient être inventés par lui dans la première année. Ce qui ne se justifie pas, dans le système de la loi, c'est que cette nullité puisse être invoquée par un autre que le breveté principal, seul intéressé (1).

138. 8° Défaut de relation d'un certificat avec son brevet. — Cette dernière cause de nullité, qui est spéciale au certificat d'addition, se fonde, d'après les uns, sur une considération purement fiscale, d'après d'autres, sur l'intérêt du public qui serait induit en erreur par le rattachement arbitraire d'un certificat à un brevet auquel, par son objet, il serait étranger ; nous pensons que la nullité se justifie par la nature même du certificat, annexe d'un brevet principal, et destiné exclusivement à la protection des perfectionnements de ce brevet. Le défaut de relation est donc un vice fondamental qui fait mentir le certificat à sa définition, à sa loi particulière. Nous avons déjà étudié la condition de relation (2) et nous avons posé en principe qu'elle devait, selon nous, s'interpréter dans le même sens et avec la même rigueur pour l'application de la disposition qui nous occupe que pour l'exercice du droit de préférence (art. 18) ou pour la délimitation des droits respectifs de l'inventeur principal et du tiers perfectionneur (art. 19). Contrairement à l'avis des auteurs, généralement suivi dans la jurisprudence (3), nous ne croyons pas qu'on doive « élargir le cercle tracé à l'inventeur » et considérer la condition de relation comme un lien plus ou moins lâche, un rapport assez lointain et arbitraire. Notre opinion sur ce point se justifie, d'après nous, par le fondement que nous avons reconnu à la sanction de la nullité.

Soumise au contrôle de la Cour de Cassation, pour l'interprétation qu'elle donne du brevet principal et du certificat, la décision des juges du fait est souveraine sur l'appréciation de la condition de relation entre l'invention et le perfectionnement (4).

---

(1) Trib. civ. Seine, 18 novembre 1897 ; la Loi, 11 décembre 1897.
(2) Cf. supra, n° 60.
(3) Cf. Trib. civ. Seine, 23 mars 1900 ; Gaz. Pal., 1900, I, 606. — Paris, 29 janvier 1902, la Loi, 17 juin 1902.
(4) Cass., 27 février 1888 ; Sir., 1891, I, 310.

§ III. — Causes de déchéance.

139. — L'article 32 énumère trois causes de déchéance, dont nous avons indiqué plus haut (1) le caractère et les effets communs.

140. 1° Défaut de paiement des annuités. — « Sera déchu de tous ses droits : 1° le breveté qui n'aura pas acquitté son annuité avant le commencement de chacune des années de la durée de son brevet » (art. 32, 1°). Nous savons que la taxe imposée au breveté est payable par annuités égales de 100 francs chacune. La première doit être acquittée avant le dépôt de la demande de brevet, et le défaut de paiement est, ici, non une cause de déchéance mais un motif de rejet de la demande. Les autres annuités sont exigibles avant le commencement de chaque année, c'est-à-dire, au plus tard, le jour anniversaire du dépôt (2). Si l'échéance tombe un jour férié, le paiement doit être effectué la veille. Mais la loi du 7 avril 1902 a atténué la rigueur de notre législation en accordant au breveté un délai de grâce : l'intéressé a un délai de trois mois pour effectuer valablement le paiement de son annuité ; il devra verser, en outre, une taxe de 5 francs s'il effectue le paiement dans le premier mois, de 10 francs, dans le second mois, et de 15 francs dans le troisième mois ; cette taxe supplémentaire devra être acquittée en même temps que l'annuité en retard. L'échéance de ces délais successifs suit de mois en mois celle de l'annuité elle-même. Le paiement n'est libératoire que s'il comprend, outre le principal, le montant de la surtaxe exigible ; si le montant de cette taxe était inférieur au chiffre afférent à la période, l'intéressé pourrait encore régulariser sa situation, en complétant son versement jusqu'avant l'expiration du dernier délai. Nous savons qu'en cas de cession du brevet, le montant intégral des annuités doit être payé par anticipation ; l'inobservation de cette prescription n'entraîne pas la déchéance du brevet.

141. — L'institution d'un délai de grâce était d'autant plus désirable dans l'intérêt des inventeurs brevetés que la déchéance a lieu de plein droit, par le seul fait du retard, en ce sens, du

---

(1) Cf. *supra*, n° 119.
(2) Paris, 9 juillet 1902 ; *Gaz. Pal.*, 1902, II, 424. Cass., 10 janvier 1903 ; *Ann.*, 1903, 142.

moins, qu'elle devra être fatalement prononcée par les tribunaux dès lors que l'annuité n'aura pas été acquittée dans les délais, sauf le cas de force majeure. Le paiement tardif, même avant toute instance, ne couvre pas la déchéance (1); quant à l'excuse de force majeure, la jurisprudence n'en est pas prodigue : n'a-t-elle pas refusé de reconnaître comme telle la maladie ou même la démence du breveté lors de l'échéance ! Le pouvoir exécutif, plus libéral, a prorogé par décret, en 1848 et en 1870, le paiement des annuités, et suspendu momentanément la déchéance, à raison des événements politiques qui avaient pu empêcher les intéressés d'acquitter leurs annuités. Contrairement à certaines législations étrangères, la nôtre n'assure point au breveté le bénéfice d'un avertissement officiel à l'échéance des annuités; à défaut de l'administration, les agents de brevets se chargent de rappeler à leurs clients l'expiration prochaine du délai.

142. — Bien que la déchéance se produise *ipso facto*, elle doit, dit-on, pour entraîner ses effets légaux, être régulièrement prononcée en justice par les tribunaux civils, seuls compétents. Sans doute, dès lors que la déchéance est encourue, le droit exclusif est anéanti pour l'avenir et la concurrence ne constitue plus une contrefaçon punissable; s'ensuit-il que le licencié soit en droit de réclamer les redevances payées depuis la déchéance encourue? Par des raisons d'équité, on peut admettre, au contraire, qu'il n'y a pas lieu à restitution, au moins pour la période de paisible jouissance qui a précédé l'instance. Mais le breveté, en cas de cession, serait tenu de tous dommages-intérêts à l'égard du cessionnaire, s'il lui avait cédé un brevet déjà déchu ou si la déchéance survenait par la faute du cédant (2). Nous pensons que la déchéance prononcée remonte à la date de l'échéance de l'annuité impayée et non à celle de l'expiration des délais de grâce.

143. — La preuve de la déchéance par défaut de paiement des annuités serait très facile à rapporter si l'administration publiait, comme dans certains pays, la liste des brevets ainsi déchus, ou si on tenait à la disposition du public un registre où le défaut de paiement se trouverait mentionné. Mais, comme il n'en est rien, les intéressés doivent adresser, à cet effet, une

---

(1) Lyon, 26 mai 1894; *Mon. Lyon.*, 21 février 1895. — Bordeaux, 25 novembre 1896, *Sir.*, 1898, II, 207; *Dall.*, 1897, II, 397. — Bordeaux, 17 novembre 1897; *Rec. Bordeaux*, 1898, I, 125.

(2) Bordeaux, 3 juillet 1895; *Rec. Bordeaux*, 1895, I, 308.

requête sur papier timbré au Ministre (Office national de la Propriété industrielle); ils recevront en réponse une déclaration faite à titre officieux et sans force probante absolue.

144. 2° Défaut d'exploitation. — « Sera déchu de tous ses droits..... 2° le breveté qui n'aura pas mis en exploitation sa découverte ou invention en France dans le délai de deux ans à dater du jour de la signature du brevet, ou qui aura cessé de l'exploiter pendant deux années consécutives, à moins que, dans l'un ou l'autre cas, il ne justifie des causes de son inaction » (art. 32, 2°). Cette seconde cause de déchéance se fonde sur l'inexécution par le breveté de l'obligation d'exploiter qui lui est imposée dans l'intérêt du public et de l'industrie nationale et qui est, avec le paiement des annuités, une des charges de son privilège. La déchéance, en pareil cas, paraît rationnelle et presque nécessaire : le droit exclusif du breveté s'éteint par le non-usage parce qu'il ne pourrait subsister qu'au préjudice du droit de tout le monde. Dans certains cas, le défaut d'exploitation, de même que le défaut de paiement, peut être considéré comme la preuve d'une renonciation volontaire au brevet ; mais la déchéance ne se fonde pas essentiellement sur une présomption de ce genre, qui admettrait la preuve contraire : la loi se borne à tenir compte à l'intéressé des motifs qui peuvent justifier son inaction. Il y a donc une lacune dans notre loi ; le breveté n'a aucun moyen légal de renoncer régulièrement au droit exclusif qu'il a demandé ; il obtient, sans doute, ce résultat indirectement, en cessant de payer ou d'exploiter, mais il ne peut pas se désister quand il lui plaît, pour éviter, par exemple, un procès en nullité ou en déchéance. Toutefois, un arrêt (Paris, 7 déc. 1840, *Prop. ind.*, n° 159) a donné acte d'une déclaration de renonciation et décidé qu'y n'y avait pas lieu, dans ces conditions, de prononcer la déchéance. Il n'en reste pas moins que la renonciation expresse n'est ni prévue ni organisée dans la loi.

145. — Un délai de deux ans est accordé à l'inventeur pour organiser son exploitation ; ce délai part de la délivrance et non de la demande du brevet et son point de départ ne coïncide donc pas avec celui du droit lui-même. L'exploitation commencée devra se continuer pendant la durée du brevet : une interruption de plus de deux années consécutives entraînera encore la déchéance (1).

_____

(1) Nous avons vu que la Convention d'Union, modifiée par l'Acte additionnel de Bruxelles du 14 décembre 1900, avait porté à trois ans le délai d'exploitation, et que ce délai part du jour du dépôt de la demande. Cette disposition, appli-

146. — Il est presque inutile de définir l'exploitation dont il s'agit ici ; pour donner satisfaction au vœu du législateur, il faut qu'elle soit sérieuse, industrielle et non simplement apparente ; des essais renouvelés tous les deux ans, même constatés par acte judiciaire, ne constitueraient pas une exploitation régulière (1). Nous avons vu pourtant qu'en vertu de lois spéciales, la production d'un objet semblable à celui garanti par le brevet à certaines Expositions avait été assimilée à une véritable exploitation, interruptive de la déchéance. Si le brevet indique plusieurs applications différentes de l'invention, ou comprend plusieurs moyens ou procédés différents, faudra-t-il les exploiter tous ? Nous pensons, en tenant compte du motif qui a fait édicter la déchéance, qu'elle devra être prononcée pour la partie du brevet qui n'est pas exploitée, si du moins l'inaction du breveté n'est pas justifiée (2). Mais l'exploitation est suffisante si elle porte sur un perfectionnement qui comprend l'invention brevetée (3) ; ainsi l'exploitation du certificat d'addition garantira, en général, le brevet de la déchéance.

147. — Plus indulgente que dans la disposition d'ordre fiscal que nous avons étudiée plus haut, la loi admet le breveté à justifier des causes de son inaction. Non seulement les cas de force majeure, mais toutes les excuses qu'il peut faire valoir pour établir sa bonne volonté, sa diligence et l'impossibilité dans laquelle il s'est trouvé d'exploiter seront prises en considération ; ainsi la maladie, l'indigence de l'inventeur, une crise commerciale, les agissements des contrefacteurs, l'indifférence des industriels intéressés ou du public (4), la résistance invincible de la routine seront des causes légitimes d'excuse, si l'inventeur a fait des efforts sérieux pour aboutir. Il va de soi que l'exploitation peut avoir lieu par le breveté lui-même ou par ses cessionnaires partiels ou ses licenciés. Mais la contrefaçon ne saurait être considérée comme une exploitation par le breveté ;

---

cable aux ressortissants des Etats unionistes, ne peut être invoquée, à notre avis, par des brevetés français.

(1) Trib. civ. Seine, 6 mai 1897 ; *la Loi*, 17 mai 1897. — Paris, 15 mars 1900 ; *le Droit*, 12 avril 1900. — Cf. aussi Dijon, 20 mars 1903 ; *Gaz. Pal.*, 1903, I, 754.

(2) Paris, 7 janvier 1897 ; *le Droit*, 26 janvier 1897. — Dijon, 4 avril 1900 ; *Dall.*, 1901, II, 70. — Cf. Trib. civ. Lyon, 3 mars 1897 ; *Mon. Lyon*, 29 mars 1897.

(3) Douai, 22 juillet 1896 ; *Rev. dr. indust.*, 1896, p. 221. — Cass., 8 mai 1894 ; *Dall.*, 1895, I, 9. — Trib. civ. Seine, 17 novembre 1897 ; *la Loi*, 1er février 1898.

(4) Cf. pourtant Trib. civ. Seine, 6 mai 1897 et Paris, 15 mars 1900, décisions précitées.

entreprise en fraude de ses droits, elle ne lui profitera pas au point de vue de la déchéance, s'il l'a tolérée ; tout au plus pourra-t-il, s'il l'a combattue, invoquer comme une excuse les difficultés que la contrefaçon a pu lui susciter dans son exploitation.

148. — Nous savons que les brevets de perfectionnement pris par des tiers sont frappés, pendant la durée du brevet principal, d'une interdiction d'exploiter qui ne peut être levée que par l'autorisation du titulaire de ce dernier brevet. Il est bien certain qu'une semblable prohibition légale constitue plus qu'une excuse, un véritable cas de force majeure. Mais, d'autre part, l'exploitation des perfectionnements est si désirable dans l'intérêt du public et de l'industrie qu'on ne devra pas admettre le perfectionneur à se retrancher derrière cet obstacle légal, si, en fait, il ne dépendait que de lui d'obtenir l'autorisation dont il avait besoin. Sans doute, la concession d'une licence n'est obligatoire pour aucune des deux parties, en l'absence d'une disposition dans la loi ; on doit pourtant la favoriser dans la mesure du possible.

149. — Lorsque l'interdiction d'exploiter écrite dans l'article 19 aura joué son plein effet par la volonté du breveté principal, de quel délai l'inventeur du perfectionnement jouira-t-il pour organiser son exploitation, à l'expiration du brevet principal ? Il n'y a nulle raison, pensons-nous, pour faire courir le délai de deux ans, à partir de ce moment seulement ; on appliquera purement et simplement le principe qui donne comme point de départ au délai la date de la signature de brevet, sauf à tenir compte de l'interdiction d'exploiter comme d'une cause légitime de retard.

La loi française n'a naturellement en vue que l'intérêt de l'industrie nationale et exige donc logiquement que l'exploitation se fasse en France ou dans les colonies françaises. Nous verrons, en étudiant l'alinéa suivant de l'article 32, quelles précautions ont été prises pour empêcher l'importation de produits brevetés et protéger l'industrie française contre la concurrence de l'étranger.

150. — De tout ce que nous avons dit, il résulte que la déchéance ne se produit pas de plein droit, mais qu'elle doit être prononcée lorsque la preuve du défaut d'exploitation est rapportée sans que l'inventeur puisse justifier des causes de son inaction. Conformément aux principes généraux, il appartient au demandeur à la déchéance de faire sa preuve (1) ; s'agissant d'un fait né-

---

(1) Cass., 24 janvier 1896 ; *Ann.*, 1897, p. 61.

gatif, d'une inaction, on n'exigera du demandeur qu'une preuve de vraisemblance, par des présomptions graves et précises, contre lesquelles il sera facile à l'inventeur de se défendre s'il a effectivement exploité. Les tribunaux en jugeront souverainement.

151. 3° Introduction en France. — Est déclaré déchu, aux termes de l'article 32, 3°, « le breveté qui aura introduit en France des objets fabriqués en pays étranger et semblables à ceux qui sont garantis par son brevet ». Cette dernière cause de déchéance se rattache à la précédente ; elle est une conséquence outrée du même principe, mais elle est plus spécialement destinée à protéger, en même temps que l'industrie française, la main-d'œuvre nationale. Il n'a pas suffi au législateur d'avoir imposé à l'inventeur breveté l'obligation d'exploiter en France, il a voulu réserver au travail national le monopole et le profit de la fabrication, au moins pour la satisfaction des besoins du public français. C'est dans ce dessein qu'il prohibe l'importation des objets fabriqués à l'étranger. Les auteurs considèrent, en général, cette disposition comme excessive ; l'idée de protectionnisme dont elle s'inspire trouverait, en effet, plus naturellement son expression dans une loi de douanes que dans la législation sur les brevets.

152. — L'introduction est fatale au brevet dès lors qu'elle émane du propriétaire du brevet, ou d'un copropriétaire, ou d'un cessionnaire même partiel, et elle entraîne la déchéance à l'égard de tous, sauf la responsabilité personnelle de l'introducteur vis-à-vis de ses cointéressés. La sanction de l'article 32 serait également encourue dans tous les cas où l'introduction aurait lieu par le fait d'un tiers, étranger au brevet ou participant à son exploitation, par exemple, un licencié, mais avec l'autorisation expresse ou tacite, avec la complicité du breveté. Il en serait tout différemment si elle était effectuée par ces personnes à l'insu du propriétaire du brevet (1); bien loin de lui profiter et de pouvoir être mise à sa charge, elle n'est alors qu'un acte de contrefaçon punissable.

153. — La loi explique assez clairement qu'il s'agit de l'importation d'objets fabriqués d'après le brevet, pour qu'il soit inutile de la commenter sur ce point ; bien entendu, l'introduction d'un organe essentiel, ou à plus forte raison de toutes les pièces

---

(1) Paris, 7 janvier 1897. *le Droit.*, 26 janvier 1897 ; Cass., juin 1897, *le Droit*, 2 juillet 1897.

détachées suffira à motiver la déchéance. Mais on n'assimilera pas à l'importation le passage en transit sur le territoire français, qui ne porte aucune atteinte à l'intérêt que la loi a voulu sauvegarder, celui de l'industrie et du travail national en vue de la production pour les besoins du pays.

154. — Le fait de l'introduction sera-t-il nécessairement et irrémissiblement un motif de déchéance et ne peut-il être justifié par les circonstances, par les mobiles de son auteur? Le breveté peut avoir, en effet, le plus légitime intérêt à introduire un modèle de son invention, fabriqué à l'étranger, pour en faire l'expérience en France et préparer ainsi l'exploitation du brevet dans notre pays. La loi a tenu compte de cette nécessité et y a donné satisfaction dans le paragraphe final de l'article 32 : « Néanmoins le Ministre du Commerce et de l'Industrie pourra autoriser l'introduction : 1° des modèles de machines ; 2° des objets fabriqués à l'étranger, destinés à des expositions publiques ou à des essais faits avec l'assentiment du Gouvernement. » On voit que le pouvoir conféré au Ministre est nettement délimité et qu'il ne peut s'exercer légalement que dans les cas expressément prévus ; d'autre part, l'autorisation donnée pour une destination déterminée ne peut être, sans danger, abusivement étendue à quelque autre utilisation des objets importés. Dans ces limites, l'autorisation ministérielle couvre l'introduction et garantit le breveté contre la déchéance. Doit-on, par contre, en l'absence d'une autorisation, considérer tout fait d'introduction comme illicite et prononcer dans tous les cas la déchéance du brevet ? Le texte de la loi comporte, semble-t-il, une telle rigueur, mais la jurisprudence, plus indulgente, tient compte de l'intention qui a présidé au fait et du but poursuivi par l'introducteur. Si l'objet importé devait servir à des essais, s'il n'a été ni vendu, ni employé à la fabrication (une machine), les juges hésiteront à appliquer la sanction légale. Toutefois, la prudence commande au breveté de se munir d'une autorisation régulière qui ne lui sera pas refusée si sa requête est justifiée.

155. — Sur ce point nous rencontrons une dérogation à la loi française dans les dispositions de la Convention d'Union. Son article 5 est ainsi conçu : « L'introduction par le breveté, dans le pays où le brevet a été délivré, d'objets fabriqués dans l'un ou l'autre des États de l'Union n'entraînera pas la déchéance. Toutefois, le breveté restera soumis à l'obligation d'exploiter son brevet conformément aux lois du pays où il

introduit les objets brevetés. » Ainsi les ressortissants des États
unionistes échapperont à la déchéance pour cause d'introduction (1); mais, répétons-le, à notre avis les Français y demeurent
exposés, la Convention n'ayant pas eu pour effet d'abroger la
loi de 1844.

§ IV. — Actions en nullité et en déchéance.

156. — L'administration, seule compétente pour la délivrance des brevets, n'a qualité ni pour les annuler, ni pour les
révoquer; elle n'a pas à intervenir dans les instances en nullité ou
en déchéance, dans lesquelles elle n'est ni juge, ni partie. La loi
a conçu, en effet, et organisé ces instances comme des instances
proprement judiciaires et en a confié la solution aux tribunaux
de droit commun. Mais nous savons que le jugement aura tantôt
un effet relatif, limité aux intérêts et aux parties en cause, tantôt
absolu, profitant à tout le monde à l'encontre du breveté. Il y a,
dans ce dernier cas, une dérogation aux principes généraux qui
régissent l'organisation de notre justice civile; elle était nécessaire pour donner satisfaction à un besoin de logique et d'ordre;
car qu'est-ce qu'un droit exclusif qui a été déclaré déchu ou annulé au regard de certains et qui subsiste à l'égard de tous autres?
Le droit exclusif est ou n'est pas, et ce qui est jugé vis-à-vis de
l'un devrait être jugé au profit de tous, selon la maxime : *victoria
et aliis proderit*. Mais tel n'est pas le système de notre loi; seul,
le Ministère Public a qualité pour représenter la collectivité et
pour faire prononcer la nullité ou la déchéance dans l'intérêt
général, c'est-à-dire d'une façon absolue, en intervenant dans
l'instance ou en prenant l'initiative de l'action, ce qu'il ne peut
faire que dans certains cas limitativement déterminés.

157. Recevabilité de l'action. — L'action en nullité
ou en déchéance peut être exercée, aux termes de l'article 34,
« par toute personne y ayant intérêt ». Puisqu'il agit pour son
propre compte et que la victoire ne doit profiter qu'à lui, il est
juste qu'on exige, de celui qui prétend faire invalider un brevet,
qu'il ait un intérêt pour agir. Mais cet intérêt, on pourra le présumer dans la plupart des cas; le brevet, par définition, est une

---

(1) Paris, 7 janvier 1897 et Cass., 5 juin 1897, décisions précitées. — Trib. civ.
Seine, 30 décembre 1897; *la Loi*, 15 février 1898.

restriction à la liberté du commerce et de l'industrie en général et s'oppose, par conséquent, à la liberté de tout concurrent du breveté. Même le consommateur peut avoir un intérêt légitime à faire tomber un brevet qui le soumet au monopole onéreux d'un fabricant. La condition légale permettra, par contre, d'écarter par une fin de non-recevoir les spéculateurs, ceux qui, de mauvaise foi, suscitent un procès, de manière à entraver l'exploitation à ses débuts, en nuisant au crédit de l'inventeur, et qui espèrent se faire payer leur désistement, ceux aussi qui n'agissent que par esprit de vengeance, par exemple un employé congédié.

158. — Quand un brevet est expiré, certaines personnes auront encore intérêt à en faire prononcer la nullité, parce que le jugement rétroagit. Si une instance en contrefaçon est pendante, le prétendu contrefacteur devra naturellement être admis à invoquer la nullité du brevet; mais puisqu'il peut le faire par voie d'exception, même devant le tribunal correctionnel, il n'aura pas d'intérêt à saisir le tribunal civil d'une action principale. Il est d'autres hypothèses où la nullité d'un brevet, expiré ou déchu, pourrait être valablement demandée : si, par exemple, le titulaire d'un brevet de perfectionnement, qui a formé sa demande à découvert dans l'année du brevet déchu ou expiré, veut se défendre contre la nullité tirée de l'article 18.

Nous avons admis que le cessionnaire d'un brevet était recevable à en demander la nullité; mais non le cédant, qui est garant de l'éviction (*quem de evictione...*).

159. — En thèse générale, la situation du licencié semble répugner en droit et en fait à l'exercice d'une action en nullité.

En droit, le contrat de licence, en effet, entraîne pour le licencié l'obligation d'exploiter le brevet dans un intérêt commun, ou suivant l'assimilation que l'on fait couramment avec la situation du preneur dans le contrat de louage, d'user de la chose louée en bon père de famille. Il doit, conformément aux principes généraux du droit, s'abstenir de tout acte de nature à nuire au titulaire du brevet. On ne saurait prétendre que la nullité du brevet entraînant la nullité du contrat de licence, le licencié a intérêt à poursuivre la nullité du brevet pour se soustraire aux obligations qu'il a contractées envers le breveté. En effet, si la cession emporte aliénation totale ou partielle de la propriété du brevet, le contrat de licence n'entraîne, au contraire, ni transfert, ni constitution de droit réel. Le contrat de licence ne crée, au profit du licencié, qu'un droit personnel, résultant d'un simple rapport d'obligation. Le droit concédé au licencié est un simple droit d'exploitation de l'invention qui fait l'objet du brevet. La prestation qui lui est promise en échange des redevances stipulées, ne consiste que dans le droit d'exploiter l'invention et d'en retirer tous les avantages qu'elle comporte à l'abri du brevet, c'est-à-dire licitement au regard du titulaire et avec une garantie contre l'éviction ou le trouble résultant d'une action exercée par des tiers.

160. — En présence de cette analyse juridiquement incontestable du contrat de licence, quels seront les effets de la nullité virtuelle ou prononcée du brevet? Tant que le brevet n'est pas attaqué par les tiers et que les droits attachés au titre sont respectés, le licencié jouit paisiblement de l'exploitation qui lui a été concédée et n'est nullement fondé à refuser la contre-partie promise, le payement des redevances. Sans doute, la nullité du brevet, une fois prononcée, rétroagit : le brevet annulé est censé n'avoir jamais existé; mais, comme toutes les fictions légales, cette rétroactivité, quelque utilité qu'elle présente pour la solution de certaines difficultés, ne doit pas être appliquée sans mesure et étendue sans discernement. La rétroactivité ne saurait avoir pour effet d'abolir tous les faits accomplis, il en est qui échappent à son empire. Ainsi la jouissance dont un licencié a recueilli le bénéfice subsistera et nul ne saurait exercer, de ce chef, une action en répétition d'indû; et de même que le licencié ne sera pas admis à demander la restitution des redevances, il ne pourra logiquement se refuser à payer des redevances échues pour la période de paisible jouissance. Le principe de la rétroactivité s'arrête devant les situations de fait incontestables et irréparables; la logique d'une fiction légale ne saurait, sans danger, entrer en conflit avec des principes supérieurs d'équité et de justice. Tout intérêt fait donc défaut pour le licencié. Dès lors, sans intérêt pas d'action, ni, bien entendu, d'exception.

Enfin, en fait, il y a lieu d'observer que c'est par le bénéfice même du contrat et la confiance de son co-contractant que le licencié acquiert la connaissance intime des secrets et aussi des imperfections et des vices de l'invention qu'il doit exploiter, et qu'il serait évidemment contraire à l'équité de l'admettre à tirer parti de ce qu'il aurait appris ou découvert, dans ces conditions, contre les intérêts de son co-contractant.

Nous pensons donc qu'il convient d'admettre l'irrecevabilité de l'action ou de l'exception fondée par le licencié sur la nullité du brevet, pour se soustraire à l'exécution de son contrat (1).

Toutefois, il est des hypothèses où le droit d'invoquer la nullité, par voie d'action ou d'exception, ne saurait être dénié au licencié : par exemple, poursuivi en contrefaçon par le titulaire d'un brevet antérieur, il pourra faire prononcer la nullité du brevet qu'il exploite, parce qu'en présence d'une véritable éviction, le contrat qui le lie ne saurait être maintenu (2).

161. — Conformément aux principes généraux, les intéressés peuvent demander la nullité du brevet, soit par voie d'action principale, soit reconventionnellement, en défense à une demande principale formée par le breveté et fondée sur le brevet. La voie reconventionnelle est la plus fréquente. Le demandeur en nullité pourra conclure à l'allocation de dommages-intérêts, et en obtenir, s'il a subi un préjudice et que le brevet ait été pris frauduleusement, dans un but de concurrence déloyale (3). Le breveté, défendeur, répondra à l'action en nullité par une demande reconventionnelle en dommages-intérêts, si l'instance a été introduite de mauvaise foi. Mais, en principe, la prise d'un brevet et la contestation de sa validité constituent également l'exercice d'un droit.

162. Le défendeur. — L'action en nullité ne peut être valablement intentée que contre le titulaire du brevet, son titulaire véritable et non simplement apparent, c'est-à-dire son propriétaire. Si le brevet a été cédé, il faut agir contre le cessionnaire, alors du moins que la cession a été régularisée ; car, sinon, le titulaire enregistré serait encore valablement assigné. En cas de cession partielle, il suffit de mettre en cause l'un des copropriétaires. Mais nous ne pensons pas qu'après une cession totale enregistrée, le titulaire originaire, le cédant, puisse encore être l'objet d'une demande en nullité ; il n'est pas, par droit de paternité, le défenseur naturel du brevet ; s'il garde son droit aux récompenses honorifiques, c'est en qualité d'inventeur et non de breveté. Le cessionnaire l'appellera en garantie, s'il y a lieu ; la demande principale serait, en ce qui le concerne, irrecevable.

Mais le cédant aura toujours le droit d'intervenir dans l'in-

---

(1) *Sic.* Trib. civ. Limoges, 8 mai 1900 ; *le Droit*, 7 juillet 1900 ; Limoges, 28 janvier 1901. — *Contra*, Cass., 30 juillet 1902 ; *le Droit*, 6 août 1902. — Paris, 9 janvier 1894 ; *Ann.*, 1895, 94.

(2) Cf. Pouillet, n° 286, et l'arrêt cité par cet auteur. — Paris, 9 janvier 1894 ; *Ann.*, 1895, 94.

(3) Montpellier, 27 février 1894 ; *Gaz. Midi*, 11 mars 1894.

stance, pour éviter une collusion frauduleuse entre le demandeur et son cessionnaire. Ce droit, il le partage avec tous les intéressés, tels que des cessionnaires partiels, et même les licenciés. D'autre part, peuvent intervenir également des tiers désireux de faire annuler le brevet ; ils éviteront ainsi des décisions contradictoires, et leur action combinée sera plus forte. Ils sont en droit, toutefois, s'ils le préfèrent, de former simultanément des demandes distinctes, le breveté étant exposé à tous les procès en nullité.

163. Nullité relative. — Le jugement rendu sur la nullité ou la déchéance, à la requête d'un intéressé, n'a d'autorité qu'entre les parties (art. 1351, Code civil). Lorsque la demande a été repoussée, elle pourra donc être reproduite par tous autres, sans que le jugement puisse leur être opposé ; bien plus, la partie qui a succombé pourra renouveler sa demande en se fondant sur une cause nouvelle. Il ne faut pas confondre la cause nouvelle et le moyen nouveau : constituent des causes distinctes de nullité ou de déchéance, celles énumérées dans les divers paragraphes des articles 30 et 32 ; mais chacun de ces paragraphes ne contient qu'une cause unique. Ainsi le défaut de nouveauté est une cause, le défaut de brevetabilité en est une autre ; le défaut d'application industrielle, le caractère illicite de l'invention, l'inexactitude frauduleuse du titre, constituent autant de causes distinctes. Mais le défaut de nouveauté ne constitue qu'une cause unique ; par conséquent, celui qui l'a invoquée en se fondant sur certaines antériorités ne peut reproduire sa demande, en arguant d'autres faits de publicité, même d'une nature différente. Ce ne serait là qu'un moyen nouveau, lequel ne serait pas recevable : l'autorité de la chose jugée s'opposerait à la demande ainsi motivée. Et pourtant, un arrêt de la Cour de Cassation (9 déc. 1867, *Ann. de la Propr. ind.*, 1868, p. 86) distingue dans le défaut de nouveauté deux causes distinctes de nullité, l'une fondée sur des antériorités empruntées au domaine public, l'autre sur la divulgation de l'invention par le fait du breveté lui-même. Dans l'espèce, le fait était demeuré inconnu par suite d'une réticence du breveté ; et la Cour a estimé que la demande fondée sur ce nouveau moyen était recevable. Nous pensons qu'une application rigoureuse des principes devait conduire à une solution contraire.

164. — En matière de déchéance, l'autorité de la chose jugée ne saurait produire les mêmes effets, car chacune des trois causes de déchéance écrite dans l'article 32 est susceptible d'intervenir en cours d'existence du brevet et, après avoir été inexactement alléguée une première fois, elle pourra être très justement invoquée plus tard, si elle s'est réalisée dans l'intervalle. Ainsi le défaut de paiement des annuités peut se produire à quatorze échéances successives ; le défaut d'exploitation, qui ne justifiait pas la déchéance, au bout de dix-huit mois, devra l'entraîner six mois après ; les faits d'introduction peuvent se répéter chaque jour. Dans ces conditions, la même cause devra être accueillie, si elle porte sur d'autres faits, pourvu que ces faits soient postérieurs et non antérieurs au jugement rendu entre les mêmes parties.

165. Procédure. — Les demandes en déchéance et en nullité sont soumises à la communication au Ministère Public, lequel doit conclure, à peine de nullité du jugement. Mais ses conclusions ne produisent pas les effets d'une intervention, et la nullité, si elle est prononcée, n'en est pas moins relative.

Aux termes de l'article 36, l'affaire sera instruite et jugée dans la forme prescrite pour les matières sommaires par les articles 405 et suivants du Code de Procédure (1). Cette procédure, dont l'adoption se justifie par le caractère d'urgence de ces procès, par la durée temporaire des brevets et par l'intérêt du domaine public, est à la fois rapide et peu onéreuse. L'enquête, s'il y a lieu, est faite à l'audience. Pour éviter la préliminaire de conciliation, le demandeur sollicitera une ordonnance afin de citer à bref délai, vu l'urgence.

166. Tribunal compétent. — C'est celui du domicile du défendeur ; s'il y en a plusieurs, aux termes de l'article 35, le domicile du titulaire du brevet est attributif de juridiction, même à l'égard des cessionnaires partiels mis en cause. Cette disposition, dérogatoire au droit commun, est conçue en faveur des brevetés que des procès incessants, engagés simultanément ou successivement devant différents tribunaux compétents au regard de tel ou tel co-intéressé, détourneraient de leurs travaux et entraîneraient à des frais excessifs. D'ailleurs, le titulaire, lorsqu'il est resté copropriétaire, n'est-il pas toujours le principal intéressé à la défense de son titre ? Mais cette disposition exceptionnelle ne fait pas échec aux principes sur la connexité ; la demande de nullité formée sur des poursuites en contrefaçon, si elle a été portée devant le tribunal du breveté, pourra être ren-

---

(1) Trib. civ. Douai, 24 février 1899, Gaz. Trib., 1899, I, deuxième partie, 454

7

voyée, pour cause de connexité, devant le tribunal du domicile du contrefacteur, saisi de l'action en contrefaçon.

167. — Dans tous les cas, les *tribunaux civils* sont exclusivement compétents pour connaître des actions en nullité et en déchéance, et de toutes les contestations relatives à la propriété des brevets (art. 34) (1). Nous répétons que l'autorité administrative, après la délivrance du brevet, n'a plus ni contrôle ni autorité à exercer sur la validité du titre (2); elle ne pourrait, sans excès de pouvoir, outrepasser, dans la délivrance même des brevets, les attributions qui lui sont confiées; c'est ainsi qu'il a été jugé que le Ministre n'avait pas le droit de refuser un certificat d'addition à un brevet, par la raison que ce dernier était déchu faute de paiement des annuités. Il n'appartient, en effet, à l'administration ni de prononcer la déchéance, ni d'en déduire les conséquences.

168. — La compétence des tribunaux français dans une affaire *entre étrangers*, concernant un brevet français, n'est pas douteuse : le brevet délivré par le gouvernement français consacre des droits dont le siège est en France, qui ne peuvent s'exercer qu'en France et qui doivent même s'y exercer; la nationalité du titulaire du brevet ne change rien au caractère essentiellement français du titre.

169. — Le *tribunal correctionnel* n'est jamais compétent pour prononcer la nullité ou la déchéance; mais, lorsqu'il est saisi d'une action pour délit de contrefaçon, il est juge des exceptions tirées par le prévenu pour sa défense, soit de la nullité ou de la déchéance, soit des questions relatives à la propriété du brevet (art. 46). Le jugement qu'il rend sur l'exception, qu'il l'accueille ou qu'il la repousse, n'a pas autorité de chose jugée, même entre les parties. Ainsi le breveté qui aura échoué dans ses poursuites, n'en aura pas moins le droit de se prévaloir de son brevet contre le prévenu acquitté, dans une nouvelle instance en contrefaçon; et, inversement, le prévenu condamné pourra invoquer la nullité du brevet, soit dans un procès ultérieur en contrefaçon, soit par voie d'action principale devant le tribunal civil. La compétence attribuée au tribunal correctionnel se limite aux exceptions concernant le brevet du poursuivant; elle ne saurait s'étendre à un brevet appartenant au prévenu et dont la validité serait contestée devant eux.

---

(1) Paris, 27 décembre 1892 ; *la Loi*, 11 janvier 1893.
(2) Cons. préf. Vosges, 29 mai 1897; *Ann.*, 1899, p. 202.

170. — Le *tribunal de commerce* est absolument incompétent en matière de nullité ou de déchéance des brevets. Il pourra connaître d'une affaire de brevet, s'il s'agit de son exploitation, de sa cession lorsqu'elle présente un caractère commercial ; mais dès lors que la question de validité serait soulevée, soit par voie de demande reconventionnelle, soit par voie d'exception dans des conclusions formelles, le tribunal de commerce devrait surseoir à statuer et renvoyer les parties devant le tribunal civil (1).

171. — La *juridiction arbitrale*, dont nous montrerons plus loin les avantages et dont nous exposerons le fonctionnement, n'est pas moins incompétente pour prononcer sur la validité d'un brevet ; aux termes de l'article 1004 du Code de Procédure, on ne peut, en effet, compromettre (c'est-à-dire faire statuer par des arbitres) sur aucune des contestations qui sont sujettes à communication au Ministère Public ; or, les affaires de nullité et de déchéance sont communicables. Le compromis serait donc non avenu, et chacun des intéressés pourrait invoquer et faire prononcer la nullité de la sentence arbitrale.

Mais *transiger* n'est pas compromettre, et les parties sont libres de résoudre, par des conventions débattues et conclues entre elles, les litiges qu'elles ne veulent pas soumettre aux tribunaux. Ainsi un concurrent du breveté pourra renoncer valablement à se prévaloir de la nullité du brevet, car l'article 2054 prévoit que les parties puissent traiter sur la nullité d'un titre et, encore que la validité des brevets intéresse l'ordre public, nous savons que l'action en nullité n'est donnée aux intéressés que dans la mesure de leur intérêt particulier. La transaction aura, entre ceux qui l'auront signée, toute l'autorité d'un jugement.

172. Nullité absolue. — Nous avons vu que le principe général de l'autorité relative de la chose jugée, appliqué en matière de brevets, produisait des conséquences bizarres et fâcheuses : les droits respectifs du domaine public et des inventeurs brevetés ne sont jamais définitivement fixés par les décisions rendues sur les demandes en nullité ou en déchéance introduites par les intéressés ; la discussion reste ouverte et l'incertitude subsiste, malgré des jugements répétés dans le même sens. D'une part, en effet, la contrariété de décisions est toujours à craindre ; et, encore qu'il ait triomphé dans des instances succes-

(1) Rennes, 7 décembre 1891 ; *Rec. Nantes*, 1892, I, 364.

sives, le breveté demeure exposé pendant toute la durée de son brevet, et même après son expiration, à des procès renaissants, à des contestations renouvelées où il épuise son temps et ses ressources. D'autre part, après avoir succombé dans toutes ses poursuites contre ses prétendus contrefacteurs, il est loisible au breveté d'assigner de nouveaux concurrents devant le tribunal correctionnel, sur le fondement d'un titre délivré sans contrôle et dix fois repoussé par les tribunaux, et de continuer à troubler ainsi par des menaces pénales la liberté du commerce et de l'industrie.

173. — La loi de 1844 remédie, dans l'intérêt général, à l'un des inconvénients de cette situation. Sans doute, elle ne fournit à l'inventeur breveté aucun moyen de placer son brevet au-dessus des contestations, et il n'y a pas pour les brevets de validité absolue (1). Mais elle permet de faire prononcer la nullité ou la déchéance absolue et définitive du brevet, de manière à anéantir le titre, et de rendre ainsi au domaine public ce qui lui appartient. Ce résultat sera obtenu par l'action ou l'intervention du Ministère Public, représentant de l'intérêt général. C'est là une grave dérogation au principe de l'autorité relative de la chose jugée; et c'est précisément à raison de son caractère exceptionnel qu'il paraît impossible d'étendre, au delà de ses termes exprès, l'application de la disposition des articles 37 et suivants. On admet donc que la chose jugée au profit du Ministère Public, lorsqu'il a pris des réquisitions pour faire prononcer la nullité ou la déchéance absolue, sera jugée au profit de tous ceux qui ont intérêt à s'en prévaloir, au profit du domaine public tout entier. Mais si le jugement rendu dans ces conditions conclut à la validité du brevet, il ne sera pas opposable à ceux qui n'étaient pas parties au procès, c'est-à-dire aux intéressés, et ne liera que le Ministère Public indivisible, en tant du moins que sa demande se fonderait sur la même cause de nullité ou sur les mêmes faits de déchéance.

174. — La nullité absolue, prononcée dans l'intérêt général, profitera-t-elle aussi à ceux-là même qui ont précédemment succombé dans des procès en nullité et contre qui la validité du brevet constitue une chose définitivement jugée? La question est embarrassante, car, quelque solution qu'on adopte, on heurtera soit le bon sens et la logique qui veulent qu'une invention

_____

(1) Cf. pourtant Orléans, 2 janvier 1896; le *Droit*, 11 février 1896.

rendue au domaine public appartienne à tout le monde sans exception, soit le principe juridique de l'autorité de la chose jugée, laquelle ne peut être anéantie par l'effet d'un autre jugement rendu entre d'autres parties et par une juridiction à laquelle la décision définitive ne pouvait être soumise à nouveau. Nous penchons vers la solution la plus favorable à l'intérêt général, estimant que le jugement rendu sur les réquisitions du Ministère Public annule tous jugements antérieurs et contraires et que le breveté ne saurait plus être admis à se prévaloir désormais d'un titre annulé *erga omnes*.

175. Action et intervention du Ministère Public. — Le Ministère Public peut, aux termes de l'article 37, soit se pourvoir directement en nullité, par action principale, soit se rendre partie intervenante dans une instance engagée sur la nullité ou la déchéance d'un brevet et prendre des réquisitions pour la faire prononcer d'une façon absolue. Son droit d'agir au principal est toutefois limité à certains cas déterminés, dans lesquels l'ordre public est intéressé : 1° si l'invention n'est pas susceptible d'être brevetée, conformément à l'article 3; 2° si elle est contraire à l'ordre ou à la sûreté publique, aux bonnes mœurs ou aux lois; 3° si le titre sous lequel le brevet a été demandé indique frauduleusement un objet autre que le véritable objet de l'invention. Tels sont les seuls cas où la loi accorde au Ministère Public l'initiative d'une demande en nullité; on voit que ce sont les plus rares et, en somme, les moins importants, mais ce sont aussi ceux qui laissent le moins de place aux divergences d'appréciation. Il a paru au législateur que, pour les autres causes de nullité, il convenait de s'en remettre aux intéressés du soin de les découvrir, de les établir et de les invoquer, pour la sauvegarde de l'intérêt général en même temps que de leur intérêt personnel.

176. — Dans toute instance tendant à faire prononcer, sur demande principale ou reconventionnelle, la nullité ou la déchéance d'un brevet, le Ministère Public a le droit de se rendre partie intervenante et de prendre des réquisitions en vue de rendre la nullité ou la déchéance absolues. Son intervention doit se produire en première instance; elle ne serait pas recevable si elle était formée pour la première fois en appel. Lorsque le Ministère Public a déclaré, dans les formes légales (art. 339 du Code de Procédure), intervenir dans l'instance, le désistement du demandeur en nullité n'arrêterait plus l'instance qui est désormais liée; son initiative était nécessaire pour fonder l'intervention, son assistance ne l'est pas pour que l'instance se poursuive, même en appel, le Ministère Public ayant le droit d'interjeter appel du jugement qui repousse ses conclusions, alors même que le demandeur accepterait le jugement.

177. — La loi impose très justement au Ministère Public, lorsqu'il agit ou intervient pour faire prononcer une nullité ou une déchéance absolue, l'obligation de mettre en cause, outre le titulaire du brevet, tous les ayants droit dont les titres auront été régulièrement enregistrés conformément à la loi, cessionnaires partiels ou même licenciés. Ils auraient tous le droit de former tierce opposition au jugement auquel ils n'auraient pas été appelés. Quant aux ayants droit qui n'ont pas observé les formalités légales et qui ont négligé de faire enregistrer leurs actes d'acquisition, le Ministère Public n'est pas tenu de les connaître; ils peuvent toutefois intervenir dans l'instance pour la sauvegarde de leurs intérêts. Si, par ignorance ou pour toute autre raison, ils ont laissé prononcer le jugement qui anéantit leurs droits, ils n'auront pas la ressource de la tierce opposition.

178. — Remarquons ici une inélégance de la loi, déjà précédemment signalée : l'enregistrement des actes de cession à la préfecture est seul prescrit pour leur validité à l'égard des tiers (art. 20, alinéa 3); leur transcription sur le registre tenu au Ministère s'effectue en dehors des intéressés, et l'inaccomplissement de cette formalité ne saurait donc, à ce point de vue, leur préjudicier. D'autre part, les contrats de licence ne sont soumis à aucune formalité légale. Et pourtant nous voyons que l'article 38, statuant en vue de la nullité absolue, n'ordonne la mise en cause des ayants droit que si leurs titres ont été enregistrés ou plutôt inscrits au Ministère. Ainsi l'observation de la seule formalité imposée par la loi au cessionnaire ne suffit point à le garantir, si elle n'a pas été complétée par une transcription qu'il ne dépend pas de lui de faire opérer, et le licencié subira les conséquences de l'inexécution d'une formalité que la loi ne prévoit même pas, en ce qui le concerne.

179. — Le Ministère Public est tenu, comme un particulier, de faire signifier aux intéressés le jugement rendu contre eux, pour faire courir les délais d'appel; inversement, le breveté ou les ayants droit, s'ils triomphent dans l'instance, devront faire signifier le jugement non seulement au demandeur principal, mais au Ministère Public, partie intervenante. De même pour l'acte d'appel. Il va de soi que le Ministère Public peut accepter le jugement rendu contre lui, alors même que la partie privée inter-jetterait appel de son côté.

180. — En règle générale, les dépens d'un procès en nul-lité, comme de tout autre, sont mis à la charge de la partie qui succombe; mais une difficulté se présente lorsque c'est le Minis-tère Public qui succombe dans son action ou dans son interven-tion. Il est de principe, en effet, que dans le cas où le Ministère Public agit dans l'intérêt de l'ordre public, le Trésor ne peut être condamné aux dépens du procès. Les frais qui lui sont person-nels restent à la charge de l'administration de l'enregistrement qui en fait l'avance, mais la partie gagnante ne peut récupérer ceux qu'elle a faits; ainsi le breveté supportera les frais qui lui ont été occasionnés par l'action ou l'intervention du Ministère Public. Toutefois, s'il y a une partie privée en cause, c'est-à-dire si le Ministère Public n'était qu'intervenant, le tribunal pour-rait mettre tous les dépens à la charge de la partie privée, à titre de dommages-intérêts.

181. — « Lorsque la nullité ou la déchéance absolue d'un brevet aura été prononcée par jugement ou arrêt ayant acquis force de chose jugée, il en sera donné avis au Ministère du Com-merce et de l'Industrie, et la nullité ou la déchéance sera publiée dans la forme déterminée par l'article 14 pour la proclamation des brevets. » (Art. 39.) La publicité, nécessaire en une matière qui intéresse la liberté de l'industrie, est assurée par des inser-tions au *Bulletin des Lois* et au *Bulletin officiel de la Propriété industrielle,* d'une manière tout à fait analogue à l'annonce de la délivrance des brevets. Elle serait plus pratique et plus effi-cace si elle était réalisée par une mention inscrite d'office sur un registre tenu et conservé à l'Office national. Aucune insertion n'est prescrite pour les jugements entre parties (1).

---

(1) *Sic.* Cass., 20 juin 1895; *Sir.,* 1896, I, 160; *Dall.* 1895, I, 461; sur Paris, 15 décembre 1894, *Gaz. Pal.,* 1895, I, 421.

LIVRE II

DE LA CONTREFAÇON

CHAPITRE Ier

Faits constitutifs de la contrefaçon.

182. — La loi sur les brevets d'invention édicte la sanction du droit exclusif qu'elle consacre au profit de l'inventeur breveté : pour la répression et pour la réparation des atteintes portées à ce droit, elle lui accorde à la fois une action pénale et une action civile. La contrefaçon constitue, en effet, un délit prévu et puni par les dispositions de la loi de 1844; et, d'autre part, elle est une cause de préjudice donnant ouverture à des dommages-intérêts qui pourront être alloués par la juridiction correctionnelle, accessoirement à une condamnation pénale, et qui pourront aussi faire l'objet d'une demande portée directement devant les tribunaux civils. Mais nous verrons que la définition légale de la contrefaçon ne comprend pas tous les faits susceptibles de troubler le breveté dans la jouissance de ses droits, mais seulement ceux qui contiennent une usurpation du droit d'exploitation exclusive qui lui est réservé par la loi, et que, d'autre part, la mauvaise foi est un élément nécessaire du délit de contrefaçon, pour certains des faits qui le constituent. Il y a donc des actes dommageables au breveté, commis en violation ou en méconnaissance de son titre, qui ne sont pas prévus par la loi sur les brevets et qui échappent aux actions spéciales qu'elle édicte.

183. — Nous ne trouverons pas dans le droit commun les actions générales qu'on rencontre dans certaines législations étrangères (1); pourtant, l'article 1382 du Code civil pourra

---

(1) Cf. Bonnet, *Législation allemande sur les brevets d'invention*, p. 479 et suiv.

recevoir, dans la plupart des cas que nous envisageons, son application, et permettra au breveté d'obtenir, par l'allocation de dommages-intérêts, la juste réparation du préjudice qui lui aura été causé par une concurrence déloyale ou des agissements illicites. Nous avons déjà rencontré une première application de ce principe général (1), lorsque nous avons reconnu que des dommages-intérêts pourraient être accordés au breveté sur sa demande reconventionnelle à une demande en nullité de son brevet, introduite témérairement et dans des conditions dommageables. Dans le même ordre d'idées, nous considérerions comme responsable civilement celui qui contesterait sans juste motif, par des écrits ou des paroles en public, la validité ou la portée d'un brevet ; celui qui menacerait ses concurrents ou leurs clients d'une saisie-contrefaçon, en vertu de son brevet (2) ; celui qui provoquerait à la contrefaçon ; celui qui usurperait la dénomination donnée par le breveté à l'objet de son invention (le fait constituera parfois une contravention à la loi sur les marques de fabrique) (3) ; celui qui, faussement, annoncerait ses produits comme fabriqués par le procédé breveté (tromperie sur la nature de la marchandise vendue) ; celui qui se ferait délivrer postérieurement et frauduleusement un brevet identique (nullité de ce brevet, avec dommages-intérêts) (4). Nous rencontrerons, chemin faisant, encore d'autres hypothèses qui ne rentrent non plus dans la définition de la contrefaçon, et qui pourraient donner lieu à l'application de l'article 1382.

184. Définition de la contrefaçon. — Aux termes de la loi de 1844 : « Toute atteinte portée aux droits du breveté, » soit par la fabrication de produits, soit par l'emploi de moyens » faisant l'objet de son brevet, constitue le délit de contrefaçon. » Et l'article 41 assimile aux contrefacteurs : « ceux qui auront » sciemment recelé, vendu et exposé en vente, ou introduit sur » le territoire français un ou plusieurs objets contrefaits ». Sans examiner ici ce qui concerne la condition de mauvaise foi ni le véritable caractère des actes énumérés dans l'article 41 (délits distincts ou actes de complicité ?). nous voyons que la loi considère comme des faits constitutifs de la contrefaçon tous ceux

---

(1) Paris, 26 février 1897 ; *Gaz. Pal.*, 1897, 1.
(2) Amiens, 26 mars 1901 ; *Rec. Amiens*, 1901, 68.
(3) Cf. Paris, 22 mai 1895 ; *Gaz. Pal.*, 1895, II, 341.
(4) Cf. Paris, 25 février 1896 ; *la Loi*, 6 mars 1896.

qui portent atteinte aux droits du breveté par l'usurpation de son droit d'exploitation exclusive : la fabrication des produits brevetés, l'emploi des moyens ou l'usage des produits, la vente, la mise en vente, l'introduction en France, enfin le recel des objets contrefaits. Tous ces actes rentrent, en effet, dans le « droit exclusif d'exploiter à son profit la découverte ou l'invention », que l'article 1er de la loi assure à l'auteur d'une nouvelle découverte ou invention brevetée.

185. Conditions générales de la contrefaçon. — Deux conditions sont nécessaires pour que l'un ou l'autre des faits que nous venons d'énumérer constitue une contrefaçon punissable ou donnant ouverture à des dommages-intérêts : 1° que le brevet invoqué soit valable, et 2° que l'atteinte incriminée porte sur les éléments constitutifs de l'invention brevetée.

1° Nous savons que *provision est due au titre* et qu'en vertu de ce principe, la validité du brevet sur lequel se fonderont des poursuites devra être présumée; mais que, d'autre part, délivré sans examen ni garantie, le brevet ne constitue qu'un titre précaire dont la validité peut toujours être contestée par les intéressés et qu'il sera anéanti par l'effet de la nullité ou de la déchéance prononcées. Bien plus, la nullité rétroagit, et le brevet nul est censé n'avoir jamais existé. Il suffira donc au prétendu contrefacteur de prouver en justice que le brevet dont le plaignant ou le demandeur se prévaut était déchu antérieurement aux poursuites ou qu'il était nul *ab initio*, pour échapper à toute condamnation. Le tribunal correctionnel, aussi bien que le tribunal civil, sera compétent pour statuer sur cette exception péremptoire. Est-il bien nécessaire de faire observer que, pour bénéficier de l'exception, il n'est pas besoin que le prévenu justifie qu'il connaissait la cause de nullité ou de déchéance à l'époque de la prétendue contrefaçon? Car il ne pouvait commettre le délit de contrefaçon contre un brevet inexistant, et l'intention ne saurait être réputée pour le fait.

2° Toute concurrence ne constitue pas une contrefaçon; alors même qu'elle est réalisée par l'un des actes d'empiétement précédemment énumérés, l'atteinte au brevet n'est une contrefaçon que si elle résulte de l'exploitation de l'invention brevetée, considérée dans ses éléments essentiels. Le brevet et le droit exclusif qu'il confère ne portent, en effet, dans bien des cas, que sur un ensemble nouveau, que sur une combinaison nouvelle dont les éléments sont empruntés au domaine public. On peut même dire que, dans presque tous les brevets, il y a des parties anciennes et connues qui ne font pas et ne peuvent faire l'objet d'un droit exclusif ; encore qu'elles soient comprises dans le brevet, elles appartiennent au domaine public. Celui donc qui emploiera ces éléments, même pour obtenir le résultat de l'invention brevetée et pour faire concurrence à son propriétaire, usera d'un droit et échappera à toute action de la part du breveté (1).

186. — Mais il ne faut pas conclure de ce que nous venons de dire qu'il suffirait, pour éviter la contrefaçon, de s'écarter sur quelques points secondaires ou accessoires de la description du brevet, d'y apporter des changements ou même des perfectionnements et de se garder surtout de toute ressemblance entre les objets, dans leur apparence ou leur aspect extérieur. Une semblable idée se fonderait sur une interprétation tout à fait erronée du brevet et sur une conception inexacte des droits qui en dérivent. Sa protection ne s'attache pas, en effet, à la forme d'un produit (comme celle du dessin ou du modèle), mais aux éléments substantiels d'une invention (2). Aussi la contrefaçon partielle est-elle prohibée au même titre qu'une contrefaçon totale ; elle résulte, par exemple, de l'imitation et de l'emprunt de certains organes essentiels détachés de l'ensemble, mais dans lesquels l'invention s'incorpore. Les différences de détail sont indifférentes, alors surtout qu'elles ne portent que sur la forme, et semblent destinées à masquer la contrefaçon, en la rendant moins apparente (3). On a dit excellemment (4) qu'il fallait juger la contrefaçon d'après les ressemblances et non d'après les différences. On la reconnaîtra donc à l'emploi des éléments caractéristiques du brevet en vue du même résultat (5) ; une ressemblance, même très accusée, sera sans importance à ce point de vue si elle ne résulte que de l'identité entre les parties empruntées de part

---

(1) Paris, 1ᵉʳ mai 1900; *Gaz. Pal.*, 1900, I, 74. — Amiens, 23 juin 1899; *Gaz. Pal.*, 1899, II, 612.

(2) Cf. Paris, 1ᵉʳ mars 1898; *la Loi*, 5 avril 1898. — Cass., 11 janvier 1901, *Pand. fr.*, 1901, I, 73. — Cf. Trib. civ. Lyon, 12 mars 1897; *Mon. jud. Lyon*, 31 mars 1897.

(3) Trib. Seine, 16 mai 1893; *Gaz. Pal.*, 1893, I, 607. — Cass., 9 mars 1892; *la Loi*, 19 mars 1892. — Trib. civ. Lyon, 19 décembre 1894 ; *la Loi*, 17 janvier 1895. Bordeaux, 27 juin 1898; *la Loi*, 21 octobre 1898. — Trib. civ. Seine, 27 janvier 1900; *la Loi*, 9 février 1900.

(4) Pouillet, n° 641. Cf. Limoges, 15 juillet 1897; *Ann.*, 1898, 332. — Trib. civ. Seine, 27 janvier 1901; *Gaz. Pal.*, 1901, II, 41.

(5) Trib. civ. Seine, 23 mars 1900; *Gaz. Pal.*, 1900, I, 606. — Paris, 14 mars 1898, précité.

et d'autre au domaine public. Il importe peu, par conséquent, que les changements, les modifications dont le prétendu contre-facteur se prévaut, constituent des perfectionnements véritables et même sérieux; ces perfectionnements sont peut-être breve-tables, leur exploitation n'en constitue pas moins une contre-façon pendant la durée du brevet principal. Elle serait, d'ailleurs, plus dangereuse que toute autre pour l'inventeur breveté.

L'interprétation du brevet domine nécessairement cette ques-tion d'appréciation de la contrefaçon; elle rentre dans les pou-voirs exclusifs des juges du fait et échappe au contrôle de la Cour de Cassation (1).

187. La fabrication. — L'atteinte portée aux droits du breveté par la fabrication des produits faisant l'objet de son brevet constitue la contrefaçon. Le fait matériel suffit, sans aucune con-dition de préjudice, de fraude, ni de mauvaise foi (2). Nous étu-dierons du reste plus loin, d'une façon générale, cette question de la bonne foi, en matière de contrefaçon. On considérera comme le véritable fabricant non point l'ouvrier qui travaille pour le compte et sous les ordres d'un industriel, mais le patron lui-même. D'autre part, celui qui donne la commande ou les instructions pour fabriquer est coauteur du délit de contrefaçon; à moins qu'il ne s'agisse d'un licencié, autorisé à exploiter le brevet et qui peut donc, très licitement, faire fabriquer par des tiers les machines ou appareils brevetés, en vue de l'exploitation qui lui a été concédée. Mais, d'une façon générale, la destina-tion du produit est indifférente (3); c'est ainsi que la fabrication d'une machine constitue une contrefaçon, quand même elle ne devrait servir que de modèle, si du moins, par ses dimensions, elle est susceptible de fonctionner et de produire un résultat industriel.

188. — Par application du principe posé plus haut, on devra considérer comme une contrefaçon partielle et illicite la fabri-cation d'une pièce isolée, d'un organe détaché d'un appareil ou d'une machine brevetée, si ces éléments sont essentiels au bre-vet (4). Il en serait de même d'une fabrication à l'aide d'organes empruntés à des appareils hors d'usage. Mais la question devient

---

(1) Cf. pourtant Cass., 12 janvier 1901; *Pand. fr.*, 1901, I, 73.
(2) Cass., 30 novembre 1894; *Dall.* 1895, I, 350, *Sir.*, 1895, I, 479.
(3) Trib. corr. Seine, 2 avril 1900; *le Droit*, 11 avril 1900.
(4) Trib. civ. Béziers, 11 mars 1897; *Gaz. Pal.*, 1897, I, 768.

vraiment délicate lorsque la fabrication d'un ou de plusieurs organes de l'invention est entreprise pour la réparation d'une machine vendue par le breveté et demeurée entre les mains de son acquéreur.

La jurisprudence s'attache, en pareil cas, à distinguer, d'une part, la simple réparation, même par le remplacement de quelques organes accessoires, qui est licite pour le propriétaire de l'objet breveté, et aussi pour les industriels qui font ces réparations urgentes ou fabriquent et vendent les pièces à renouveler, et, d'autre part, la réfection, la reconstruction ou la transformation intégrale qui est une véritable contrefaçon. Inutile de démontrer qu'il y aurait également contrefaçon totale, de la part de celui qui fabriquerait par pièces détachées tous les organes d'un appareil breveté.

189. — Les auteurs discutent sur le caractère de la fabrication commencée et inachevée. Il est certain qu'au point de vue pénal, la tentative de contrefaçon ne sera pas punissable; mais on peut se demander s'il n'y aurait pas lieu quand même à responsabilité civile. Les tribunaux civils pourront l'admettre, semble-t-il, en tenant compte du degré d'avancement de la fabrication entreprise et de l'atteinte portée au brevet (1).

190. L'usage. — L'emploi des moyens faisant l'objet du brevet est le second fait de contrefaçon visé par l'article 40. Si l'on observe que l'emploi des moyens paraît s'opposer, dans ce texte, à la fabrication des produits, et si l'on se rappelle la définition des inventions brevetables (produits, moyens, application de moyens) donnée dans l'article 2 de la loi, on sera porté à restreindre la signification de ces mots, qui semblent s'appliquer exclusivement à l'exploitation d'une invention de moyens ou d'une application nouvelle de moyens, c'est-à-dire à la mise en œuvre illicite de ces moyens. Une autre interprétation a pourtant prévalu, qui comprend dans l'emploi des moyens tout usage industriel de l'objet de l'invention, procédé, machine ou même produit. Le mot *moyen* est ainsi pris dans un sens général pour signifier l'objet du brevet quel qu'il soit (2). Cette extension donnée au texte est rationnelle et nécessaire : rationnelle, parce que le droit exclusif d'exploitation comprend évidemment l'usage industriel d'une machine ou d'un produit breveté; nécessaire,

---

(1) Toulouse, 11 avril 1900; *Gaz. Midi*, 3 juin 1900.
(2) *Sic* Pouillet, n° 673; *contra*, Thézard cité par Pouillet, n° 675.

parce que l'usage illicite n'est pas autrement prévu dans la loi, à moins qu'on ne prétende le faire rentrer dans le recel.

La jurisprudence a adopté cette interprétation et elle assimile l'usage d'un produit contrefait à l'application illicite des moyens et à la fabrication des produits brevetés (1). Mais elle est obligée, pour restreindre la portée de cette solution dans des limites raisonnables, de distinguer l'usage industriel ou commercial, qui est un véritable mode d'exploitation, et l'usage privé, qui est licite lorsqu'il a lieu de bonne foi; au cas contraire, il constitue le recel. Cette distinction est fatalement un peu arbitraire, puisqu'elle ne trouve dans la loi aucun point d'appui. Les auteurs en donnent la définition suivante : l'usage commercial ou industriel est celui qui destine l'objet ou ses produits à la consommation ou à la jouissance du public (2); c'est l'usage directement ou professionnellement appliqué à la poursuite d'un bénéfice. Citons quelques exemples : l'usage d'un bateau par une société de navigation, l'usage d'un mastic dentaire par un dentiste, d'une pompe à bière par un limonadier, d'un ascenseur dans un hôtel, d'un appareil de distillation par un propriétaire exploitant (3).

191. — A l'usage *industriel* ou *commercial* s'oppose l'usage *personnel* ou *privé*, domestique, scientifique, fait par un particulier pour son utilité, son avantage, son agrément personnels. Citons-en quelques exemples : l'emploi d'un ustensile de cuisine pour les besoins du ménage, d'un système de lit mécanique pour la commodité de l'acheteur, d'une invention, en général, pour l'étudier, l'expérimenter et rechercher des perfectionnements. Un semblable usage ne devient pas industriel ou commercial parce qu'il a lieu de la part d'un commerçant, s'il ne se rattache pas directement à l'exercice de sa profession et s'il n'est pas l'un des éléments de ses bénéfices. Mais la profession du prétendu contrefacteur fournit naturellement une indication et une présomption pour apprécier le caractère de l'usage auquel l'objet était destiné : un lit-cage contrefait, trouvé dans l'atelier d'un fabricant de produits analogues, sera présumé affecté à un

---

(1) Bordeaux, 16 avril 1894; *Gaz. Pal.*, 1894, II, supp. 23. — Cass., 29 avril 1898; *Sir.*, 1898, I, 301. — 2 février 1900, *Pand. franç.*, 1900, I, 542. — 30 octobre 1899, *Sir.*, 1900, I, 253, *Dall.*, 1900, I, 337. — *Contra*. Trib. corr.. Toulouse, 23 juin 1897; *Gaz. trib. Midi*, 27 juin 1897.

(2) Picard et Olin, n° 596.

(3) Trib. corr. Seine, 16 février 1893; *le Droit*, 31 mars 1893.

usage industriel et non domestique. Nous admettrions sans
hésitation, malgré l'opinion contraire de certains auteurs, que
l'emploi d'aiguilles, de ciseaux, de rabots contrefaits, constitue
une contrefaçon par l'usage de la part d'une couturière, d'un
tailleur, d'un menuisier. Cet usage n'est-il pas industriel au premier chef ? Et de même, l'usage d'un instrument agricole ou
d'un engrais contrefait nous apparaît comme une contrefaçon
pour le cultivateur qui les emploie. Mais la jurisprudence est
d'un avis contraire sur ce point ; elle ne présente pas non plus une
grande unité de vues, ni une véritable fixité sur la distinction
capitale entre l'usage industriel et l'usage personnel; ces contradictions s'expliquent par l'absence de toute définition dans la
loi, qui n'a prévu expressément que « l'emploi des moyens faisant l'objet du brevet ». C'est de ce texte insuffisant qu'on a
dû tirer une théorie peu satisfaisante sur la contrefaçon par
l'usage des objets fabriqués d'après un brevet.

192. Le recel. — La disposition de l'article 41 qui
frappe le receleur est la plus extensive de toutes celles que la
loi consacre à la contrefaçon. Si le fait matériel du recel, c'est-
à-dire de la simple détention d'un objet contrefait, était cons-
titutif de la contrefaçon délictueuse, sans aucune condition de
mauvaise foi, on peut dire que la protection accordée aux droits
du breveté serait vraiment excessive, exorbitante. Le législateur a été prudent lorsqu'en donnant à la contrefaçon le caractère d'un délit et une sanction pénale, pour consacrer plus
énergiquement sans doute un droit d'origine encore récente et
peu respecté dans les mœurs, il a exigé la *mauvaise foi* comme
un élément nécessaire du délit pour le receleur et les autres
complices dont nous allons encore parler. Il n'a entendu imposer
l'obligation de connaître les brevets qui concernent leur branche
d'industrie qu'aux seuls industriels et commerçants qui entreprennent l'exploitation proprement dite d'une invention
par la fabrication, la mise en œuvre, l'application ou l'usage
industriel. Pour le receleur, au contraire, et pour les autres
complices, la connaissance des brevets n'est pas présumée, elle
doit être prouvée; mais c'est là une question que nous examinerons plus loin.

Le recel, c'est la détention matérielle de l'objet contrefait,
quelle qu'en soit la cause, le motif, le but. Est donc receleur
celui qui détient l'objet contrefait pour son usage personnel,
pour le réparer, ou comme consignataire, comme dépositaire, s'il

en connaît l'origine délictueuse (1). On voit que, d'une façon générale, tout consommateur est ou peut être un receleur; mais c'est là une rigueur nécessaire qui se justifie dans bien des cas et, par exemple, lorsqu'il s'agit d'une invention d'un usage domestique dont certaines gens n'hésiteraient sans doute pas à se servir à domicile, pour l'agrément ou la commodité de leur ménage, en s'adressant de préférence aux contrefacteurs qui échapperaient eux-mêmes à toute répression, à la condition de fabriquer à l'étranger et de vendre en France d'une façon clandestine. Une concurrence, peut-être ruineuse pour l'inventeur breveté, sera ainsi enrayée, grâce aux dispositions qui menacent le consommateur de mauvaise foi.

193. La vente. — Il n'est pas douteux que l'exclusivité de la vente rentre dans le droit d'exploitation conféré au breveté; la vente des objets fabriqués sera souvent l'unique moyen de tirer parti et profit de l'invention, de la monnayer. L'inventeur peut assurément s'en réserver le monopole, de même qu'il pourrait se borner à fabriquer et charger un tiers de répandre l'article dans le commerce. Aussi la loi assimile-t-elle très justement la vente d'un objet contrefait à la contrefaçon; sa sanction s'applique alors même qu'il ne s'agirait que d'un acte isolé de vente, et sans distinguer ici entre le particulier et le commerçant. Mais la situation de l'acheteur n'est pas régie par cette disposition; s'il tombe sous le coup de la loi, ce sera comme usager ou comme receleur (2).

Il suffit, pour l'existence de la contrefaçon, que la vente du produit contrefait ait lieu en France, alors même que ce produit serait fabriqué à l'étranger, ne pénétrerait pas en France et ne devrait être livré qu'en dehors du territoire français. A plus forte raison, la vente conclue en France en vue de l'exportation est-elle illicite lorsqu'elle porte sur des objets fabriqués dans le pays tout de même que la vente conclue et exécutée en France d'objets fabriqués à l'étranger (3).

194. — Les auteurs discutent si le *don* ou l'*échange* doivent être assimilés à la vente. Au point de vue pénal, les règles d'interprétation restrictive s'opposent à toute extension des termes

(1) Bordeaux, 27 juin 1898; *la Loi*, 21 octobre 1898. — Trib. civ. de Lyon, 3 mars 1897; *Mon. jud., Lyon*, 29 mars 1897. — Mais Cass., 29 octobre 1898; *la Loi*, 1899, I, 953.
(2) Paris, 20 juin 1900; *Ann.*, 1901, p. 163.
(3) Nancy, 8 juillet 1899; *Gaz. Pal.*, 1900, I, 40.

de la loi; mais il nous paraît certain que ces faits constituent une contrefaçon et engagent la responsabilité de leur auteur.

195. — Nous avons toujours supposé que la vente portait sur un objet contrefait, c'est-à-dire fabriqué sans l'assentiment du breveté par un tiers qui ne serait ni cessionnaire, ni licencié. Faudra-t-il considérer également comme un acte de contrefaçon le fait de vendre en France des objets fabriqués par le breveté lui-même ou pour son compte, lorsque la vente a lieu sans le concours et contre le gré de ce dernier ? On peut imaginer plusieurs hypothèses : vente par l'entrepreneur impayé qui fabriquait pour le breveté, vente sur saisie régulière par un créancier ou un propriétaire, vente par quelqu'un qui détient ces objets sans droit, un voleur, par exemple. Le texte de la loi ne paraît pas s'appliquer à ces divers cas, puisqu'il ne prévoit expressément que la vente d'objets contrefaits, et nous pensons, en effet, qu'ils ne rentrent ni les uns ni les autres dans la définition de la contrefaçon par vente; mais, tandis que le créancier saisissant ou le propriétaire échappera à toute responsabilité, l'entrepreneur sera passible de dommages-intérêts s'il a excédé son droit et le voleur sera responsable devant la loi pénale. Quant aux droits de l'acquéreur sur l'objet ainsi vendu, il nous semble que ceux qui résultent d'une vente par autorité de justice ne sont pas contestables et que cet acheteur, tout au moins, pourra licitement jouir et user de l'objet qui lui a été attribué.

196. — La vente illicite d'un *procédé breveté* constitue-t-elle une contrefaçon ? Elle ne répond pas à la définition légale : vente d'objets contrefaits; et, pourtant, l'atteinte au brevet est grave et certaine. C'est, semble-t-il, un de ces cas que la loi n'a pas prévus, à moins qu'on assimile le fait à l'emploi de moyens faisant l'objet du brevet.

197. L'exposition en vente. — L'exhibition publique d'un objet contrefait en vue de le vendre est un empiétement évident sur les droits du breveté et méritait d'être frappée, parce qu'elle est le préliminaire de la vente, qu'elle l'annonce, la prépare, la favorise et qu'elle est, d'ailleurs, la manifestation la plus certaine et la plus apparente de la contrefaçon. Nous considérons la publicité comme étant sa condition naturelle, une exposition ne pouvant être clandestine ; la détention occulte par un débitant sera punie comme recel. Mais, peu importent les conditions ou les circonstances de la mise en vente, qu'elle

8

ait lieu dans un magasin, un atelier, un concours ou une exposition industrielle; elle constituera une contrefaçon, dès lors qu'elle aura pour but la vente. Les objets admis à certaines expositions ne pouvant y être vendus, la disposition légale ne recevra pas alors son application. Quant à la présentation d'une invention contrefaite à une société savante, il va de soi qu'elle ne réalise pas les conditions de l'exposition en vente; elle pourra, toutefois, dans certains cas, donner lieu à une action en dommages-intérêts.

198. L'introduction sur le territoire français. — L'introduction d'objets fabriqués en pays étranger et semblables à ceux qui sont garantis par le brevet est considérée par la loi comme une cause de déchéance, lorsque le breveté en est l'auteur; comme un acte de contrefaçon, lorsqu'un tiers s'en rend coupable. Si la première disposition est d'une opportunité fort contestable, la deuxième est tout à fait légitime : la protection assurée à l'invention brevetée n'excède pas, il est vrai, les limites du territoire, mais, à l'intérieur des frontières, elle doit être complète et efficace. Or, le brevet ne serait qu'un titre sans valeur si la concurrence étrangère pouvait pénétrer sur le marché national. Il ne suffisait donc pas de prohiber la vente, l'exposition en vente et le recel des objets fabriqués à l'étranger d'après le brevet français; il était nécessaire de proscrire d'une façon absolue toute importation, toute introduction de ces objets qui ne sont pourtant pas, à proprement parler, des objets contrefaits, puisqu'ils ont pu être fabriqués licitement par un breveté étranger ou même dans un pays où l'invention n'est pas brevetée. C'est donc le fait matériel de l'introduction que la loi a entendu frapper, sans se préoccuper du reste de son but, que ce soit une concurrence commerciale ou un usage personnel, pourvu que l'introducteur soit de mauvaise foi (1). Il a été jugé même qu'il n'y avait aucune immunité pour celui qui destinait les objets à être produits en justice, à titre d'antériorités. L'introduction en vue d'une exposition internationale ne semble pas non plus devoir éviter la sanction légale, dans les cas où une loi spéciale n'aura pas réglé cette situation conformément à l'article 11 de la Convention.

Les objets introduits en fraude des droits du breveté ont pu être, ainsi que nous le remarquions, fabriqués à l'étranger dans

---

(1) Nancy, 6 juillet 1899, *précité.*

les conditions les plus licites. D'une façon générale, ces objets ne peuvent être réputés contrefaits qu'à partir du moment où ils touchent le sol français, puisque l'effet de nos brevets s'arrête à la frontière et ne régit jamais la production étrangère. Par contre, on considérera comme des objets contrefaits, dont l'introduction est prohibée, tous ceux qui n'auront pas été fabriqués sous la protection du brevet français, par conséquent, même ceux qui ont pu être fabriqués à l'étranger par le titulaire du brevet français ou par ses ayants droit, en vertu d'un brevet délivré dans le pays d'importation. Nous savons, d'ailleurs, que si une semblable introduction était entreprise par le breveté français, ou avec son consentement par des tiers, elle entraînerait la déchéance de son brevet.

199. — Le *transit* doit-il être assimilé à l'introduction ? La question est délicate et controversée, en doctrine comme en jurisprudence. En faveur de la liberté du transit, on fait valoir la fiction légale en vertu de laquelle les marchandises transportées en transit sont réputées voyager en dehors des frontières de l'Etat, l'absence de préjudice pour le breveté, l'intérêt de l'industrie française des chemins de fer et moyens de transport, le sens grammatical du mot *introduction,* enfin la solution donnée à la même question au point de vue de la déchéance. Mais on peut argumenter, en sens contraire, des termes de la loi qui frappe l'introduction sans viser son but, répondre que la fiction légale se restreint à l'application des droits de douanes, que le préjudice n'est ni la source, ni la condition de l'action en contrefaçon, que, d'ailleurs, le transit peut être préjudiciable au breveté, en ce qu'il favorise la concurrence étrangère, en facilitant le transport de ses produits, et, enfin, que l'intérêt des chemins de fer français est indifférent en pareille matière ; d'ailleurs, les raisons qui motivent la déchéance ne sont pas les mêmes, et le besoin de symétrie ne paraît pas impérieux. Quant à nous, nous serions disposés à étendre sur ce point la protection accordée à l'inventeur breveté (1).

200. La complicité. —La loi prévoit, dans ses articles 40 et 41, six faits distincts de contrefaçon : la fabrication, l'usage, le recel, la vente, l'exposition en vente et l'introduction. Mais, tandis qu'elle déclare expressément les deux premiers constitutifs du délit de contrefaçon, elle frappe les quatre autres des

---

(1) *Secus,* Trib. civ. Lyon, 10 mai 1892 ; *Dall.,* 1893, II, 23.

peines de la contrefaçon, en assimilant leurs auteurs à des contrefacteurs s'ils sont de mauvaise foi. On est donc amené à se demander si l'article 41 crée des délits distincts de contrefaçon ou détermine des cas de complicité, et, dans cette dernière hypothèse, si les dispositions générales du Code pénal relatives à la complicité (art. 59 et 60) reçoivent en notre matière leur application, dans les cas que la loi sur les brevets n'a pas prévus. La question, controversée en doctrine, est résolue par la jurisprudence en faveur de l'immunité des actes de complicité non compris dans l'énumération limitative de l'article 41.

Nous croyons, avec la jurisprudence, que le législateur de 1844 a entendu déroger au droit commun en réglant spécialement le sort de tous ceux qui participent à la contrefaçon, et qu'au point de vue pénal tout au moins, les cas qui ne rentrent pas dans les prévisions de cette loi échappent à toute répression. Ce faisant, le législateur a eu égard à la nature particulière du délit et à la nécessité de frapper les actes qui portent atteinte aux droits du breveté, qu'ils se rattachent ou non par un lien, par un rapport véritable de complicité, c'est-à-dire de provocation, d'assistance ou de participation directe, à l'acte initial de contrefaçon qui est la fabrication de produits contrefaits ou l'emploi illicite des moyens du brevet. Le délit de contrefaçon se distingue, en effet, des crimes et délits prévus par le Code pénal, en ce que tous les faits qui portent atteinte au brevet méritent d'être réprimés pour eux-mêmes et à raison de leur caractère propre, tandis que les actes de complicité des articles 59 et 60 empruntent au fait principal leur qualification délictueuse ou criminelle. Un exemple topique permet d'établir cette différence : l'introduction en France d'objets similaires à ceux du brevet, fabriqués à l'étranger, constitue le délit de contrefaçon, bien que le fait principal, la fabrication de ces produits, ne présente nullement le caractère d'une contrefaçon (1).

201. — L'interprétation restrictive qui s'impose en matière pénale doit donc nécessairement conduire à l'immunité des actes de complicité non prévus dans l'article 41. C'est ainsi que les tribunaux ont renvoyé indemnes des poursuites en contrefaçon : l'intermédiaire d'un contrefacteur, contre qui n'était relevé aucun acte de recel, de vente ou d'exposition en vente; celui qui, en vertu d'un brevet postérieur, avait fait saisir et déposer au

---

(1) Cass., 27 juin 1893; Dall., 1894, I, 21.

greffe des objets contrefaits; celui qui avait vendu à un contrefacteur les produits nécessaires à sa fabrication, sachant leur destination; le placier d'appareils contrefaits.

202. — Mais, en dehors des faits énumérés dans l'article 41, la loi a prévu un cas spécial de complicité qu'elle frappe d'une aggravation de peine. La disposition que nous avons en vue est celle de l'article 43 *in fine*. Remarquons, avant de la commenter, qu'elle donne un argument très sérieux en faveur de l'interprétation jurisprudentielle à laquelle nous nous rallions : pourquoi le législateur aurait-il expressément prévu ce cas particulier de complicité, si la complicité était régie par les principes du droit commun ? car, dans ce cas, il allait de soi que l'ouvrier ou l'employé associé au contrefacteur et qui lui aurait fait connaître les procédés décrits au brevet, pourrait être poursuivi comme complice. Puisque le fait principal était délictueux, la complicité ne pouvait paraître douteuse, et c'était bien là, par définition, un acte de complicité se rattachant au fait principal et lui empruntant son caractère.

L'article 43, après avoir édicté une aggravation de peine pour la récidive, y assimile deux faits de contrefaçon : 1° celui commis par un ouvrier ou un employé ayant travaillé dans les ateliers ou dans l'établissement du breveté ; 2° l'acte du contrefacteur qui, s'étant associé avec un ouvrier ou un employé du breveté, a eu connaissance, par ce dernier, des procédés décrits au brevet. Nous retrouverons ces deux hypothèses en étudiant la répression de la contrefaçon. Ce qui nous intéresse ici, c'est uniquement le paragraphe final de l'article 43, aux termes duquel : « dans ce dernier cas, l'ouvrier ou l'employé pourront être poursuivis comme complices ». Si ce cas n'avait pas été expressément prévu, il pouvait échapper à la répression comme ne rentrant dans aucune des hypothèses de l'article 41, parce que la complicité résulte ici moins de l'association avec le contrefacteur (en entendant association dans le sens d'accord, d'entente et non dans son sens juridique), que de la révélation par l'ouvrier des procédés décrits dans le brevet. On est en droit, d'ailleurs, de se demander en quoi cette révélation peut constituer une circonstance aggravante ou même un acte illicite, puisque la description doit, aux termes de la loi, divulguer complètement et loyalement le secret de l'invention. On répond que la description la plus claire et la plus sincère ne permet pas toujours à celui qui l'étudie de réaliser immédiatement l'invention avec toute la perfection nécessaire, à raison des tours de main indiqués par l'expérience, qui ajoutent sensiblement à la valeur d'un procédé. Cette explication n'a sans doute pas paru suffisante à ceux qui ont supposé que la disposition légale ne devait s'appliquer qu'à une révélation antérieure à la délivrance du brevet. Mais cette hypothèse n'est non plus satisfaisante, car où est la gravité de la révélation qui précède de quelques mois la publication du brevet, si elle n'a pas porté atteinte à sa validité, en retirant à l'invention le caractère de nouveauté? en outre, elle n'est pas conforme au texte. Nous pensons, plus simplement, que le législateur a voulu réprimer sévèrement l'association malhonnête entre un concurrent déloyal et un ouvrier infidèle ; l'immoralité du fait l'a plus frappé que sa gravité réelle, qui est faible.

Il va de soi, pour nous, que le concurrent et l'ouvrier doivent échapper à toute répression s'ils prouvent que l'invention n'était pas nouvelle, que le brevet était nul ; l'article 43 n'est évidemment plus applicable, mais la responsabilité civile de l'auteur et du complice peut être engagée par un acte qui sera justement qualifié, dans certains cas, de concurrence déloyale. S'il s'agit d'un secret de fabrique, sa communication pourra être frappée des peines édictées dans l'article 418 du Code pénal.

203. — Notre conclusion sera donc qu'en dehors de l'hypothèse prévue dans l'article 43, les divers faits énumérés dans la loi constituent des délits distincts de contrefaçon, plutôt que des actes de complicité proprement dite, et que les dispositions du Code pénal relatives à la complicité (art. 59 et 60) ne reçoivent pas leur application en notre matière. Plusieurs conséquences découlent de ce principe : d'abord, et ceci est conforme à la règle générale, les receleurs, vendeurs, introducteurs peuvent être poursuivis en l'absence de l'auteur principal, du contrefacteur par fabrication, s'il est mort, ou inconnu, ou couvert par la prescription, bien plus, en l'absence même d'un délit principal (introduction ou vente d'objets fabriqués à l'étranger) (1). L'article 55 du Code pénal ne déclarant tenus solidairement des dommages-intérêts et des frais que les individus condamnés pour un même délit, il n'y aura pas lieu de prononcer la solidarité entre les divers débitants d'un même produit contrefait, entre le débitant et le fabricant, si ce n'est dans la mesure où ils seraient complices du même délit et condamnés pour ce fait. La prescription,

_____

(1) Cass., 27 juin 1893, décision précitée.

nous le verrons plus loin, court séparément pour les divers actes de contrefaçon ; acquise au fabricant, elle ne profite pas de plein droit au receleur ; il y a lieu de remarquer que tous les faits de prétendue complicité sont nécessairement postérieurs au fait principal de contrefaçon, contrairement à ce qui se passe en matière de véritable complicité. La responsabilité pénale frappe l'auteur conscient du délit, et non ses agents subalternes, ainsi le patron, le marchand, et non les commis, employés, ouvriers, à moins d'une participation personnelle et directe à l'acte délictueux.

204. La bonne foi. — Le législateur, en érigeant la contrefaçon en délit, entendait accorder aux brevets une protection particulièrement énergique ; on peut trouver qu'il a dépassé la mesure puisqu'il n'admet pas, du moins pour le fabricant, l'excuse tirée de la bonne foi. Le système de la loi est assez clair et résulte suffisamment de la lecture des textes, pour que toute controverse paraisse oiseuse, malgré les objections de certains auteurs et les hésitations de la jurisprudence (1). La contrefaçon par la fabrication des produits ou par l'emploi des moyens brevetés (art 40) est un délit. La publicité dont la délivrance des brevets est entourée a pour objet notamment de porter leur existence à la connaissance de l'industrie et de la prémunir contre le danger d'une contrefaçon involontaire. Mais la consultation des documents officiels de cet ordre doit être considérée comme une obligation stricte pour les intéressés, et la loi n'admet pas les industriels, ceux qui entreprennent une fabrication, une exploitation nouvelles, à se prévaloir de leur ignorance des brevets en vigueur. Ils sont en faute, ils ont commis une négligence ou une imprudence graves, pour ne s'être pas assurés de l'existence possible d'un brevet ; leur responsabilité pénale est engagée de ce fait, et le délit existe à leur charge, même en l'absence d'une intention délictueuse : il s'agit d'un délit contraventionnel, selon la terminologie admise. Une semblable conception est assurément très rigoureuse, puisqu'elle conduit à frapper comme un délinquant même l'inventeur de bonne foi, qui aura eu la mauvaise fortune de découvrir et d'exploiter ce qu'un autre avait déjà inventé et fait breveter ; sa malechance ne lui vaudra que des circonstances atténuantes.

---

(1) Bordeaux, 16 avril 1894 ; *Gaz. Pal.*, 1894, II, supp. 23. — *Riom*, 20 février 1891 ; *Rec. Riom*, 1900-01, 224. — Cf. aussi les décisions citées n° 190.

205. — Mais pour les délits de contrefaçon prévus dans l'article 41 : recel, vente, exposition en vente, introduction, le système de la loi n'est plus le même ; pour que les auteurs de ces délits soient punissables, il faut qu'ils aient agi « sciemment », c'est-à-dire avec connaissance du brevet et de la contrefaçon (1). La connaissance de cause est ici l'équivalent de la mauvaise foi. Par conséquent, l'ignorance du brevet peut être alléguée comme une excuse suffisante, les commerçants et particuliers qui sont susceptibles de commettre ces actes de contrefaçon, n'étant pas, dans l'esprit du législateur, tenus de consulter les brevets, ni présumés les connaître. Mais si le prévenu ne peut arguer de son ignorance du brevet, à raison de la notoriété ou de la connaissance personnelle qu'il en a eue, il devra justifier de sa bonne foi par des présomptions sérieuses ; il ne lui suffirait pas de se prévaloir d'un doute sur la durée ou la portée du brevet. Car, d'après l'opinion très généralement reçue, c'est au prévenu de contrefaçon qu'incombe la preuve de sa bonne foi (2). Le refus par un débitant d'indiquer l'origine de sa marchandise, le nom du fabricant de qui il la tient, sera, en général, une présomption très grave de sa mauvaise foi. On doit considérer comme étant du devoir du commerçant de révéler franchement la provenance des objets contrefaits qu'on vient saisir chez lui.

206. — La longue *tolérance* et l'impunité dont ont joui les contrefacteurs ne sauraient être interprétées dans le sens d'un abandon du brevet par son propriétaire. Elles ne constitueraient donc pas une excuse pour le fabricant, mais pourraient être invoquées comme une présomption de bonne foi, dans certains cas, par le débitant ou le receleur.

207. — La *provocation* à la contrefaçon, de la part du breveté, couvre le délit. Par conséquent, celui qui a fabriqué des objets contrefaits sur la commande insidieuse du breveté, même dans l'ignorance de sa qualité, doit échapper à toute répression. Mais on ne peut assimiler à une provocation le fait, par le breveté, d'acheter les produits contrefaits pour s'assurer, par exemple, la preuve de l'acte délictueux.

---

(1) Paris, 20 juin 1900 ; *Ann.*, p. 163. — Trib. civ. Lyon, 12 mars 1897 ; *Mon. jud. Lyon*, 31 mars 1897.
(2) Trib. corr. Seine, 16 février 1893 ; *Droit*, 31 mars 1893. — *Secus,* Trib. corr. Toulouse, 23 juin 1897 ; *Gaz. trib. Midi*, 27 juin 1897.

208. — La bonne foi dont le contrefacteur peut être admis à se faire une excuse, ne saurait résulter uniquement de *faits postérieurs au délit* : ainsi, le seul fait de cesser la contrefaçon aussitôt après la saisie ou l'assignation n'anéantit pas rétroactivement la responsabilité encourue. Pour le fabricant qui n'est pas admis à exciper de sa bonne foi, ce ne pourra être qu'une cause d'atténuation de la peine et des dommages-intérêts ; pour le débitant, ce sera parfois un indice de bonne foi, s'il n'y a pas de preuves ou de présomptions contraires.

209. — Nous avons reconnu que l'expropriation pour cause d'utilité publique pouvait s'exercer en matière de brevets ; le droit ainsi conféré à l'Etat exclut évidemment la légitimité de toute usurpation de sa part, de toute atteinte au brevet (1). La contrefaçon commise ne se justifierait donc pas par l'excuse d'un *intérêt d'ordre général ou public*. Pourtant, il a été jugé que l'introduction d'armes et de munitions de guerre devenait licite lorsqu'elle était entreprise par le gouvernement ou pour son compte, dans l'intérêt de la défense nationale. On a pu estimer qu'il y avait dans l'espèce un véritable cas de force majeure devant lequel un intérêt privé, si respectable qu'il fût, devait céder. Dans le même ordre d'idées, un contrefacteur a été admis à exciper de sa bonne foi, alors qu'il avait été « à raison d'une force majeure, résultant de l'investissement de Paris, dans l'impossibilité de connaître l'existence du brevet invoqué contre lui ».

210. — L'*absence de préjudice* n'est pas une excuse pour le contrefacteur, car la contrefaçon ne dépend ni de la valeur et du mérite de l'invention, ni du succès avec lequel elle peut être imitée (2); l'appréciation du préjudice causé n'interviendra que pour l'évaluation des dommages-intérêts et pourra influer sur la fixation de la peine. Si le préjudice n'est pas une condition du délit, l'*absence de bénéfices* pour le contrefacteur ne sera pas un motif d'immunité. Bien plus, si elle a pour cause la vente à vil prix ou même à perte, des objets contrefaits, elle devra être considérée comme une circonstance aggravante, parce qu'à l'atteinte portée au brevet se sera ajoutée une intention particulièrement malfaisante de concurrence déloyale.

---

(1) Cass., 1er février 1892; *Sir.*, 1892, I, 137. *Dall.*, 1892, I, 417.
(2) Trib. civ. Lyon, 30 juillet 1897; *Mon. jud. Lyon*, 26 nov. 1897.

CHAPITRE II

Questions diverses relatives à la contrefaçon.

§ Ier. — Portée des brevets au point de vue de la contrefaçon.

211. — Nous avons déjà montré(1) que l'interprétation des brevets dominait nécessairement l'appréciation de la contrefaçon, parce que ce qui la constitue, ce n'est pas la concurrence industrielle ou commerciale faite aux produits ou aux procédés brevetés, mais l'application des mêmes moyens, l'adoption des éléments caractéristiques du brevet.

212. — Ce principe n'est pas absolument exact ; il souffre une exception pour le brevet délivré à l'inventeur d'un *produit nouveau :* la contrefaçon existe, dès lors qu'il y a fabrication, vente, recel, introduction, en connaissance de cause, du même produit, quand même il serait obtenu par des moyens entièrement différents (2). C'est la nature particulière du brevet de produit qui détermine la portée singulièrement étendue de la protection qu'il confère : l'invention d'un produit nouveau, lorsqu'elle est brevetée et brevetable, donne à son auteur un droit exclusif d'exploitation sur le produit lui-même. Les conséquences ne laissent pas que d'être un obstacle aux progrès de l'industrie et une entrave pour sa liberté ; aussi certaines législations, celle de l'Allemagne, par exemple(3), proscrivent le brevet de produit, du moins pour les produits obtenus par des procédés chimiques. Cette exclusion suffit à enlever aux brevets de produit le caractère menaçant qu'ils ont en droit français. Car la contrefaçon a pour condition la similitude des produits, au point de vue de leurs éléments caractéristiques, de leurs qualités substantielles, et cette similitude, si elle est presque fatale pour les produits chimiques, même préparés par des procédés différents, ne se rencontrera pas au même degré dans les produits obtenus par des procédés ou moyens mécaniques. Quoi qu'il en soit, la règle que nous avons énoncée s'applique rigoureusement à tous les produits.

---

(1) Cf. *supra*, n° 185 et suiv.
(2) Pau, 14 janvier 1899 ; *Gaz. Pal.*, 1899, I, 428.
(3) Cf. Bonnet, *op. cit.*, p. 163 et suiv.

213. — Le breveté pourra-t-il suivre le produit contrefait alors même qu'il sera incorporé à un autre objet, qu'il sera devenu l'accessoire d'une marchandise dont la fabrication est tout à fait étrangère à son brevet? Ainsi, un marchand de confections pourra-t-il être poursuivi pour avoir vendu ou exposé en vente des vêtements confectionnés à l'étranger, dans lesquels on aura employé une qualité de fil ou une sorte de boutons brevetés en France. Il semble qu'on doive admettre cette conséquence extrême du principe, lorsque l'objet contrefait a conservé, malgré son incorporation, son individualité et son existence propres (1).

214. — Le brevet délivré pour l'invention d'un *moyen nouveau* protège le moyen, mais ne couvre pas le résultat, alors même qu'il serait nouveau. Le breveté ne peut donc revendiquer que l'emploi de ce moyen et non le résultat obtenu, et il n'y aura pas de contrefaçon dans le fait de poursuivre ou d'atteindre ce résultat par d'autres moyens essentiellement différents de ceux du brevet. La distinction entre le moyen, ses éléments caractéristiques et le résultat, est très délicate dans bien des cas; le juge ne devra pas perdre de vue que le résultat est identique au problème posé, lequel comporte théoriquement, au moins, plus d'une solution, tandis que le moyen n'est autre que la solution du problème, l'une des solutions possibles, par l'emploi de certains organes, de certains agents déterminés dont l'ensemble constitue précisément l'invention. Le résultat n'est donc ni brevetable, ni appropriable; malgré un brevet délivré pour l'invention qui le réalise, la recherche d'autres moyens demeure libre et leur exploitation sera licite (2).

215. — Puisque l'inventeur, en demandant son brevet, est tenu d'indiquer les *applications* dont son invention est susceptible, on peut en conclure que son brevet ne lui réserve un droit exclusif que pour les applications qu'il a indiquées ou qui étaient évidentes ou nécessaires et dont l'indication pouvait être superflue (3). Si on suppose donc qu'un moyen nouveau se prête à un emploi tout à fait différent de celui que l'inventeur a envisagé, on admettra que la découverte de cette nouvelle application cons-

---

(1) Cf. Bonnet, p. 276.
(2) Paris, 12 juillet 1900; la Loi, 26 juillet 1900.— Paris, 22 juin 1898; Gaz. Pal., 1899, I, 261.
(3) Cass., 4 mai 1901; Gaz. Pal., 1901, II, 315.— Trib. civ. Seine, 8 juin 1901; Gaz. Pal., 1901, II, 41. — Paris, 20 mars 1902; Dall., 1902, II, 234. — Rouen, 8 août 1901; Gaz. Pal., 1901, II, 716.

titue une invention nouvelle qui ne rentre pas dans le brevet. Et, en effet, cette invention pourra être brevetable ; mais l'exploitation n'en sera pas licite pendant la durée du brevet principal, à raison de l'interdiction écrite dans l'article 19. La nouvelle invention est dépendante de l'autre.

216. — Lorsqu'un brevet porte seulement sur une *application nouvelle d'un moyen connu*, la contrefaçon ne pourra résulter que de l'emploi du même moyen en vue du même résultat (1). L'interprétation du brevet doit être naturellement plus restrictive que pour le brevet délivré à l'inventeur d'un moyen nouveau.

217. — De même, pour l'invention d'une *combinaison nouvelle d'éléments connus*, le droit privatif du breveté se restreindra à cette combinaison même, caractérisée par la disposition, l'agencement et le fonctionnement de ses éléments distinctifs. La comparaison entre l'objet contrefait et celui décrit au brevet s'attachera plutôt à l'ensemble qu'aux éléments considérés isolément (2). On appliquera donc naturellement ici ce que nous disions plus haut (3) au sujet des différences qu'on peut relever entre les deux objets, tenant à des changements plus ou moins habiles et heureux et même à des perfectionnements apportés par le contrefacteur à l'invention du breveté.

218. — La protection du brevet délivré pour un moyen, un procédé nouveau, pour l'application ou la combinaison nouvelle de moyens connus, s'étend-elle aux *produits obtenus par ces moyens ou procédés ?* Pour comprendre la portée de cette question, qui est très intéressante pratiquement, il faut se souvenir que les moyens, d'après la définition même de l'article 2, 2° alinéa, peuvent conduire à l'obtention soit d'un résultat, soit d'un produit industriel. Si ce produit est nouveau, il peut être brevetable ; mais, s'il est analogue à ceux du domaine public, le brevet ne peut être délivré valablement que pour le moyen ou le procédé, lequel sera nouveau, par hypothèse, et présentera des avantages considérables au point de vue de la fabrication. Le breveté sera alors en droit de poursuivre ceux qui emploieront sans autorisation son procédé, et il mettra ainsi obstacle, en principe, à la contrefaçon. Mais cet emploi peut échapper à sa

---

(1) Cass., 14 avril 1899 ; *Pand. fr.*, 1899, I, 345.
(2) Paris, 14 mars 1898 ; *la Loi*, 5 avril 1898. — Trib. civ. Seine, 25 mars 1900 ; *Gaz. Pal.*, 1900, I, 606. — Paris, 22 juin 1898, *précité*.
(3) Cf. *supra*, n° 186.

surveillance, et la fabrication clandestine répandra ses produits; d'autre part, la fabrication étant libre à l'étranger, ses concurrents introduiront leurs produits et viendront lui faire concurrence sur notre marché. Si donc le breveté est désarmé contre cette contrefaçon, par la vente ou l'introduction des produits obtenus par son procédé, son brevet ne lui confère qu'une protection illusoire, car son exploitation sera ruinée par une concurrence aussi directe. On voit quel est l'intérêt de la question. Bien que notre loi, à la différence de certaines autres, ne contienne aucune disposition relative à cette hypothèse, on admet très généralement que la vente ou l'introduction d'objets non brevetés, fabriqués par un procédé breveté, pourra constituer une contrefaçon (1). Mais, en principe, il appartiendra au breveté de prouver que ces produits sont, en effet, obtenus par l'emploi du moyen qu'il a inventé; s'ils se distinguent par quelque caractère propre de ceux du domaine public, la preuve sera facile; mais si, — pour les produits chimiques ce sera le cas le plus général, — le produit est identique, quel que soit le procédé employé, on ne voit pas comment il pourra établir la contrefaçon, à moins, toutefois, que son procédé ne soit le seul connu ou industriellement pratiqué. Quand nous parlons de produits obtenus par un procédé ou un moyen, nous entendons par là que ces produits ont été directement et immédiatement fabriqués ou préparés à l'aide de ce moyen; la protection du brevet ne s'étend pas jusqu'aux objets dans lesquels l'application du moyen a joué un rôle plus ou moins secondaire : la planche rabotée avec un outil breveté ne peut pas être considérée assurément comme le produit de cet outil.

§ II. — De l'inexécution des conventions par le cessionnaire ou le licencié.

219. — La contrefaçon est, par définition, l'atteinte portée aux droits du breveté par celui qui est sans droit sur le brevet, par celui qui ne peut se prévaloir ni d'une cession, ni d'une autorisation consentie par le propriétaire du brevet. Le consentement préalable, exprès ou tacite, la ratification après coup, s'ils

---

(1) Cass., 27 juin 1893; *Dall.*, 1894, I, 21.

émanent du breveté, enlèvent au fait tout caractère délictueux. Donc le cessionnaire et le licencié ne peuvent être traités par le breveté en contrefacteurs et leur exploitation est licite, quel que soit le préjudice qu'elle puisse lui causer par une concurrence dont il avait mal calculé les effets (1). Mais sont-ils encore couverts par leur contrat, alors qu'ils l'enfreignent ou qu'ils le violent? La cession et la licence ne sont consenties, en général, que moyennant certaines prestations, certaines obligations ou conditions. Quelles sont les conséquences juridiques de leur inexécution? On peut poser en principe que le cessionnaire et le licencié se mettent en état de contrefaçon, dès lors que leur exploitation excède les limites de leurs droits, qu'elle est contraire aux clauses du contrat et ne respecte pas les conditions convenues. Dans tous les cas de ce genre, l'autorisation du breveté ne saurait être invoquée pour des faits qu'elle n'a pas prévus et qui en sont la négation ou la méconnaissance abusive. Mais devra-t-on décider de même lorsque le licencié aura cessé ou refusé de payer ses redevances? La résiliation du contrat ne s'opère pas de plein droit, et on doit attendre, au moins, la mise en demeure pour retirer au licencié le bénéfice de sa licence et le considérer désormais comme un simple contrefacteur (2).

CHAPITRE III

L'action en contrefaçon.

220. — L'action en contrefaçon, ou plus exactement les actions en contrefaçon, l'une civile, l'autre pénale, appartiennent au propriétaire du brevet, c'est-à-dire au breveté ou à ses cessionnaires réguliers. Nous avons déjà vu que la régularité de la cession était, en effet, une condition de l'exercice de l'action en contrefaçon. Le cessionnaire partiel aura le droit d'agir, dans la mesure de son intérêt; la loi suppose que l'action sera exercée par la « partie lésée » (art. 45).

---

(1) Cf. Rouen, 11 août 1897; *Gaz. Pal.*, 1897, II, 551.
(2) Cf. Rouen, 11 août 1897; *Gaz. Pal.*, 1897, II, 551. — Cass., 5 mars 1900; *la Loi*, 1900, I, 358; *Dall.*, 1900, I, 465.

Il dépend de l'intéressé seul d'opter entre la voie civile et les poursuites correctionnelles. Un procès engagé au civil ne mettra pas en mouvement l'action publique ; car l'action correctionnelle, pour l'application des peines édictées par la loi, ne peut être exercée par le Ministère Public que sur la plainte de la partie lésée (art. 45). Cette dérogation aux principes se justifie par la nature particulière de ce délit, qui est plutôt d'ordre privé qu'il n'intéresse l'ordre public, et qui est pleinement couvert par le consentement du breveté. Mais, d'autre part, et ceci est conforme aux principes généraux, bien que l'action pénale puisse être intentée par le propriétaire d'un brevet, c'est le Ministère Public qui exerce l'action publique et qui requiert l'application de la peine ; le propriétaire du brevet n'est que partie civile aux poursuites. Son désistement n'arrête pas l'action publique. Ainsi en décide une jurisprudence unanime, par application des règles de notre droit ; une exception paraîtrait pourtant désirable en notre matière. Le décès du plaignant est, à plus forte raison, sans influence sur les poursuites qui continuent leur cours, soit que les héritiers suivent l'instance, soit qu'ils s'en désintéressent.

221. — Quels sont les droits de l'inventeur, entre le dépôt de sa demande de brevet et la délivrance ? A-t-il l'action en contrefaçon, peut-il déposer une plainte, ou citer correctionnellement ? Un point est hors de doute : c'est que le brevet délivré rétroagit au jour du dépôt, et que, par conséquent, les faits illicites commis dans l'intervalle constituent une contrefaçon. Le breveté pourra donc, une fois en possession de son brevet, poursuivre les faits antérieurs à la délivrance ; et on admet aussi très justement qu'il pourra, après avoir effectué son dépôt, prendre toutes mesures et faire tous actes conservatoires, notamment pour assurer la constatation, la preuve de la contrefaçon. Sur le vu du procès-verbal de dépôt, il lui sera délivré une ordonnance l'autorisant à faire pratiquer la description, avec ou sans saisie, des objets contrefaits. S'il ne veut attendre d'être nanti de son brevet, il pourra même, à ses risques et périls, assigner le prétendu contrefacteur ; mais ce que personne n'admet, c'est qu'une condamnation soit prononcée avant la délivrance du brevet et sans la présentation du titre.

222. — L'expiration du brevet ou sa déchéance encourue n'arrête pas les poursuites et ne fait pas obstacle à l'exercice de l'action en contrefaçon, à l'égard des actes commis antérieurement, à une époque où le brevet était en vigueur, s'ils ne sont pas couverts par la prescription (1).

CHAPITRE IV

La preuve et la constatation de la contrefaçon.

223. — La preuve des faits de contrefaçon incombe au demandeur à l'instance; il appartient donc au breveté, avant d'assigner un contrefacteur, de se mettre en mesure d'établir les faits sur lesquels il fonde ses poursuites ou sa demande en dommages-intérêts, c'est-à-dire de se munir des pièces à conviction ou des documents qui permettront aux juges d'apprécier et de reconnaître la contrefaçon. Tous les moyens de preuve sont admissibles; ainsi le breveté pourra produire devant le tribunal les objets contrefaits, s'il s'agit de produits, en les achetant ou en les faisant acheter chez le contrefacteur; toutefois, il fera bien de s'assurer une garantie d'authenticité et de provenance par une facture régulière. Mais la loi organise elle-même un double mode de constatation des faits de contrefaçon, d'une application plus générale et plus sûre que les moyens ordinaires. L'emploi illicite des procédés brevetés échapperait, en effet, sinon aux investigations, du moins aux moyens de preuve dont peut disposer le breveté, si la loi ne lui permettait pas de le faire constater d'une façon régulière et incontestable, même à l'intérieur d'un établissement industriel, d'une usine. La preuve du recel serait presque impossible si elle ne pouvait pas être recherchée au domicile du receleur. La constatation judiciaire, avec perquisitions, apparaît donc comme une nécessité, dans bien des cas; elle pourra s'effectuer sous deux formes, la description et la saisie, suivant des règles écrites dans la loi.

224. La description et la saisie. — Aux termes de l'article 47 : « les propriétaires de brevets pourront, en vertu » d'une ordonnance du président du tribunal de première ins- » tance, faire procéder par tous huissiers, à la désignation et » description détaillées, avec ou sans saisie, des objets prétendus

---

(1) Lyon, 26 mai 1894; *Mon. Lyon*, 21 février 1895.

» contrefaits. » Les deux mesures ne sont pas équivalentes ; la description n'est qu'une constatation écrite ; la saisie, au contraire, c'est la mainmise sur les produits incriminés, leur confiscation provisoire. On voit que la saisie réelle est une mesure bien autrement énergique et grave que la simple description. Mais l'une et l'autre ne peuvent être pratiquées qu'en vertu d'une ordonnance émanant du président du tribunal, « rendue sur » simple requête et sur la représentation du brevet ; elle con-» tiendra, s'il y a lieu, la nomination d'un expert pour aider » l'huissier dans sa description. Lorsqu'il y aura lieu à la saisie, » ladite ordonnance pourra imposer au requérant un cautionne-» ment qu'il sera tenu de consigner avant d'y faire procéder. Le » cautionnement sera toujours imposé à l'étranger breveté qui » requerra la saisie. » (Art. 47.)

225. — Il appartient au Président et non au breveté d'opter pour celui des deux moyens de constatation qui lui paraîtra préférable, sans qu'il puisse pourtant refuser d'autoriser au moins la description ; dans son ordonnance, il peut d'ailleurs limiter le nombre des objets qu'il permet de saisir, déterminer l'étendue de la saisie, en l'autorisant sur les instruments, appareils, machines, en même temps que sur les produits fabriqués.

226. — Le Président apprécie souverainement l'opportunité d'un cautionnement et en fixe arbitrairement le chiffre, en tenant compte, toutefois, de ce que la saisie a été prévue par la loi comme un moyen régulier et souvent nécessaire pour la protection des droits de l'inventeur breveté et qu'il serait injuste d'en entraver l'usage par un cautionnement exagéré, eu égard aux ressources de l'inventeur et au préjudice qui peut en résulter pour le prétendu contrefacteur (1). Quand le saisissant est de nationalité étrangère, le dépôt d'un cautionnement devient obligatoire, à peine de nullité. Mais nous avons vu précédemment que la portée de cette disposition était actuellement restreinte par l'application de la Convention de La Haye. En principe, le cautionnement devra toujours être consigné en argent, et cela préalablement à la saisie : on admet, d'ailleurs, que le saisi pourra se pourvoir en référé, pour faire imposer un cautionne-

(1) Jugé que le breveté agit dans la limite de ses droits et n'est tenu à aucuns dommages-intérêts, lorsqu'il procède à une saisie, conformément à la loi, sur des présomptions graves de contrefaçon, quand même les recherches seraient infructueuses. Lyon, 9 novembre 1896 ; *Mon. jud. Lyon*, 27 décembre 1896.

ment s'il n'en a été fixé un dans l'ordonnance, ou pour en faire augmenter le chiffre.

227. — Mais le prétendu contrefacteur ne peut s'opposer à la saisie, et, à plus forte raison, à la description, en déclarant à l'huissier son intention de se pourvoir en référé. Le breveté, d'autre part, n'est pas autorisé de plein droit à assister aux perquisitions dans l'établissement de son concurrent, lequel sera donc libre de lui en refuser l'entrée.

228. — « Il sera laissé copie au détenteur des objets décrits » ou saisis, tant de l'ordonnance que de l'acte constatant le dé-» pôt du cautionnement, le cas échéant; le tout à peine de nul-» lité et de dommages-intérêts contre l'huissier » (art. 47, dernier alinéa) (1). A ces pièces il y a lieu d'ajouter la copie du procès-verbal de description ou de saisie.

229. — La requête à fin de saisie-contrefaçon devra désigner les personnes et les établissements sur lesquels le breveté fait peser le soupçon de contrefaçon; on admet, pourtant, que l'ordonnance pourra contenir une autorisation plus générale de procéder à la description, avec ou sans saisie, soit chez les personnes dénommées dans la requête et chez tous autres, soit chez tout contrefacteur en général. Il y a là, semble-t-il, un abus du pouvoir discrétionnaire du Président, peu conforme aux intentions du législateur qui n'a prévu qu'une ordonnance spéciale. C'est encore par une extension arbitraire des dispositions légales que la jurisprudence autorise la saisie des registres, papiers, correspondances se rapportant à la contrefaçon et trouvés chez le saisi. Le droit, pour le breveté, de faire perquisitionner en vertu d'une ordonnance, de faire confisquer les produits et les instruments servant à leur fabrication, est trop exorbitant par lui-même pour qu'on ne le limite pas strictement dans les termes de la loi. C'est ce principe que l'on devrait suivre pour résoudre toutes les questions délicates qui se présentent dans cette manière de la saisie-contrefaçon.

230. — L'ordonnance du Président, rendue sur la requête du breveté à fin de saisie-contrefaçon, n'est pas susceptible d'appel : elle émane de la juridiction gracieuse. Mais le Président s'y réserve, en général, le droit de statuer à nouveau, en cas de difficultés (à charge d'en référer); le saisi pourra donc, au moment de la saisie, introduire un référé pour faire, sinon réformer,

---

(1) Rouen, 25 mars 1892; *Rec. Rouen*, 1892, I, 102.

du moins modifier, compléter au besoin (cautionnement) la première ordonnance (1). On admet généralement que cette seconde ordonnance, rectificative ou complémentaire, sera susceptible d'appel. La jurisprudence est partagée.

231. Délai pour assigner. — Dans l'intérêt de la sécurité de l'industrie, la loi n'impartit au breveté qu'un court délai pour assigner, après des mesures de constatation judiciaire. « A » défaut par le requérant de s'être pourvu, soit par la voie civile, soit par la voie correctionnelle, dans le délai de huitaine, » outre un jour par trois myriamètres de distance, entre le lieu » où se trouvent les objets saisis ou décrits et le domicile du » contrefacteur, receleur, introducteur ou débitant, la saisie ou » description sera nulle de plein droit, sans préjudice des dom-» mages-intérêts qui pourront être réclamés, s'il y a lieu, dans » la forme prescrite par l'article 36. » (Art. 48.) Le délai est de huit jours francs, non compris, par conséquent, le jour de la saisie ; c'est dans ce délai que l'assignation devra être délivrée, à moins que la constatation n'intervienne en cours d'instance, auquel cas toute nouvelle assignation serait parfaitement inutile.

232. — La sanction, c'est la nullité de la description ou de la saisie, qui perd toute force probante (2). Mais les poursuites ne sont pas viciées par là et peuvent quand même aboutir à une condamnation si le demandeur apporte d'autres preuves (3). Sinon, le prévenu sera acquitté et pourra obtenir des dommages-intérêts, de même qu'il pourrait en réclamer en demandant au tribunal civil de prononcer la nullité et la mainlevée de la saisie, au cas où le breveté négligerait de suivre sur sa procédure et d'engager aucune instance. Il a été jugé que cette demande, qui ne doit être formée qu'à l'expiration du délai de huit jours, était valablement portée devant le tribunal du lieu de la saisie, en assignant le breveté au domicile élu dans le procès-verbal.

233. — Indépendamment des mesures de constatation qui peuvent être pratiquées à la requête du propriétaire d'un brevet, en vertu d'une ordonnance du Président, il y a lieu de signaler celles que le juge d'instruction peut ordonner lorsqu'il est régulièrement saisi d'une plainte déposée au parquet par le breveté.

---

(1) Aix, 22 novembre 1894 ; Sir., 1895, II, 81.
(2) Trib. corr. Seine, 22 novembre 1892 ; Droit, 17 décembre 1892.
(3) Cf. Rouen, 26 mars 1892, précité.

Les mesures d'instruction qu'il dépend du juge de prescrire com-porteront des perquisitions à domicile et, s'il y a lieu, une saisie des objets argués de contrefaçon, et, très généralement, de toutes les pièces à conviction, même des registres, correspondances et documents quelconques se rapportant au délit. Cette saisie n'est pas soumise aux règles spéciales que nous venons d'étudier, mais aux principes du Code d'instruction criminelle. Hâtons nous de dire que cette procédure n'est pas usitée dans la pratique et que le parquet ne donnerait pas volontiers suite à une plainte en contrefaçon.

CHAPITRE V

La juridiction compétente.

234. — L'action en contrefaçon peut être portée soit devant les tribunaux civils, soit devant les tribunaux correctionnels, au choix du demandeur. Des avantages spéciaux militent en faveur de l'une ou de l'autre juridiction, selon les cas. La voie correctionnelle devra être préférée si le breveté désire une répression rapide et énergique, par une procédure simple et peu coûteuse; mais, en la choisissant, il courra le risque des surprises de l'audience, car le débat au correctionnel n'est pas, au point de vue de l'exception de nullité de brevet, rigoureusement préparé et délimité par la procédure échangée entre les parties; les témoins amenés par le prévenu seront entendus à l'audience, sans que leurs dépositions puissent être toujours prévues et utilement discutées; le juge, enfin, accordera volontiers au contrefacteur le bénéfice du doute, puisqu'il s'agit de l'application d'une peine. La voie civile, plus lente, plus onéreuse (ministère obligatoire de l'avoué), offre la garantie d'une procédure régulière de communications loyales entre les avocats, d'une enquête dans les formes sur la question de nullité du brevet, d'une expertise contradictoire sur la contrefaçon, enfin, et, surtout, d'une décision qui jouira de l'autorité absolue de la chose jugée entre les parties. Le jugement correctionnel, s'il est favorable au prévenu, prononcera une peine, menacera le condamné de celle de la récidive, assurera le payement des frais et des dommages-intérêts au moyen de la contrainte par corps; le jugement au civil n'accordera que des dommages-intérêts; mais il créera la chose jugée sur la question de contrefaçon qui ne pourra plus être discutée désormais par le défendeur. En somme, on conseillera aux intéressés d'assigner correctionnellement, s'ils veulent éviter des frais et s'ils ne redoutent pas une discussion sur la validité de leur brevet, avec des arguments peut-être imprévus et parfois déloyaux. En général, le procès au civil sera plus sûr.

235. — Les règles de compétence sont celles du droit commun, fixées par l'article 59 du Code de procédure civile, en matière civile, par l'article 63 du Code d'instruction criminelle, en matière correctionnelle. Les principes que nous avons posés, en définissant les divers délits de contrefaçon, reçoivent ici leur application ; on devra assigner devant leurs tribunaux respectifs les auteurs de faits distincts de contrefaçon, quand même ils se rapportent à un même brevet, s'ils ne sont pas unis par un lien de complicité.

Mais l'auteur principal (le fabricant) et ses complices (les débitants qui vendent les produits qu'ils lui ont achetés) peuvent être assignés devant le tribunal du domicile de l'un d'eux. Correctionnellement, le tribunal du lieu où l'infraction a été commise est compétent avec celui du domicile ou de la résidence du prévenu ; le lieu de l'infraction est déterminé par la fabrication, la vente, le recel, l'introduction, non par la saisie, ni par la livraison de l'objet vendu.

236. — Nous avons déjà eu l'occasion d'exposer quelle était la portée d'application territoriale de la loi sur les brevets d'invention : les actes commis en pays étranger, quel que soit leur caractère, ne sauraient constituer la contrefaçon au regard d'un brevet français et échappent entièrement à l'application de la loi ; mais, d'autre part, la nationalité du brevet prévaut sur celle du breveté, notamment au point de vue de la compétence des tribunaux français. Il va de soi qu'un étranger sera justiciable des tribunaux répressifs français, à raison des faits de contrefaçon dont il se sera rendu coupable en France ; et, même au civil, il ne pourra pas invoquer, en notre matière, la clause d'un traité diplomatique, qui rendrait les tribunaux de son pays compétents pour statuer sur les demandes formées par un Français contre les nationaux de ce pays, en matière personnelle et mobilière. La nature du brevet, les conditions de sa délivrance, les intérêts en litige, les dispositions de la loi, se réunissent pour donner aux affaires de ce genre un caractère d'ordre et d'intérêt public français, qui s'oppose à ce que la connaissance en soit renvoyée devant une juridiction étrangère. Les mêmes raisons font attribuer compétence aux tribunaux français, alors même que le breveté et le contrefacteur sont tous deux de nationalité étrangère.

237. — La *juridiction commerciale* doit être considérée comme radicalement incompétente pour statuer sur une action en contrefaçon. En ce qui concerne l'*arbitrage*, on admet, au contraire, que la question de contrefaçon, si la validité ni la propriété du brevet ne sont contestées, peut être soumise par les intéressés à la décision d'un arbitre. Les parties éviteront ainsi les frais et les lenteurs d'une procédure judiciaire et aussi le danger de la publicité qui s'attache aux débats en justice ; par le choix des arbitres, ils trouveront souvent des garanties de compétence et d'expérience qui ne se rencontrent pas toujours chez des magistrats peu familiarisés avec les questions techniques.

CHAPITRE VI

Le procès et la procédure.

238. — Au lieu d'exposer la théorie de la procédure en matière de contrefaçon, nous allons suivre pratiquement la marche de l'instance engagée, soit au civil, soit au correctionnel, par l'inventeur breveté contre un prétendu contrefacteur. Nous montrerons comment il y a lieu de procéder quand on poursuit, comment on peut se défendre quand on est injustement attaqué en contrefaçon.

239. *Rôle du breveté.* — Dès qu'une invention donne des résultats, les contrefacteurs surgissent. C'est une loi fatale, c'est même, peut-on dire, le critérium de la valeur d'une invention. Il appartient à l'inventeur de faire valoir son droit exclusif d'exploitation, en usant des moyens que la loi lui donne à cet effet. Mais la marche à suivre est délicate et périlleuse, comme tout ce qui touche à la procédure ; l'inventeur aura souvent besoin de recourir aux avis d'un conseil, qui devra joindre à une connaissance approfondie du droit, à une grande pratique des affaires de brevets, des données étendues sur la science industrielle.

Avant d'engager un procès, il y a lieu de s'assurer de la vali-

dité du brevet sur lequel l'inventeur prétend le fonder. Supposons qu'une étude attentive, précédée de recherches, ait montré
que l'invention était brevetable, dans le sens de l'article 2 de la
loi de 1844 et de la jurisprudence, qu'elle était nouvelle autant
que les investigations dans les recueils officiels de brevets français et étrangers peuvent permettre de l'établir, et qu'en outre le
brevet ne soit trouvé affecté d'aucun autre vice de nullité ; un
examen comparatif de l'objet ou du procédé argué de contrefaçon et de l'invention brevetée permet d'affirmer qu'il s'agit
bien d'une contrefaçon. Après s'être bien enquis des lieux où
se trouvent les objets argués de contrefaçon, la marche à
suivre est la suivante :

240. — *Adresser une requête* à fin de saisie ou de description au Président du tribunal civil de l'arrondissement dans
lequel se trouvent les objets à saisir. Il convient d'éviter que
l'ordonnance soit conçue en termes généraux et il vaut mieux en
obtenir une pour chaque saisie à pratiquer, au fur et à mesure
que le besoin s'en fera sentir.

En général, on demande au Président de désigner un expert
technique pour assister l'huissier chargé de pratiquer la saisie et
faire la description des objets prétendus contrefaits. Il est utile que
l'expert soit, au préalable, mis au courant des prétentions du breveté et des points caractéristiques de l'invention, pour pouvoir,
dans le procès-verbal, mettre en relief les éléments essentiels de
la contrefaçon, surtout s'il s'agit d'un procédé ou d'une machine.

Nous rappelons que la requête au Président doit toujours, à
peine de nullité, être accompagnée des brevets et des certificats
d'addition.

241. — *Pratiquer la saisie*. Le procès-verbal ne mentionnera que ce qui aura été constaté, sans commentaires ; il devra
contenir la description des objets saisis, les déclarations des parties, des ouvriers, etc. Les règles générales de procédure, en
matière d'exploits d'huissier, s'appliquent ici ; il y a lieu de
tenir compte, en outre, des règles spéciales édictées par la loi, à
peine de nullité de la saisie (1).

242. — *Assigner immédiatement*. Le requérant est tenu
de se pourvoir soit par la voie civile, soit par la voie correctionnelle, dans le délai de huitaine, outre les délais de distance, à

---

(1) Cf. Rouen, 26 mars 1892, *précité*.

partir du jour de la saisie. Mais il y a intérêt à assigner le plus tôt possible après la signification du procès-verbal de saisie. Les dernières décisions de la Cour de Cassation refusent, en effet, au Président du tribunal le droit de modifier son ordonnance en référé, lorsque le saisi a déjà été touché par l'assignation (1).

En assignant sans retard, on peut donc mettre le contrefacteur dans l'impossibilité de faire transformer, par exemple, la saisie réelle en saisie descriptive, ce qui présenterait parfois de sérieux inconvénients.

La saisie préalable dispense du préliminaire de conciliation qui pourrait être nécessaire, si l'on introduisait une demande devant le tribunal civil sans avoir pratiqué la saisie ou si cette procédure se trouvait nulle. Il peut y avoir intérêt à ne pas trop préciser, dans l'exploit introductif d'instance, les moyens que l'on compte faire valoir pour établir la contrefaçon, mais il faut y viser le brevet sur lequel on se fonde ; l'indication des certificats qui s'y rattachent n'est pas indispensable, ils sont l'accessoire du brevet et ne sauraient être écartés du débat, à moins qu'ils ne soient postérieurs à l'assignation.

Pour la citation en police correctionnelle, on suivra les règles du Code d'instruction criminelle, moins rigoureuses pour la validité des exploits que celles du Code de procédure. Il suffit, par exemple, que l'identité du plaignant et celle du prévenu ne soient pas douteuse, d'après les énonciations qu'elle contient ; la citation ne serait donc pas nulle, parce que le prévenu y serait plus ou moins inexactement qualifié ou même désigné, si l'indication était néanmoins certaine. Mais la citation doit non seulement viser le brevet, elle doit aussi exposer nettement les faits, car la demande ne pourrait ni être modifiée ni être rectifiée par des conclusions, comme au civil, et le prévenu ne sera jugé que sur la prévention telle qu'elle résulte de la citation au point de vue du fait. Une société commerciale, être moral, ne pouvant être responsable pénalement des délits commis par ses membres, il y a lieu d'assigner les associés nominativement, à peine de la nullité de l'exploit, et cette nullité est d'ordre public et peut être invoquée en tout état de cause. Mais, si le commanditaire ne peut être traduit en police correctionnelle, pour y répondre de la contrefaçon reprochée à la société, s'il n'y a pas personnellement participé, le directeur d'une société anonyme,

---

(1) *Secus*, Aix, 22 novembre 1894, *précité*.

au contraire, ou le gérant d'une société par intérêts, sera valablement poursuivi, quoique n'ayant agi que comme mandataire de la société. En tous cas, la société elle-même peut être mise en cause, comme civilement responsable de la contrefaçon, et condamnée solidairement aux dommages-intérêts.

243. *Rédiger une note pour l'avocat et les conclusions.* — Afin de permettre à l'avocat de bien saisir le côté technique du débat, l'étendue des droits du breveté et d'apprécier la contrefaçon, il est bon de rédiger une note dans laquelle, après avoir analysé les antériorités qu'une recherche préalable aura permis de trouver, on mettra en relief la partie originale de l'invention. Une comparaison entre l'objet breveté et l'objet saisi fera ressortir les éléments empruntés par le contrefacteur.

Ce travail préliminaire fait, on sera en mesure de rédiger les *conclusions*, l'acte le plus important de la procédure, qui ne seront en quelque sorte, sous une forme juridique, que la reproduction, le résumé de la note précédente. Ces conclusions fixent le débat et déterminent les points sur lesquels le juge est tenu de statuer; mais ces points sont seulement ceux visés dans le dispositif des conclusions et non ceux indiqués ou développés dans les motifs. La sanction de cette obligation imposée au juge est la nullité de sa décision, pour défaut de motifs; elle ne s'applique pas aux moyens invoqués par l'avocat dans sa plaidoirie. On voit quelle est l'importance des conclusions et quel intérêt il y a à ce qu'elles soient bien rédigées. Devant le tribunal correctionnel, il faut, pour être régulières et produire tous leurs effets, qu'elles soient signées de la partie ou d'un avoué constitué pour elle, et, en outre, qu'elles soient visées par le greffier au plumitif de l'audience. Dans ces conclusions, le breveté peut se plaindre des faits de contrefaçon commis par le prévenu depuis l'assignation.

244. *Suivre l'expertise.* — Pour élucider les questions d'ordre technique que les affaires de contrefaçon soulèvent en général, les juges ordonneront souvent une expertise, c'est-à-dire qu'ils demanderont l'avis des hommes de l'art, des spécialistes versés dans la connaissance des choses de l'industrie et de la science industrielle. Cette mesure d'instruction sera sollicitée par les parties, surtout par le défendeur; elle pourra aussi être ordonnée d'office par le tribunal qui définira la mission des experts. Il devra être admis, comme une règle absolue, que la question technique seule, le fait, rentre dans la compétence des experts et peut être soumis à leur examen, mais que le point de droit doit être résolu par le tribunal lui-même. Néanmoins cette distinction n'est pas observée, et le breveté ne doit pas perdre de vue que la discussion devant les experts portera à la fois sur le terrain du droit et sur celui du fait. Il en sera fatalement ainsi lorsque le jugement d'avant faire droit demandera aux experts de dire si « tel brevet est valable ». Les parties doivent être présentes ou au moins dûment appelées aux expertises, même en matière correctionnelle. Au cours de l'expertise, le breveté aura à formuler ses prétentions dans des dires précis, à discuter les moyens de défense de l'adversaire, à relever les erreurs d'ordre juridique et technique que celui-ci pourrait commettre et à demander aux experts de prendre acte de ses déclarations pour en tirer argument devant le tribunal.

Les experts nommés par le tribunal civil seront nécessairement au nombre de trois, à moins que les parties ne soient d'accord pour qu'il n'y en ait qu'un seul. Le tribunal correctionnel, au contraire, est libre de confier la mission à un expert unique. Les motifs de récusation des experts sont fixés par le Code de procédure civile. Le jugement qui ordonne l'expertise est susceptible d'appel lorsqu'il préjuge le fond, c'est-à-dire lorsqu'il fait pressentir l'influence que cette mesure doit exercer sur la solution du litige ; par exemple, si les experts reçoivent pour mission d'examiner les antériorités opposées à un brevet. La Cour saisie de l'appel pourra, dans tous les cas, évoquer le fond et statuer directement.

245. *Rédiger une note sur le rapport des experts.* — Lorsque les experts ont terminé leur mission, l'avocat a besoin d'être éclairé sur la valeur des arguments qui les ont amenés à conclure dans tel ou tel sens. Une étude critique du rapport s'impose donc, et cela d'autant plus que l'avis des experts ne lie pas le juge, que leur rapport ne sera pas nécessairement entériné, qu'après les discussions contradictoires dont il sera l'objet à l'audience, le tribunal peut repousser ses conclusions et décider en sens contraire. La nullité de l'expertise doit être proposée, s'il y a lieu, avant tout débat au fond ; l'une et l'autre parties sont recevables à l'invoquer, dans la mesure de leur intérêt.

246. *Assister l'avocat à l'audience.* — A l'audience, les parties, si on peut s'exprimer ainsi, font flèche de tout bois. Il sera nécessaire que l'avocat soit informé sur l'heure des assertions inexactes de l'adversaire, tirées soit d'une fausse interprétation d'une loi étrangère sur les brevets, soit d'un document technique, surtout si ce document est versé pour la première fois au débat, comme cela a lieu devant certains tribunaux correctionnels, quand les règles de l'ordre des avocats près ce tribunal n'imposent pas la communication préalable des pièces. Nous avons dit, d'autre part, que l'enquête, au correctionnel, se faisait à l'audience ; la présence du client ou de son conseil sera encore utile pour permettre à l'avocat de discuter les dépositions des témoins entendus, bien que les cas de reproche prévus en matière civile ne s'appliquent pas ici, d'après la jurisprudence.

247. — La partie civile n'est pas tenue de comparaître à l'audience en personne, elle peut se faire représenter par des conclusions d'avoué. Les frais résultant du ministère de l'avoué passent en taxe, c'est-à-dire sont mis à la charge de la partie qui succombe, si l'assistance de l'avoué est jugée utile ou nécessaire.

248. — Si le plaignant n'est ni présent, ni représenté par avoué à l'audience, le tribunal, à la requête du prévenu, donnera défaut-congé contre lui et prononcera, en général, le renvoi du prévenu. Ce renvoi est définitif au point de vue de l'action publique et de la peine, mais la partie civile, en formant opposition dans les délais au jugement de défaut-congé, peut encore obtenir des dommages-intérêts à titre de réparation de la contrefaçon. Le prévenu, s'il est condamné par défaut, a un délai de cinq jours pour faire opposition, à partir de la signification du jugement.

249. — En matière de contrefaçon, comme en toute autre, le ministère public devant la juridiction correctionnelle doit être entendu en ses conclusions. Il peut se borner à s'en rapporter à la sagesse du tribunal, mais son audition constitue une formalité nécessaire.

250. — L'avocat du prévenu pourra répliquer aux conclusions du ministère public et à la plaidoirie de la partie civile. Même après la mise en délibéré de l'affaire, et jusqu'au prononcé du jugement, le prévenu peut faire signifier et déposer des conclusions.

251. — Le renvoi du prévenu dessaisit le tribunal correctionnel qui ne peut, après l'avoir relaxé, le condamner à des dommages-intérêts, ni retenir, le cas échéant, son patron comme civilement responsable. Il en est de même si le prévenu meurt avant le jugement.

252. — Au civil, si le défendeur néglige de constituer avoué ou, après avoir constitué, de conclure, un jugement interviendra qui pourra être attaqué par la voie de l'opposition, soit jusqu'à l'exécution du jugement (défaut faute de comparaître), soit dans la huitaine de la signification (faute de conclure).

253. — Les jugements contradictoires sont susceptibles d'appel dans les deux mois de leur signification, au civil, et dans les dix jours de leur prononciation, en matière correctionnelle. L'appel ne peut être interjeté que par la partie qui succombe au moins sur un point de ses conclusions; il peut donc arriver que l'une et l'autre parties aient intérêt à faire appel du jugement. Mais, en matière civile, une fois l'appel interjeté dans les délais par le perdant, l'autre partie pourra former appel incident, pour ceux des chefs du jugement qui lui font grief, jusqu'au jugement. Au contraire, au correctionnel, l'appel doit être interjeté dans les dix jours, même par celui qui gagne son procès, s'il veut se réserver de reprendre ses conclusions de première instance non entièrement adoptées par le jugement et éviter que ce dernier n'acquière à son égard l'autorité de la chose jugée. Toutefois, l'intimé pourra obtenir des dommages-intérêts sur l'appel téméraire de son adversaire, quand même il n'aurait pas lui-même fait appel.

254. — Si le prévenu a été acquitté en première instance, l'appel interjeté par la partie civile, le breveté, ne permettrait pas, en principe, de remettre en question l'application de la peine, mais seulement l'allocation de dommages-intérêts. L'action publique est éteinte ; une condamnation pénale ne peut donc plus intervenir. Mais, en pratique, le ministère public relève toujours appel des jugements frappés d'appel par l'une des parties, de manière à réserver l'action publique.

255. — L'acquiescement au jugement, son exécution volontaire, rend l'appel non recevable. Mais une semblable renonciation ne saurait se présumer et ne doit s'induire que de faits certains, et dont l'interprétation n'est pas douteuse : ainsi la remise volontaire des objets dont le jugement a prononcé la confiscation.

256. — L'arrêt rendu sur l'appel est encore susceptible d'une voie de recours : le pourvoi en cassation. Nous n'étudierons pas ici l'organisation de la Cour de Cassation et les principes qui déterminent sa compétence et ses attributions. Disons seulement qu'un pourvoi ne peut se fonder que sur un vice de forme ou sur une violation de la loi. Une fausse interprétation du brevet peut être déférée à la Cour de Cassation. Le pourvoi doit être formé dans les deux mois de la signification d'un arrêt rendu au civil et dans les trois jours à partir de la prononciation d'un arrêt de la chambre des appels correctionnels ou à compter de sa signification, si l'arrêt a été prononcé sur une remise « au premier jour », en l'absence de la partie intéressée.

257. 2° Rôle du prétendu contrefacteur. — Il arrive assez souvent que le propriétaire d'un brevet, mal conseillé ou mal inspiré, poursuive indûment un concurrent sous prétexte de contrefaçon, alors que son brevet n'a pas la valeur et la portée qu'il lui attribue, ou que son invention n'est pas nouvelle, ou que les faits argués de contrefaçon sont parfaitement licites. Comment résister à cette attaque, comment obtenir réparation du préjudice?

La plupart des conseils que nous donnions au breveté s'appliquent aussi bien à son adversaire dont nous avons déjà dû, plus d'une fois, envisager le rôle. Il y a pourtant certaines mesures qui lui sont particulières.

258. *Après la saisie.* — Comme la copie de l'ordonnance à fin de saisie doit être remise par l'huissier, avant de procéder, à celui chez lequel il va opérer, ce dernier aura la faculté de se pourvoir en référé, s'il y a lieu, pour faire modifier l'ordonnance et demander notamment qu'une caution soit imposée au breveté. Le référé pourra également être motivé par des inexactitudes relevées dans le procès-verbal de saisie. Il devra être introduit avant que l'assignation ne soit venue dessaisir le juge du référé.

259. *Après l'assignation.* — S'il est assigné devant le tribunal civil, le défendeur devra constituer avoué ; devant le tribunal correctionnel, il pourra se présenter en personne à l'audience, mais il a également le droit de se faire représenter par des conclusions d'avoué s'il n'encourt pas une peine d'emprisonnement (récidive, circonstances aggravantes). Le brevet et l'assignation devront être soumis à un examen attentif, par le défendeur ou par son conseil, pour découvrir les vices de nullité dont ils peuvent être affectés. Des recherches dans les recueils officiels de brevets français et étrangers seront entreprises, au point de vue de la nouveauté de l'invention brevetée. La question de contrefaçon, enfin, fera l'objet d'une étude à la fois technique et juridique. C'est sur ces données que devra être rédigée la note destinée à éclairer l'avocat sur tous les points qu'il lui importe de connaître pour qu'il puisse décider du choix des moyens de défense et du sens des conclusions à prendre, tendant soit à une expertise, soit au renvoi des fins de la plainte avec dommages-intérêts pour abus de citation directe, soit au rejet de la demande introduite au civil et à une demande reconventionnelle en nullité du brevet, etc.

260. Caution. — Mais, avant toutes conclusions au fond, le défendeur ou le prévenu, s'il est Français et si son adversaire est de nationalité étrangère, pourra réclamer la caution *judicatum solvi*, laquelle ne se confond pas avec le cautionnement exigé pour pratiquer la saisie. Nous savons que, de par la Convention de La Haye, la plupart des étrangers sont désormais dispensés de fournir caution.

261. Fins de non-recevoir. — Outre l'exception de caution, certains moyens de forme doivent être également proposés *in limine litis :* la nullité de l'assignation, l'incompétence du tribunal, la litispendance, la connexité, le défaut de qualité du demandeur, son incapacité à ester en justice. Ce sont là des fins de non-recevoir qui ne pourraient plus être utilement invoquées après les conclusions au fond, ni pour la première fois en appel.

262. Moyens de défense. — Il n'en est pas de même des moyens de défense au fond, dont certains sont tirés du droit commun, d'autres sont plus spéciaux à la matière de la contrefaçon. Les moyens de défense que le défendeur ou le prévenu (car la juridiction saisie importe peu) fera valoir, soit et de préférence dans ses conclusions, soit encore verbalement à l'audience correctionnelle, rentreront fatalement dans l'une des catégories suivantes : 1° le fait ne constitue pas une contrefaçon, dans le sens de la loi ; 2° l'action en contrefaçon est prescrite ; 3° le défendeur n'est ni l'auteur, ni le complice du fait incriminé ; 4° le défendeur, s'il s'agit de l'application de l'article 41, a agi de bonne foi ; 5° le défendeur a agi dans l'exercice de son droit ; il n'est pas un contrefacteur parce qu'il était autorisé, en vertu d'une cession même irrégulière ou d'une licence, ou parce qu'il est le véritable propriétaire du brevet, qui lui a été usurpé, ou encore parce qu'il avait la possession antérieure de l'invention ; 6° le brevet est frappé de nullité ou de déchéance et ne peut servir de base à une action en contrefaçon.

C'est sur l'un ou l'autre de ces moyens que se fondera la défense ; elle pourra aussi invoquer plusieurs d'entre eux simultanément, ou subsidiairement ; elle conclura, s'il y a lieu, à une enquête ou à une expertise ou même à la comparution des parties. Si elle prend comme moyen la nullité du brevet, elle pourra, par des conclusions reconventionnelles, demander que la nullité soit prononcée, lorsque l'instance sera engagée devant le tribunal civil. La juridiction correctionnelle, en effet, si elle est compétente, aux termes de l'article 46, pour statuer sur l'exception de nullité (ou de déchéance) du brevet, n'a pas qualité pour la prononcer. C'est un point que nous retrouverons en étudiant l'effet de la chose jugée en matière de contrefaçon. Remarquons encore que les moyens de défense énumérés peuvent être proposés en tout état de cause, même en appel.

Le tribunal correctionnel étant juge des exceptions invoquées par le prévenu de contrefaçon, relatives à la validité ou à la propriété du brevet, n'est pas tenu de surseoir à statuer parce qu'une demande de nullité de brevet serait actuellement pendante devant la juridiction civile entre les mêmes parties. Il pourra accorder le sursis demandé par le prévenu, en fixant un délai dans lequel la décision devra intervenir ; il pourra le refuser s'il n'y voit qu'un moyen dilatoire proposé de mauvaise foi. Le tribunal civil ne devra jamais surseoir dans l'hypothèse inverse.

263. Recours en garantie. — Devant la juridiction répressive, le recours en garantie est inadmissible, la responsabilité pénale étant personnelle au délinquant. Le contrefacteur ne peut donc pas appeler un garant, même pour les conséquences pécuniaires de son délit (1). Et ceci est également vrai, en matière civile, où pourtant l'appel en garantie est parfaitement recevable en principe (2). Ainsi, l'individu convaincu d'avoir fait usage d'un appareil breveté, et condamné pour ce fait comme contrefacteur, n'a aucun recours contre son vendeur, alors même qu'une clause de garantie aurait été expressément stipulée ; une semblable convention serait nulle comme ayant une cause illicite. Mais le recours en garantie est, au contraire, justifié et recevable de la part de celui qui n'est pas lui-même contrefacteur ; par exemple, le vendeur de bonne foi entre les mains duquel l'objet contrefait serait saisi et qui, malgré sa

---

(1) Bordeaux, 16 avril 1894 ; *Gaz. Pal.*, 1894, II, supp. 23. — Paris, 20 décembre 1894 ; *Ann.*, 1895, p. 116.
(2) Besançon, 9 mars 1898 ; *Ann.*, 1899, p. 225. — Nancy, 8 juillet 1902 ; *Ann.*, 1902, p. 224.

bonne foi, serait condamné à la confiscation et aux dépens, pourra former un appel en garantie contre celui duquel il tient les objets contrefaits.

264. — Intervention. — Nous avons montré quel intérêt pouvaient avoir des tiers à la solution d'un procès en nullité ou en déchéance de brevet, et nous avons admis qu'ils pouvaient intervenir dans l'instance. En matière de contrefaçon, l'intervention sera également admissible du côté du demandeur ou du plaignant, de la part de ceux qui pouvaient exercer l'action en contrefaçon, en qualité d'ayants droit du breveté, par exemple, les copropriétaires ou cessionnaires partiels, le syndic d'un breveté failli, représentant la masse des créanciers. Intéressés à défendre les mêmes droits, ils sont recevables à s'associer à l'action intentée contre des contrefacteurs.

265. — L'intervention du côté du défendeur ou du prévenu se justifie-t-elle par des raisons du même genre ? Est-elle conforme aux principes de notre procédure ? En règle générale, un tiers ne peut intervenir dans une instance que si la solution peut préjudicier à ses droits.

Il semble donc que l'intervention soit, comme le recours en garantie, inadmissible au correctionnel ; car où serait l'intérêt du fabricant, par exemple, ou du vendeur d'objets contrefaits à intervenir, à côté de son débitant ou de son receleur poursuivis en contrefaçon ? En prenant leur fait et cause, il ne les exonérerait pas de la responsabilité pénale qui leur incombe personnellement et il ne peut, d'ailleurs, venir se soumettre à une condamnation qui ne saurait être prononcée contre lui, à défaut de plainte ou de citation ; enfin, le jugement rendu entre le breveté et un tiers n'aura pas à son égard l'autorité de la chose jugée et ne préjudiciera pas à ses droits.

Mais l'intérêt sera, au contraire, évident et justifiera l'intervention d'une partie civilement responsable, qui viendra non point prendre le fait et cause du prévenu, mais l'assister dans sa défense pour échapper à la responsabilité civile des conséquences pécuniaires du délit.

Devant le tribunal civil, l'intervention pourra être plus largement accueillie du côté du défendeur ; on admettra à intervenir tous ceux qui ont un intérêt légitime et personnel à résister à la demande dont le succès préjudicierait à leurs droits (1) ; ainsi

---

(1) Cf. Nancy, 8 juillet 1902, *précité*.

le membre d'une société poursuivie en contrefaçon a été jugé recevable, sauf à supporter les frais de son intervention.

266. L'exécution des jugements. — Les jugements en matière de contrefaçon n'étant pas, en règle générale, susceptibles d'une exécution provisoire, il faut décider qu'ils ne pourront être ramenés à exécution que s'ils sont en dernier ressort et contradictoires. Toutefois, le jugement rendu au civil par le tribunal de première instance est exécutoire tant qu'il n'est pas frappé d'appel ; l'appel interjeté est suspensif. Mais le gagnant engagerait sa responsabilité en poursuivant l'exécution avec trop de hâte et de vigueur pendant les délais d'appel. L'arrêt rendu peut encore être l'objet d'un pourvoi en cassation ; si un pourvoi est formé, il suspend l'exécution, mais seulement en matière correctionnelle. Au civil, le gagnant pourra donc faire exécuter les condamnations prononcées ; il le fera toutefois à ses risques et périls, car l'arrêt peut être cassé et la décision des nouveaux juges peut lui être défavorable.

267. L'effet de la chose jugée. — « L'autorité de la chose jugée », dit l'article 1351 du Code civil « n'a lieu qu'à l'égard de ce qui a fait l'objet du jugement. Il faut que la chose demandée soit la même ; que la demande soit fondée sur la même cause ; que la demande soit entre les mêmes parties et formée par elles et contre elles en la même qualité. » Nous avons déjà vu quelles étaient les conséquences de ce principe en matière de nullité et de déchéance des brevets.

Il s'applique également aux jugements qui statuent sur la contrefaçon, et il n'y a même rien de particulier à dire de l'effet de la chose jugée, au civil ou au correctionnel, sur la contrefaçon elle-même, c'est-à-dire sur la constatation et la qualification du délit.

Son autorité est relative ; elle ne pourra donc être invoquée par le breveté dans un procès engagé contre un autre contrefacteur, ni même contre celui qu'il a fait précédemment condamner, s'il s'agit d'autres faits de contrefaçon. Peu importe que l'objet incriminé soit, dans les deux cas, identique ; la liberté d'appréciation du tribunal reste entière, sauf le préjugé qui s'attache à une décision antérieure, rendue sur une espèce tout à fait semblable.

Mais le procès en contrefaçon amènera le tribunal presque nécessairement à se prononcer sur la validité du brevet qui lui est soumis. Le prévenu, en correctionnelle, tirera de la prétendue

10

nullité ou déchéance des brevets une exception pour sa défense. Le défendeur, au civil, demandera souvent au tribunal, par des conclusions reconventionnelles, de prononcer cette nullité ou cette déchéance, en déboutant le breveté de sa demande. Quelle sera la portée du jugement, quelle sera l'autorité de la chose jugée dans ces conditions? Remarquons tout d'abord que l'autorité de la chose jugée ne s'attache qu'au dispositif, non aux motifs d'un jugement.

Si donc le dispositif ne tranche pas du tout la question de nullité, parce que, par exemple, elle n'a pas été formellement posée ou discutée par le poursuivi, il n'y aura pas lieu de se demander s'il y a chose jugée sur ce point. Mais, lorsque le jugement examinera la question de validité du brevet dans ses motifs et la résoudra plus ou moins explicitement dans son dispositif, quel sera l'effet de la chose jugée? Pour une décision des tribunaux civils, pas de difficulté; l'article 1351 reçoit son application et le brevet est désormais entre les parties, valable ou nul, ainsi que nous l'avons précédemment reconnu (1). Lorsque la demande en nullité a été repoussée, elle ne pourra plus être reproduite par la même personne, si ce n'est pour une autre cause de nullité; si elle a été accueillie, l'autorité de la chose jugée s'opposera à toutes nouvelles poursuites de la part du breveté contre le défendeur qui a gagné son procès.

Pour une décision émanant du tribunal correctionnel, devant qui l'exception tirée de la nullité ou de la déchéance a été proposée et qui, en vertu de l'article 46 de la loi, a statué sur l'exception, la question est plus délicate. On a soutenu, en effet, que l'autorité de la chose jugée s'attachait à la décision, quant à la validité du brevet ainsi reconnue ou déniée. L'erreur nous paraît évidente et nous nous rallions à la doctrine des auteurs (2) appuyée sur les principes généraux, sur les travaux préparatoires et sur la logique. La jurisprudence est, d'ailleurs, fixée dans ce sens. « La juridiction correctionnelle, lorsqu'elle statue » sur les exceptions que le prévenu tire soit de la nullité ou de » la déchéance du brevet, soit de sa propriété, ne fait qu'ap- » précier, au point de vue de la prévention, un moyen de » défense qui est opposé à l'action correctionnelle ; la décision » qu'elle rend sur ce moyen de défense ne s'étend pas au delà

---

(1) Cf. *supra*, n° 163.
(2) Cf. Pouillet, n° 886.

» du fait incriminé et ne saurait dès lors être invoquée, dans
» une autre instance, à raison d'autres faits, comme ayant
» l'autorité de la chose jugée » (1). Seul, le tribunal civil a pouvoir de prononcer sur la validité d'un brevet ; l'article 34 de la
loi le dit, d'ailleurs, très explicitement.

268. — Voyons quelques applications des principes que
nous venons de poser : la décision rendue au civil sur la question
de nullité ayant l'autorité de la chose jugée pourra être invoquée,
disions-nous, dans toute instance en contrefaçon entre les mêmes
parties. Par conséquent, si elle est intervenue au cours d'un
procès pendant au correctionnel, elle s'imposera nécessairement
au tribunal de répression qui ne pourra pas examiner à nouveau
la question de validité. Mais, supposons que la juridiction correctionnelle ait prononcé une condamnation devenue définitive,
au moment où le tribunal civil déclare le brevet nul. Cette dernière décision ne saurait avoir pour effet de réformer la sentence
pénale, ni de faire obstacle à son exécution. Notre droit ne
connaît pas, comme d'autres législations, des voies de recours
ou de revision applicables en pareil cas (2).

L'autorité de la chose jugée entre les parties s'étend-elle à
leurs ayants droit ? La réponse est évidente si l'on envisage les
cessionnaires du breveté, ou les héritiers du prétendu contrefacteur qui lui ont succédé dans son industrie. Mais si le défendeur à l'action en contrefaçon a triomphé sur sa demande en
nullité et qu'il continue, en vertu du jugement, à fabriquer, à
vendre des objets semblables à ceux du brevet, ses acheteurs
pourront-ils également invoquer l'autorité de la chose jugée ? Le
bon sens indique qu'ils sont couverts par le bénéfice du jugement.

CHAPITRE VII

La répression et la réparation de la contrefaçon.

269. — La contrefaçon, considérée comme un délit, entraîne
des sanctions pénales qui ne peuvent être prononcées que par

---

(1) Cass., 29 avril 1857 ; *Ann.*, 1857, p. 129.
(2) Cf. Bonnet, *op. cit.*, p. 515.

la juridiction répressive; envisagée comme une atteinte illicite aux droits d'un breveté, comme une cause de préjudice, elle donne lieu à des réparations, les unes purement pécuniaires (dommages-intérêts et confiscation), les autres plutôt morales (publication du jugement). Toutes ces réparations, même celles qui ont un caractère pénal, peuvent être allouées par le tribunal civil aussi bien que par le tribunal correctionnel.

§ Ier. — La répression.

270. Les peines. — Les articles 40 et 41 de la loi frappent de la même peine tous les faits de contrefaçon : 100 à 2000 francs d'*amende*, qu'il s'agisse de la fabrication ou de la vente, du recel ou de l'introduction. Cette peine pourra être modérée par l'admission des circonstances atténuantes (art. 44 de la loi). Elle ne pourra être prononcée qu'une fois pour tous les faits de contrefaçon compris dans les mêmes poursuites à la charge d'un prévenu ; c'est ce qu'exprime l'article 42 en disant que « les peines établies par la présente loi ne pourront être cumulées ». Ainsi, celui qui se sera rendu coupable à la fois de fabrication, de vente, et, en outre, d'usurpation de la qualité de breveté, ne se verra jamais infliger, sur une même prévention, plus de 2000 francs d'amende.

271. — La peine est plus sévère dans le cas de récidive ou de circonstances aggravantes : outre l'amende, *un emprisonnement* d'un mois à six mois pourra être prononcé. « Il y a *récidive*, aux » termes de l'article 43, 2e alinéa, lorsqu'il a été rendu contre » le prévenu, dans les cinq années antérieures, une première » condamnation pour un des délits prévus par la présente loi. » Il importe peu que le délit antérieur ait été commis à l'encontre du même brevet ; mais on se demande, malgré la généralité des termes de la disposition précitée, si la récidive résulte même d'une première condamnation pour usurpation de la qualité de breveté. Il paraît douteux que le législateur ait prévu cette hypothèse, puisque l'article 33 édicte pour cette récidive spéciale une pénalité particulière ; mais le texte de l'article 43 est trop formel pour souffrir une exception. D'ailleurs, l'admission des circonstances atténuantes permettra toujours au juge de modérer la peine en proportion de la faute.

272. — Les *circonstances aggravantes* particulières à la

contrefaçon sont définies par l'article 43 (3° alinéa) : « Si le
» contrefacteur est un ouvrier ou un employé ayant travaillé
» dans les ateliers ou dans l'établissement du breveté, ou si le
» contrefacteur, s'étant associé avec un ouvrier ou un employé
» du breveté, a eu connaissance, par ce dernier, des procédés
» décrits au brevet. » Nous avons déjà examiné ce dernier cas, à
un autre point de vue : la participation de l'ancien ouvrier ou
employé du breveté à la contrefaçon commise par un tiers, à
qui il a révélé le secret de l'invention brevetée, constitue cet
ouvrier en état de complicité, et le rend passible des mêmes
peines que l'auteur principal. La circonstance aggravante résulte,
dans l'un et l'autre cas, de la qualité du contrefacteur ou du
complice, qui est un ancien ouvrier du breveté ; dans la seconde
hypothèse, il faut qu'il s'y ajoute le fait de la révélation. Toutes
ces dispositions, vu leur caractère pénal, doivent être interprétées restrictivement et ne peuvent recevoir leur application
que dans les circonstances expressément déterminées dans
l'article 43.

§ II. — Les réparations.

273. La confiscation. — Le premier mode de réparation
prévu par la loi, c'est la confiscation que l'article 49 organise
ainsi : « La confiscation des objets reconnus contrefaits, et, le
» cas échéant, celle des instruments ou des ustensiles destinés
» spécialement à leur fabrication, seront, même en cas d'acquit-
» tement, prononcées contre le contrefacteur, le receleur, l'in-
» troducteur ou le débitant. Les objets confisqués seront remis
» au propriétaire du brevet, sans préjudice de plus amples dom-
» mages-intérêts et de l'affiche du jugement, s'il y a lieu. »
Ainsi la confiscation est à la fois la première et la principale
des réparations accordées au breveté ; elle a pu être considérée,
en effet, comme « l'élément naturel de l'indemnité due au breveté »
qu'il recevrait « en nature, à titre de dédommagement ». Les
objets contrefaits ne sont-ils pas, en quelque sorte, des fruits du
brevet, perçus par un possesseur illégitime et qui doivent être
restitués au véritable propriétaire ? La confiscation n'est donc
pas une peine, dans notre droit (1) ; mais ce mode de réparation
présente d'autre part des caractères très particuliers : la confiscation

---

(1) Il en est différemment dans la législation allemande. Cf. Bonnet, *op. cit.*,
p. 511.

doit être prononcée par le juge, de plein droit, même si elle n'a pas été demandée par le breveté, même si le jugement conclut à l'acquittement du prévenu (débitant de bonne foi), enfin, quelle que soit la valeur des objets auxquels elle s'applique, dépassât-elle de beaucoup le préjudice causé. Ces traits caractéristiques montrent que la confiscation ne s'inspire pas seulement d'une idée de réparation, mais qu'elle a été édictée aussi comme une mesure d'ordre public pour retirer du commerce des objets qui ne pourraient y demeurer qu'en fraude des droits de l'inventeur breveté.

274. — La confiscation porte essentiellement sur les objets contrefaits. Pour un produit breveté, pas de difficulté ; si ce produit est incorporé à un objet du domaine public, on confisquera le tout lorsque la séparation sera impossible (1) ; mais, s'il n'y a pas indivisibilité, on ne frappera de confiscation que l'élément contrefait (la coque et les roues d'un navire et non la machine à vapeur, qui ne rentre pas dans le brevet ; la serrure d'une portière de voiture, non la portière, ni la voiture elle-même). L'appareil breveté comprend nécessairement tous les organes décrits au brevet, même ceux empruntés au domaine public. Pour un procédé breveté, la confiscation porte sur les objets auxquels le procédé a été appliqué, car ils sont désormais inséparables du procédé contrefait (des vases en porcelaine sur lesquels a été appliquée la dorure par le procédé breveté). *Quid* des produits obtenus à l'aide du procédé breveté ou fabriqués par la machine brevetée ? Nous avons admis (2) que leur mise en vente ou leur introduction constituait par elle-même un fait de contrefaçon, la protection du brevet délivré pour un procédé s'étendant de plein droit aux produits directement obtenus par son application. Cela revient à dire que ces produits eux-mêmes doivent être réputés contrefaits, bien qu'ils ne fassent pas l'objet du brevet. La confiscation pourra donc logiquement en être prononcée ; ainsi jugé pour des alcools de betteraves distillés dans des appareils contrefaits ; des tissus épontillés chimiquement, d'après un procédé breveté (3).

275. — La loi ordonne, en outre, la confiscation, s'il y a lieu, *des instruments ou ustensiles* destinés spécialement à la

(1) Cf. la définition de l'indivisibilité, Besançon, 9 mars 1898 ; *Ann.*, 1899, 223.
(2) Cf. *supra*, n° 218.
(3) Cf. Cass., 11 juillet 1900 ; *Sir.*, 1900, I, 408 ; *Dall.*, 1900, I, 492. — Nancy, 2 janvier 1902 ; *Gaz. Pal.*, 1902, I, 429.

fabrication des objets contrefaits. Nous ne pensons pas que ce soit là une mesure facultative pour le juge, comme le soutiennent les auteurs (1), mais que les mots : « le cas échéant » dont ils argumentent, prévoient le cas, assez fréquent, où il n'y aura pas d'instruments spécialement affectés à cette destination, et ceux où la preuve de l'affectation spéciale sera délicate. Il y a forcément place pour un certain pouvoir discrétionnaire du juge dans l'appréciation de la destination des instruments et ustensiles ; et le législateur en a tenu compte. Mais nous pensons que la confiscation *devra* être prononcée pour les ustensiles et appareils qui ont été les moyens de la contrefaçon et dont il y a lieu d'enlever la possession au contrefacteur, qui en a fait et pourrait en faire un usage illicite, pour les attribuer au breveté, seul qualifié pour s'en servir dans sa fabrication (2). Les matières premières destinées à la contrefaçon sont des instruments dans le sens de la loi ; pour qu'elles soient sujettes à confiscation, il faut que, par leur nature ou par la préparation qu'elles ont reçue, elles paraissent spécialement et certainement destinées à y servir.

276. — On a beaucoup discuté la question de savoir sur quels objets pouvait porter la confiscation : les objets compris dans la saisie réelle ? ceux désignés et décrits dans le procès-verbal ? tous ceux qui pourront être trouvés en la possession du contrefacteur ? Cette controverse a divisé les auteurs et la jurisprudence ; elle n'est pas éteinte. Le dernier système, le plus large, paraît pourtant triompher aujourd'hui (3) ; il est certainement le plus rationnel et aussi le plus conforme au texte de la loi, dans laquelle on ne trouve aucune réserve, aucune restriction, quant à l'étendue de la confiscation des objets contrefaits. La constatation judiciaire de la contrefaçon n'est pas une condition des poursuites ni de la répression ; d'autre part, le mode de constatation ne dépend pas du choix du breveté, et ses limites peuvent être fixées dans l'ordonnance du président. Comment et pourquoi la portée de la confiscation serait-elle déterminée d'avance par les termes d'une ordonnance dont ce n'est pas l'objet ou par l'arbitraire de l'huissier chargé de pratiquer la

---

(1) Pouillet, n° 978 ; Allart, III, n° 698 ; *Pandectes*, V°, Prop. litt., etc., n°5861.
(2) Cf. Amiens, 2 décembre 1898 ; *Pand. fr.*, 1900, II, 47.
(3) Cf. Cass., 8 mai 1895 ; *Ann.*, 1895, page 172. — Cass., 14 janvier 1898, Amiens, 2 décembre 1898 ; *Gaz. Pal.*, 1899, I, 492 ; *Pand. fr.*, 1900, II, 47. — Nancy, 2 janvier 1902 *précité.*

saisie? Cela paraît d'autant plus inadmissible que la confiscation est, comme nous l'avons dit, la première et la principale réparation accordée au breveté et que ce sera souvent la seule, si le contrefacteur est insolvable. Par conséquent, la confiscation devra être prononcée, d'une façon générale, pour tous les objets conformes au modèle reconnu contrefait dans le jugement et qui seront trouvés en la possession des contrefacteurs, ou, plus exactement et exclusivement, de ceux qui ont été personnellement parties au procès, quand même ils n'en seraient pas propriétaires (1).

277. — La jurisprudence admet toutefois que le fabricant de produits contrefaits pourra, en outre, être condamné, sur les conclusions du breveté, à lui remettre les objets sortis de son usine et vendus ou confiés en dépôt à des débitants ou receleurs, sous une astreinte que le tribunal fixera. Cette manière de procéder évitera au breveté des recherches, des poursuites et des procès multiples; mais elle ne sera vraiment applicable que lorsque l'importance de la fabrication délictueuse aura pu être établie. D'ailleurs, dans cette hypothèse, nous ne nous trouvons plus en présence d'une véritable confiscation, mais plutôt d'un mode spécial de réparation équivalant à des dommages-intérêts.

278. — L'article 49 ordonne la confiscation « contre le con- » trefacteur, le receleur, l'introducteur ou le débitant », « même » en cas d'acquittement »: ce texte ne prête guère à la contro- verse; il atteint tout auteur ou complice d'une contrefaçon re- connue. On conteste pourtant qu'il puisse s'appliquer au simple détenteur d'un objet contrefait qui n'en fait qu'un usage person- nel. Ce dernier n'est pas compris, dit-on, dans l'énumération de l'article 49, et le législateur a voulu qu'on respectât sa possession privée ou domestique, alors du moins qu'elle se fonde sur la bonne foi. La jurisprudence est en majorité favorable à cette opi- nion (2). De bons auteurs (3) font observer cependant que le détenteur dont on parle n'est autre chose qu'un receleur de bonne foi, et que son acquittement ne doit pas le faire échapper à la confiscation qui se justifie contre lui par les mêmes raisons qu'à l'égard de tous autres.

279. Les dommages-intérêts. — La confiscation nous est apparue comme un premier mode de réparation du préjudice

---

(1) Cf. pourtant Cass., 8 mai 1894; *Dall.*, 95, I, 9.
(2) Paris, 20 avril 1896; *Dall.*, 1896, II, 296.
(3) Pouillet, n° 987; Allart, III, n° 692; Dalloz, 1854, 1, 72; Blanc, p. 677.

causé par la contrefaçon ; « elle constitue, a-t-on dit excellemment (1), un gage réel pour l'indemnité allouée au breveté ».
Mais alors même qu'elle comprendrait la restitution, la remise au
breveté de tous les objets fabriqués, c'est-à-dire de tous les fruits
indûment perçus, d'une exploitation illicite, la confiscation ne
couvrirait pas toujours entièrement le préjudice éprouvé. Aussi
la loi (art. 49) prévoit-elle l'allocation de plus amples dommages-
intérêts, s'il y a lieu. Quels seront les éléments de l'indemnité ?
Les bénéfices réalisés par le contrefacteur, dans son exploitation
illicite du brevet, doivent nécessairement entrer en considération,
mais, d'autre part, le dommage subi par le breveté comprend
aussi la perte occasionnée dans ses affaires par le trouble et par
la concurrence qu'il a soufferts, le discrédit jeté sur sa découverte par l'audace des contrefacteurs, enfin les frais de recherche
et de poursuite (2). Les tribunaux sont investis d'un pouvoir
discrétionnaire pour l'estimation du préjudice et la fixation du
chiffre des dommages-intérêts ; ils sont libres de n'en pas accorder s'ils jugent que la confiscation et la condamnation du contrefacteur aux dépens constituent pour le breveté une réparation
suffisante.

280. — En pratique, il y a deux modes de fixation des dommages-intérêts : l'allocation d'une somme déterminée, d'après
une évaluation basée sur les documents produits au débat, et la
condamnation à des dommages-intérêts « à fixer par état ». Dans
ce dernier cas, il appartient au breveté de dresser et de fournir
un état des dommages-intérêts qu'il réclame ; cet état sera débattu
contradictoirement entre les parties et examiné par le tribunal
qui statuera en conséquence (3). Le tribunal pourra, d'ailleurs, et
cette mesure sera souvent nécessaire, ordonner une expertise
qui portera sur les livres du contrefacteur, et devra établir la
quantité de produits contrefaits qu'il a fabriqués ou vendus.

281. — Le chiffre des dommages-intérêts alloués en première instance pour la réparation de la contrefaçon ne peut être
élevé par la Cour que sur l'appel (principal ou incident) interjeté par le breveté, qui reprendra ses conclusions tendant à l'al-

---

(1) Picard et Olin, n° 715.
(2) Cf. Trib. corr. Boulogne-sur-Mer, 2 mai 1891 ; *Ann.*, 1892, page 61. —
Cass., 16 décembre 1897 ; *Ann.*, 1897, page 319. — Besançon, 9 mars 1898 ;
Ann., 1899, page 225. — Cass., 9 juin 1899 ; *Sir.*, 1901, I. 198.
(3) Paris, 25 mars 1898 ; *Droit*, 29 mai 1898.

location d'une somme supérieure. Mais il ne pourra se fonder sur des faits de contrefaçon et des éléments de préjudice, non invoqués en première instance. Toutefois, des dommages-intérêts pourront être réclamés devant la Cour, même sans appel du breveté, à raison du préjudice causé par l'appel du contrefacteur.

282. — Nous avons déjà dit précédemment dans quels cas une condamnation solidaire à des dommages-intérêts pouvait être prononcée contre plusieurs contrefacteurs, unis par un lien de complicité réelle (1). La contrainte par corps ne pourrait être employée pour le recouvrement des dommages-intérêts que sur la condamnation prononcée par la juridiction répressive. Mais le non-paiement dûment constaté pourra toujours servir de base à une demande en déclaration de faillite.

283. — C'est un principe général de notre droit que les tribunaux ne peuvent être saisis d'une action se référant à l'avenir, ni statuer en vue d'éventualités futures. Aussi le breveté ne saurait-il demander utilement au tribunal de prononcer une condamnation à des dommages-intérêts pour chaque fait de contrefaçon dont le prévenu se rendrait coupable dans l'avenir.

284. — En parlant de l'allocation de dommages-intérêts, nous les avons attribués au breveté; mais ce n'est là qu'une expression générale pour désigner le propriétaire du brevet et tous les ayants droit. Car il va de soi que ce n'est pas le titulaire originaire qui pourra les réclamer, s'il a cédé son brevet; c'est le cessionnaire ou les cessionnaires partiels, dans la mesure de leur intérêt. La loi, nous l'avons dit, accorde l'action en contrefaçon à la partie lésée.

285. — Le breveté lui-même se verra parfois condamné à des dommages-intérêts sur les conclusions reconventionnelles du défendeur ou du prévenu, qu'il aura injustement et témérairement poursuivi en contrefaçon. Ce sera là non point la peine de son action téméraire, mais la réparation du préjudice qu'elle aura causé. Il faut donc qu'il y ait eu préjudice et, en outre, que les poursuites aient été intentées de mauvaise foi ou par suite d'une erreur grossière, inexcusable (2). En général, les juges considéreront la condamnation aux dépens, comme une répara-

---

(1) Cf. *supra*, n° 203.
(2) Trib. corr. Seine, 25 mars 1893; *Gaz. Pal.*, 1893, II, 202. — Paris, 20 décembre 1894; *Ann.*, 1895, page 116.

tion suffisante. On n'admettra pas volontiers non plus qu'il puisse être dû des dommages-intérêts au débitant, au receleur de bonne foi, relaxés des poursuites sans dépens.

286. L'affiche du jugement. — Aux termes de l'article 49, les tribunaux (civils ou correctionnels) peuvent ordonner, en matière de contrefaçon, « l'affiche du jugement, s'il y a lieu ». Cette mesure constitue une réparation civile et non une peine, encore qu'elle donne à qui en bénéficiera une satisfaction morale plutôt qu'un avantage matériel, et qu'elle inflige à celui qui la subit une atteinte à sa considération professionnelle et à sa bourse, qui lui sera souvent plus sensible qu'une condamnation à l'amende. Mais le dédommagement résulte de la publicité donnée à la décision qui consacre les droits du gagnant, parce qu'elle détruit l'effet des contestations dont ils ont été l'objet, et qu'elle en prévient le retour.

287. — La publication du jugement peut être ordonnée au profit du breveté qui triomphe dans ses poursuites, même, le cas échéant, à l'encontre d'un contrefacteur de bonne foi, si l'action a été portée devant la juridiction civile; elle pourra être accordée également au défendeur ou au prévenu témérairement poursuivi. Encore faut-il qu'elle ait été réclamée par conclusions. Elle sera faite, dans la mesure où elle aura été ordonnée, aux frais de la partie qui succombe.

288. — Les tribunaux ont le choix entre deux formes de publicité : par voie d'affiche ou par voie d'insertion dans les journaux et périodiques ; ils peuvent, d'ailleurs, ordonner la publicité sous ces deux formes à la fois. Leur décision déterminera le nombre des affiches ou des insertions, désignera les localités ou les journaux dans lesquels la publication sera faite, et limitera la dépense. Si le tribunal ne restreint pas expressément la publication à une partie ou à des extraits du jugement, elle comprendra son texte intégral, conforme à l'expédition qui en est délivrée par le greffier. Lorsque, sur appel, la Cour aura modifié le jugement de première instance, c'est l'arrêt qui devra être publié. Et il paraît inadmissible que le gagnant fasse publier le jugement malgré l'appel interjeté par l'adversaire ; c'est là une exécution partielle du jugement à laquelle l'effet suspensif de l'appel met obstacle. Mais la confirmation pure et simple couvrirait l'infraction commise.

289. Le gagnant qui aura fait l'avance des frais de publicité pourra user, pour en obtenir le remboursement, de la procédure rapide et peu coûteuse de liquidation des dépens. Considérés comme des dépens supplémentaires, ces frais entreront en taxe, et le juge taxateur en vérifiera le coût, retranchera ce qui lui paraîtra excessif (caractères typographiques trop gros, emplacement trop coûteux) et réglera l'état général des frais, dont le recouvrement pourra être poursuivi dans les conditions habituelles.

290. — Lorsque la publication du jugement n'a pas été ordonnée, le gagnant est-il néanmoins en droit de la faire à ses propres frais? Peut-il, à la même condition, dépasser le nombre d'affiches ou d'insertions fixé par le tribunal? substituer aux affiches des tableaux permanents? Ces questions sont fort controversées; la pratique oblige à les résoudre. Les deux premières se rattachent à un même principe général : la publication des jugements constitue-t-elle l'exercice d'un droit? En faveur de l'affirmative, on tire argument du principe de la publicité des audiences et de l'usage qui autorise la publication des jugements dans les journaux judiciaires, dans les recueils de jurisprudence, et, très généralement, par extraits dans tous les journaux; la loi prévoit expressément les cas où le compte rendu des débats ne peut être publié, et même alors elle n'interdit pas la publication du jugement. En faveur de l'opinion contraire, on fait valoir qu'il ne peut dépendre du bon plaisir d'un plaideur de procéder à une publication que le tribunal a refusé d'ordonner en vertu de son pouvoir discrétionnaire, qu'il lui était loisible de solliciter l'autorisation de faire des insertions à ses frais, enfin que le caractère tant soit peu pénal d'une semblable mesure doit en faire prohiber l'usage ou plutôt la licence.

En présence de la tolérance plus ou moins justifiée qui règne actuellement en matière de publicité, il paraîtrait illogique et vain d'interdire, d'une façon générale, à un plaideur de faire publier par insertions un jugement que les journaux judiciaires peuvent librement imprimer *in extenso*, avec le nom des parties (1). D'ailleurs, la loi, en autorisant la publication aux frais du perdant, le juge, en l'ordonnant ou en la refusant, ne se prononcent ni l'une ni l'autre sur la publication aux frais du gagnant ou d'un tiers; or, ce qui n'est pas défendu est licite.

Nous conclurons donc que le gagnant a le droit de faire

---

(1) On peut se demander s'il n'y a pas là un abus. Les journaux judiciaires de l'étranger ne donnent, le plus souvent, que les initiales des noms des parties.

publier la décision rendue, à ses propres frais, ou d'augmenter
le nombre prescrit d'affiches et d'insertions, en payant ce qui
n'est pas à la charge du perdant.

291. — Mais ce droit trouve ses limites dans l'abus qu'on en
peut faire, et la publication engage la responsabilité de celui
qui l'effectue et l'expose à des dommages-intérêts lorsqu'elle
est faite sans nécessité, par malveillance, dans le seul but de
nuire, dans des conditions particulièrement dommageables, ou
avec excès. Ce sera là une question de fait soumise à l'appréciation des tribunaux. Le fait de substituer des tableaux permanents aux affiches, éphémères par définition, que le jugement
avait ordonnées, sera jugé d'après les mêmes principes ; une
décision a déclaré qu'il n'était pas répréhensible, une autre
pourrait statuer en sens contraire, dans une espèce différente.

CHAPITRE VIII

La prescription.

292. — Parmi les exceptions qui peuvent être opposées aux
poursuites en contrefaçon, nous avons signalé la prescription.
Elle constitue, en effet, un moyen de défense péremptoire, en matière civile aussi bien que devant la juridiction répressive ; c'est
même une exception d'ordre public qui peut être invoquée en tout
état de cause, et qui doit être suppléée d'office par les tribunaux.

293. — La prescription que nous envisageons ici est celle
du délit et non celle de la peine, laquelle est distincte (1). Elle
n'est pas réglée par la loi sur les brevets, mais par les principes
généraux du Code d'instruction criminelle (art. 637 et 638) :
l'action publique et l'action civile, résultant d'un délit, se pres-
crivent par trois années révolues à compter du jour où le délit a
été commis, ou à compter du dernier acte d'instruction ou de
poursuites non suivi de jugement. Lorsqu'il est intervenu un
jugement définitif prononçant une peine, c'est la prescription de
la peine qui devient applicable.

294. — Ainsi l'action en réparation du préjudice causé par

---

(1) Cf. *infra*, nº 299.

la contrefaçon se prescrit dans les mêmes conditions que l'action tendant à la répression du délit ; peu importe la juridiction saisie. La prescription interrompue par des poursuites (assignation ou citation, même devant un tribunal incompétent, mais non la saisie) s'accomplirait en cours d'instance ou en cause d'appel, si le poursuivant laissait s'écouler un délai de trois ans depuis le dernier acte de poursuite (jugement avant faire droit, acte d'appel). La demande en nullité de brevet, introduite par le contrefacteur, n'interrompt pas la prescription du délit à son égard (1).

295. — C'est au défendeur qu'il appartient de justifier de la prescription qu'il invoque, au demandeur d'établir l'acte interruptif. Mais l'exception étant d'ordre public, les juges pourront l'opposer d'office, et le défendeur l'invoquer sans autre preuve, lorsque les faits articulés dans les poursuites se placeront à une époque bien antérieure au délai de trois ans.

296. — Le point de départ de la prescription est fixé par les principes généraux au jour où le délit a été commis. L'application de cette règle présente une difficulté en notre matière, parce que le délit de contrefaçon est constitué par divers faits, d'ordre différent, et qu'il y a lieu de se demander, pour chacun d'eux, s'il a ou non le caractère d'un délit successif ou continu. L'intérêt de cette question réside en ce que, pour le délit successif, la prescription ne commence à courir qu'à partir du moment où le délit a cessé. S'il en était ainsi de la contrefaçon en général, on déciderait que la fabrication illicite ne serait prescrite, dans son ensemble, que trois ans après la cessation de l'exploitation. Mais on doit reconnaître que la fabrication, par exemple, s'exécute par une succession ininterrompue de faits qui constituent chacun un acte distinct de contrefaçon, mais qu'elle n'a pas le caractère de continuité qui caractérise le délit successif (2). Examinons, à ce point de vue, les divers délits énumérés dans les articles 40 et 41.

297. — La fabrication, nous l'avons dit, comporte une multiplicité, peut-être une infinité de faits de contrefaçon qui sont soumis, indépendamment les uns des autres et séparément, à la prescription, laquelle commence donc à courir, pour chacun d'eux, du moment où il est consommé. Tous les faits

---

(1) *Contra*, Pouillet, n° 1018 ; *sic*, Allart, III. n° 676.
(2) Les délits successifs sont : l'association de malfaiteurs, le recelé d'objets volés, le recelé de malfaiteurs, la séquestration arbitraire, le vagabondage.

accomplis depuis plus de trois ans ne tombent plus sous l'application de la loi. Dans l'usage d'un objet contrefait, dans l'emploi illicite des moyens brevetés, il est plus malaisé d'appliquer la distinction précédente. La doctrine et la jurisprudence sont divisées (1); nous ne pensons pas qu'il y ait là un délit successif, car ce qui constitue le délit, ce n'est pas proprement la détention, la possession illicite de l'objet ou du procédé, c'est l'usage ou l'emploi, lequel résulte de faits parfaitement distincts ou discontinus, au moins théoriquement, et ne crée pas un état de fait, comme dans les exemples de délits successifs que nous fournit le droit criminel. Par contre, il n'est pas douteux que le recel ininterrompu d'un même objet ou d'un ensemble d'objets contrefaits répond à la définition du délit successif; la prescription ne court donc que du jour où le recel a cessé. Les faits de vente, de mise en vente, d'introduction se renouvellent incessamment, et chacun d'eux, lors même qu'il est la répétition identique du précédent, est un délit distinct de contrefaçon.

298. — Pratiquement, la définition du délit de contrefaçon, d'après la règle que nous venons de suivre, a encore de l'importance au point de vue du calcul des dommages-intérêts ; les seuls faits dont il y ait lieu de tenir compte, pour l'appréciation du préjudice et l'évaluation de l'indemnité, sont ceux qui ne sont pas couverts par la prescription.

299. — Nous avons indiqué plus haut que la peine prononcée pour un délit de contrefaçon se prescrivait aussi, mais dans des conditions différentes. Cette prescription particulière s'accomplit par un délai de cinq ans, à compter de la date de l'arrêt ou du jugement rendu en dernier ressort, et, à l'égard des peines prononcées en première instance, à partir du jour où l'appel n'est plus recevable. La prescription de la peine ne s'applique qu'aux peines proprement dites, amende, emprisonnement, mais non aux réparations civiles, telles que les dommages-intérêts, dont la dette ne se prescrit que par trente ans.

---

(1) Cf. Riom, 20 février 1901; *Rec. Riom*, 1900-1901, 224.

DOCUMENTS LÉGISLATIFS

ET

ADMINISTRATIFS

LOI

relative aux découvertes utiles et aux moyens d'en assurer la propriété à ceux qui seront reconnus en être les auteurs.

(7 janvier 1791) (1).

LOUIS, par la grâce de Dieu, et par la Loi constitutionnelle de l'Etat, Roi des Français : A tous présents et à venir : Salut: L'Assemblée nationale a décrété, et Nous voulons et ordonnons ce qui suit :

Décret de l'Assemblée nationale du 31 décembre 1790.

L'Assemblée nationale, considérant que toute idée nouvelle, dont la manifestation ou le développement peut devenir utile à la société, appartient primitivement à celui qui l'a conçue, et que ce serait attaquer *les droits de l'homme* dans leur essence que de ne pas regarder une *découverte industrielle* comme la propriété de son auteur; considérant en même temps combien le défaut d'une déclaration positive et authentique de cette vérité peut avoir contribué jusqu'à présent à décourager l'industrie française, en occasionnant l'émigration de plusieurs artistes distingués, et en faisant passer à l'étranger un grand nombre d'inventions nouvelles, dont cet empire aurait dû tirer les premiers avantages; considérant, enfin, que tous les principes de justice, d'ordre public et d'intérêt national, lui commandent impérieusement de fixer désormais l'opinion des citoyens français sur ce genre de propriété par une loi qui la consacre et qui la protège, décrète ce qui suit :

ARTICLE PREMIER

Toute découverte ou nouvelle invention, dans tous les genres d'industrie, est la propriété de son auteur; en conséquence, la loi lui en garantit la pleine et entière jouissance, suivant le mode et pour le temps qui seront ci-après déterminés.

II. — Tout moyen d'ajouter à quelque fabrication que ce puisse être, un nouveau genre de perfection, sera regardé comme une invention.

III. — Quiconque apportera le premier en France une découverte étrangère jouira des mêmes avantages que s'il en était l'inventeur.

IV. — Celui qui voudra conserver ou s'assurer une propriété industrielle du genre de celles énoncées aux précédents articles sera tenu : 1° de s'adresser au secrétariat du directoire de son département, et d'y déclarer par écrit si l'objet qu'il présente est d'invention, de perfection, ou seulement

---

(1) Cette loi a été abrogée par la loi du 5 juillet 1844.

d'importation; 2° de déposer, sous cachet, une description exacte des principes, moyens et procédés qui constituent la découverte, ainsi que les plans, coupes, dessins et modèles qui pourraient y être relatifs, pour ledit paquet être ouvert au moment où l'inventeur recevra son titre de propriété.

V. — Quant aux objets d'une utilité générale, mais d'une exécution trop simple et d'une imitation trop facile pour établir aucune spéculation commerciale, et dans tous les cas, lorsque l'inventeur aimera mieux traiter directement avec le gouvernement, il lui sera libre de s'adresser, soit aux assemblées administratives, soit au Corps législatif, s'il y a lieu, pour confier sa découverte, en démontrer les avantages, et solliciter une récompense.

VI. — Lorsqu'un inventeur aura préféré aux avantages personnels assurés par la loi l'honneur de faire jouir sur-le-champ la Nation des fruits de sa découverte ou invention, et lorsqu'il prouvera par la notoriété publique, et par des attestations légales que cette découverte ou invention est d'une véritable utilité, il pourra lui être accordé une récompense sur les fonds destinés aux encouragements de l'industrie.

VII. — Afin d'assurer à tout inventeur la propriété et la jouissance temporaire de son invention, il lui sera délivré un *titre* ou *patente*, selon la forme indiquée dans le règlement qui sera dressé pour l'exécution du présent décret.

VIII. — Les patentes seront données pour cinq, dix ou quinze années, au choix de l'inventeur; mais ce dernier terme ne pourra jamais être prolongé sans un décret particulier du Corps législatif.

IX. — L'exercice des patentes accordées pour une découverte importée d'un pays étranger ne pourra s'étendre au delà du terme fixé dans ce pays, à l'exercice du premier inventeur.

X. — Les patentes, expédiées en parchemin et scellées du sceau national, seront enregistrées dans les secrétariats des directoires de tous les départements du royaume, et il suffira pour les obtenir de s'adresser à ces directoires, qui se chargeront de les procurer à l'inventeur.

XI. — Il sera libre à tout citoyen d'aller consulter, au secrétariat de son département, le catalogue des inventions nouvelles; il sera libre de même à tout citoyen domicilié de consulter au dépôt général établi à cet effet les *spécifications* des différentes patentes actuellement en exercice; cependant, les *descriptions* ne seront point communiquées dans le cas où l'inventeur, ayant jugé que des raisons politiques ou commerciales exigent le secret de sa découverte, se serait présenté au Corps législatif pour lui exposer ses motifs, et en aurait obtenu un décret particulier sur cet objet.

Dans le cas où il sera déclaré qu'une description demeurera secrète, il sera nommé des commissaires pour veiller à l'exactitude de la description, d'après la vue de moyens et procédés, sans que l'auteur cesse pour cela d'être responsable par la suite de cette exactitude.

XII. — Le propriétaire d'une patente jouira privativement de l'exercice et des fruits des découvertes, invention ou perfection pour lesquelles ladite patente aura été obtenue; en conséquence il pourra, en donnant bonne et suffisante caution, requérir la saisie des objets contrefaits, et traduire les contrefacteurs devant les tribunaux; lorsque les contrefacteurs seront convaincus, ils seront condamnés en sus de la contrefaçon à payer à l'inventeur des dommages-intérêts proportionnés à l'importance de la contrefaçon, et en outre à verser dans la caisse des pauvres du district une amende fixée au quart du montant desdits dommages-intérêts, sans toutefois que ladite amende puisse excéder la somme de trois mille livres, et au double en cas de récidive.

XIII. — Dans le cas où la dénonciation pour contrefaçon, d'après laquelle la saisie aurait eu lieu, se trouverait dénuée de preuves, l'inventeur sera condamné envers sa partie adverse à des dommages-intérêts proportionnés au trouble et au préjudice qu'elle aura pu en éprouver, et en outre à verser dans la caisse des pauvres du district une amende fixée au quart du montant desdits dommages et intérêts, sans toutefois que ladite amende puisse excéder la somme de trois mille livres, et au double en cas de récidive.

XIV. — Tout propriétaire de patente aura droit de former des établissements dans toute l'étendue du Royaume, et même d'autoriser d'autres particuliers à faire l'application et l'usage de ses moyens et procédés; et, dans tous les cas, il pourra disposer de sa patente, comme d'une propriété mobilière.

XV. — A l'expiration de chaque patente, la découverte ou invention devant appartenir à la société, la description en sera rendue publique, et l'usage en deviendra permis dans tout le Royaume, afin que tout citoyen puisse librement l'exercer et en jouir, à moins qu'un décret du Corps législatif n'ait prorogé l'exercice de la patente, ou n'en ait ordonné le secret dans les cas prévus par l'article XI.

XVI. — La description de la découverte énoncée dans une patente sera de même rendue publique, et l'usage des moyens et procédés relatifs à cette découverte sera aussi déclaré libre dans tout le Royaume lorsque le propriétaire de la patente en sera déchu, ce qui n'aura lieu que dans les cas ci-après déterminés :

1° Tout inventeur convaincu d'avoir en donnant sa description recélé ses véritables moyens d'exécution sera déchu de sa patente;

2° Tout inventeur, convaincu de s'être servi dans ses fabrications de moyens secrets qui n'auraient point été détaillés dans sa description, ou dont il n'aurait pas donné sa déclaration pour les faire ajouter à ceux énoncés dans sa description, sera déchu de sa patente;

3° Tout inventeur, ou se disant tel, qui sera convaincu d'avoir obtenu une patente pour des découvertes déjà consignées et décrites dans des ouvrages imprimés et publiés, sera déchu de sa patente;

4° Tout inventeur qui, dans l'espace de deux ans, à compter de la date de la patente, n'aura point mis sa découverte en activité, et qui n'aura point justifié les raisons de son inaction, sera déchu de sa patente;

5° Tout inventeur qui, après avoir obtenu une patente en France, sera convaincu d'en avoir pris une pour le même objet en pays étranger, sera déchu de sa patente;

6° Enfin tout acquéreur du droit d'exercer une découverte énoncée dans une patente, sera soumis aux mêmes obligations que l'inventeur, et, s'il y contrevient, la patente sera révoquée, la découverte publiée, et l'usage en deviendra libre dans tout le Royaume.

XVII. — N'entend l'Assemblée nationale porter aucune atteinte aux privilèges exclusifs ci-devant accordés pour *inventions et découvertes*, lorsque toutes les formes légales auront été observées pour ces privilèges, lesquels auront leur plein et entier effet, et seront au surplus les possesseurs de ces anciens privilèges, assujettis aux dispositions du présent décret.

Les autres privilèges, fondés sur de simples arrêts du Conseil et sur des lettres-patentes non enregistrées, seront convertis sans frais en *patentes*, mais seulement pour le temps qui leur reste à courir, en justifiant que lesdits privilèges ont été obtenus pour découvertes et inventions du genre de celles énoncées aux précédents articles.

Pourront les propriétaires desdits anciens privilèges enregistrés, et de ceux convertis en patentes, en disposer à leur gré, conformément à l'article XIV.

XVIII. — Le comité d'agriculture et de commerce, réuni au comité des impositions, présentera à l'Assemblée nationale un projet de règlement qui fixera les taxes des patentes d'inventeurs, suivant la durée de leur exercice, et qui embrassera tous les détails relatifs à l'exécution des divers articles contenus au présent décret.

Mandons et ordonnons à tous les tribunaux, corps administratifs et municipalités, que les présentes ils fassent transcrire sur leurs registres, lire, publier et afficher dans leurs ressorts et départements respectifs, et exécuter comme loi du Royaume. En foi de quoi Nous avons signé et fait contresigner cesdites présentes, auxquelles Nous avons fait apposer le sceau de l'Etat. A Paris, le septième jour du mois de janvier, l'an de grâce mil sept cent quatre-vingt-onze et de notre règne le dix-septième.

Signé : LOUIS.

Et plus bas, M.-L.-F. DUPORT.

Et scellées du sceau de l'Etat.

LOI

Portant règlement sur la Propriété des Auteurs d'inventions
et découvertes en tout genre d'industrie.

(25 mai 1791) (1).

LOUIS, par la grâce de Dieu et par la Loi constitutionnelle de l'Etat, Roi des Français : A tous présents et à venir : Salut. L'Assemblée nationale a décrété, et Nous voulons et ordonnons ce qui suit :

Décret de l'Assemblée nationale des 29, 31 mars, 7 avril et 14 mai 1791.
Réglement pour l'exécution de la loi du 7 janvier 1791, sur la Propriété des Auteurs d'inventions et découvertes en tout genre d'industrie.

TITRE PREMIER

ARTICLE PREMIER

En conformité des trois premiers articles de la loi du 7 janvier 1791, relative aux nouvelles découvertes et inventions en tous genres d'industrie, il sera délivré sur une simple requête au Roi, et sans examen préalable, des *Patentes nationales* sous la dénomination de *Brevets d'invention* (dont le modèle est annexé au présent règlement, sous le n° 2), à toutes personnes qui voudront exécuter ou faire exécuter dans le Royaume des objets d'industrie jusqu'alors inconnus.

II. — Il sera établi à Paris, conformément à l'article XI de la loi, sous la surveillance et l'autorité du Ministre de l'Intérieur chargé de délivrer lesdits brevets, un dépôt général sous le nom de *Directoire des Brevets d'invention*, où ces brevets seront expédiés ensuite des formalités préalables, et selon le mode ci-après déterminé.

III. — Le directoire des brevets d'invention expédiera lesdits brevets sur les demandes qui lui parviendront des secrétariats des départements. Ces demandes contiendront le nom du demandeur, sa proposition et sa requête au Roi; il y sera joint un paquet, renfermant la description exacte de tous les moyens qu'on se propose d'employer, et à ce paquet seront ajoutés les dessins, modèles et autres pièces jugés nécessaires pour l'explication de l'énoncé de la demande, le tout avec la signature et sous le cachet du demandeur. Au dos de l'enveloppe de ce paquet sera inscrit un procès-verbal (dans la forme jointe au présent règlement, sous le n° 1er) signé par le secrétaire du département et par le demandeur, auquel il sera délivré un double dudit

---

(1) Cette loi a été abrogée par la loi du 5 juillet 1844.

procès-verbal, la date du dépôt, l'acquit de la taxe, ou la soumission de la payer suivant le prix et dans le délai qui seront fixés au présent règlement.

IV. — Les directoires des départements, non plus que le directoire des brevets d'invention, ne recevront aucune demande qui contienne plus d'un objet principal avec les objets de détail qui pourront y être relatifs.

V. — Les directoires des départements seront tenus d'adresser au directeur des brevets d'invention les paquets des demandeurs, revêtus des formes ci-dessus prescrites, dans la semaine même où la demande aurait été présentée.

VI. — A l'arrivée de la dépêche du secrétariat du département au directoire des brevets d'invention, le procès-verbal inscrit au dos du paquet sera enregistré, le paquet sera ouvert, et le brevet sera sur-le-champ dressé d'après le modèle annexé au présent règlement (sous le n° 2). Ce brevet renfermera une copie exacte de la description, ainsi que des dessins et modèles annexés au procès-verbal; ensuite de quoi ledit brevet sera scellé et envoyé au département, sous le cachet du directoire des brevets d'invention. Il sera en même temps adressé à tous les tribunaux et départements du Royaume une *proclamation du Roi* relative au brevet d'invention, et dans la forme ci-jointe (n° 3), et ces proclamations seront enregistrées par ordre de date, et affichées dans lesdits tribunaux et départements.

VII. — Les descriptions des objets, dont le Corps législatif, dans les cas prévus par l'article XI de la loi du 7 janvier, aura ordonné le secret, seront ouvertes et inscrites par numéros au directoire des inventions, dans un registre particulier, en présence des commissaires nommés à cet effet, conformément audit article de la loi; ensuite ces descriptions seront cachetées de nouveau, et procès-verbal en sera dressé par lesdits commissaires. Le décret qui aura ordonné de les tenir secrètes sera transcrit au dos du paquet; il en sera fait mention dans la proclamation du Roi, et le paquet demeurera cacheté jusqu'à la fin de l'exercice du brevet, à moins qu'un décret du Corps législatif n'en ordonne l'ouverture.

VIII. — Les prolongations des brevets qui, dans des cas très rares et pour des raisons majeures, pourront être accordées par le Corps législatif seulement pendant la durée de la législature, seront enregistrées dans un registre particulier au directoire des inventions, qui sera tenu de donner connaissance de cet enregistrement aux différents départements et tribunaux du Royaume.

IX. — Les arrêts du conseil, lettres patentes, mémoires descriptifs, tous documents et pièces relatives à des privilèges d'invention, ci-devant accordés pour des objets d'industrie, dans quelque dépôt public qu'ils se trouvent, seront réunis incessamment au directoire des brevets d'invention.

X. — Les frais de l'établissement ne seront point à la charge du trésor public; ils seront pris uniquement sur le produit de la taxe des brevets d'invention, et le surplus employé à l'avantage de l'industrie nationale.

TITRE II

ARTICLE PREMIER

Celui qui voudra obtenir un brevet d'invention sera tenu, conformément à l'article IV de la loi du 7 janvier, de s'adresser au secrétariat du directoire de son département, pour y remettre sa requête au Roi, avec la description de ses moyens, ainsi que les dessins et modèles relatifs à l'objet de la demande, conformément à l'article III du titre Ier; il y joindra un état fait double et signé par lui de toutes les pièces contenues dans le paquet; un de ces doubles devra être renvoyé au secrétariat du département par le directeur des brevets d'invention, qui se chargera de toutes les pièces par son *récépissé* au pied dudit état.

II. — Le demandeur aura le droit, avant de signer le procès-verbal, de se faire donner communication du catalogue de tous les objets pour lesquels il aura été expédié des brevets, afin de juger s'il doit ou non persister dans sa demande.

III. — Le demandeur sera tenu, conformément à l'article III du titre Ier, d'acquitter au secrétariat du département la taxe du brevet suivant le tarif annexé au présent règlement (sous le n° 4); mais il lui sera libre de ne payer que la moitié de cette taxe en présentant sa requête, et de déposer sa soumission d'acquitter le reste de la somme dans le délai de six mois.

IV. — Si la soumission du breveté n'est point remplie au terme prescrit, le brevet qui lui aura été délivré sera de nul effet; l'exercice de son droit deviendra libre, et il en sera donné avis à tous les départements par le directoire des brevets d'invention.

V. — Toute personne pourvue d'un brevet d'invention sera tenue d'acquitter, en sus de la taxe dudit brevet, la taxe des patentes annuelles imposées à toutes les professions d'arts et métiers par la loi du 17 mars 1791.

VI. — Tout propriétaire de brevet qui voudra des changements à l'objet énoncé dans sa première demande sera obligé d'en faire sa déclaration, et de remettre la description de ses nouveaux moyens au secrétaire du département, dans la forme prescrite par l'article Ier du présent titre; et il sera observé à cet égard les mêmes formalités entre les directoires des départements et celui des brevets d'invention.

VII. — Si ce breveté ne veut jouir privativement de l'exercice de ces nouveaux moyens que pendant la durée de son brevet, il lui sera expédié, par le directoire des brevets d'invention un certificat dans lequel sa nouvelle déclaration sera mentionnée, ainsi que la remise du paquet contenant la description de ses nouveaux moyens.

Il lui sera libre aussi de prendre successivement de nouveaux brevets pour lesdits changements, à mesure qu'il en voudra faire, ou de les faire réunir dans un seul brevet quand il les présentera collectivement.

Ces nouveaux brevets seront expédiés de la même manière et dans la même forme que les brevets d'invention, et ils auront les mêmes effets.

VIII. — Si quelque personne annonce un moyen de perfection pour une invention déjà brevetée, elle obtiendra sur sa demande un brevet pour l'exercice privatif dudit moyen de perfection, sans qu'il lui soit permis, sous aucun prétexte, d'exécuter ou de faire exécuter l'invention principale, et réciproquement sans que l'inventeur puisse faire exécuter par lui-même le nouveau moyen de perfection.

Ne seront point mis au rang des *perfections industrielles* les changements de formes ou de proportions, non plus que les ornements, de quelque genre que ce puisse être.

IX. — Tout concessionnaire de brevet obtenu pour un objet que les tribunaux auront jugé contraire aux lois du Royaume, à la sûreté publique ou aux règlements de police, sera déchu de son droit, sans pouvoir prétendre d'indemnité, sauf au ministère public à prendre, suivant l'importance du cas, telles conclusions qu'il appartiendra.

X. — Lorsque le propriétaire d'un brevet sera troublé dans l'exercice de son droit privatif, il se pourvoira, dans les formes prescrites pour les autres procédures civiles, devant le juge de paix, pour faire condamner le contrefacteur aux peines prononcées par la loi.

XI. — Le juge de paix entendra les parties et leurs témoins, ordonnera les vérifications qui pourront être nécessaires, et le jugement qu'il prononcera sera exécuté provisoirement, nonobstant l'appel.

XII. — Dans le cas où une saisie juridique n'aurait pu faire découvrir aucun objet fabriqué ou débité en fraude, le dénonciateur supportera les peines énoncées dans l'article XIII de la loi, à moins qu'il ne légitime sa dénonciation par des preuves légales, auquel cas il sera exempt desdites peines, sans pouvoir néanmoins prétendre aucuns dommages-intérêts.

XIII. — Il sera procédé de même, en cas de contestation entre deux brevetés pour le même objet : si la ressemblance est déclarée absolue, le brevet de date antérieure demeurera seul valide; s'il y a dissemblance en quelques parties, le brevet de date postérieure pourra être converti, sans payer de taxe, en brevet de perfection, pour les moyens qui ne seraient point énoncés dans le brevet de date antérieure.

XIV. — Le propriétaire d'un brevet pourra contracter telle société qu'il lui plaira pour l'exercice de son droit, en se conformant aux usages du commerce; mais il lui sera interdit d'établir son entreprise par *actions*, à peine de déchéance de l'exercice de son brevet.

XV. — Lorsque le propriétaire d'un brevet aura cédé son droit en tout ou en partie (ce qu'il ne pourra faire que par un acte notarié), les deux parties contractantes seront tenues, à peine de nullité, de faire enregistrer ce transport (suivant le modèle sous le n° 5) au secrétariat de leurs départements respectifs, lesquels en informeront aussitôt le directoire des brevets d'invention, afin que celui-ci en instruise les autres départements.

XVI. — En exécution de l'article XVII de la loi du 7 janvier, tous les possesseurs de privilèges exclusifs, maintenus par ledit article, seront tenus, dans le délai de six mois après la publication du présent règlement, de faire enregistrer au directoire d'invention les titres de leurs privilèges, et d'y déposer les descriptions des objets privilégiés, conformément à l'article Ier du présent titre, le tout à peine de déchéance.

TITRE III

ARTICLE PREMIER

L'Assemblée nationale renvoie au Ministre de l'Intérieur les mesures à prendre pour l'exécution du règlement sur la loi des brevets d'invention, et le charge de présenter incessamment à l'Assemblée les dispositions qu'il jugera nécessaires pour assurer cette partie du service public.

N° 1.

Modèle d'un procès-verbal de dépôt pour un brevet d'invention.

N....., département de....., aujourd'hui..... jour du mois de..... 179....., à....., heures du matin (ou du soir), le sieur N. a (ou sieurs N. N. ont) déposé entre nos mains le présent paquet scellé de son (ou de leur) cachet, qu'il nous a (ou ont) dit renfermer toutes les pièces descriptives (*ici l'énoncé fidèle de l'objet*), pour lequel objet il se propose (ou ils se proposent) d'obtenir un brevet d'invention de 5 (10 ou 15) années, ainsi qu'il est porté dans la requête ainsi contenue dans ledit paquet. Nous a (ou ont) déclaré ledit sieur N. (ou lesdits sieurs N. N.) qu'il est (ou qu'ils sont) inventeur (ou inventeurs), perfectionneur (ou perfectionneurs), importateur (ou importateurs) dudit objet; il nous a (ou ils ont) remis le montant de la moitié et sa (ou leur) soumission pour payer dans..... mois..... l'autre moitié du droit de brevet d'invention, fixé dans le règlement du..... sur la loi du 7 janvier 1791, en nous priant de faire parvenir, dans le plus court délai, ce paquet au directoire des brevets d'invention, ce que nous avons promis. Desquels dépôt et réquisition, ledit sieur N. nous a (ou lesdits sieurs N. N. nous ont) demandé acte, que nous lui (ou leur) avons accordé; et, après l'apposition du sceau de notre département, l'avons (ou les avons) invité de signer avec nous; et a (ou ont) signé. Fait au secrétariat du directoire du département de..... le..... 179.....

Signé : N. N. N.

N° 2.

Modèle de brevet d'invention.

LOUIS, par la grâce de Dieu et par la Loi constitutionnelle de l'Etat, Roi des Français : A tous présents et à venir : Salut :

N., citoyen de (ou N. N., citoyens de)....., nous ayant fait exposer qu'il désire (ou qu'ils désirent) jouir des droits de propriété assurés par la loi du

7 janvier 1791 aux auteurs des découvertes et inventions en tout genre d'industrie, et en conséquence obtenir un brevet d'invention qui durera l'espace de (*ici l'on énoncera en toutes lettres si c'est pour 5, pour 10 ou pour 15 années*), pour fabriquer, vendre et débiter dans tout le Royaume (*ici l'on transcrira l'énoncé de l'objet, tel qu'il a été fourni par le demandeur*), dont il a (ou ils ont) déclaré être l'inventeur (les inventeurs), le perfectionneur (les perfectionneurs), l'importateur (les importateurs), ainsi qu'il résulte du procès-verbal dressé lors du dépôt fait au secrétariat du directoire du département de..... en date du..... 179..... Vu la requête de N. (ou N. N.) ensemble le mémoire explicatif (ou descriptif), les plans, coupes et dessins (s'il y en a) adressés par l'exposant (ou les exposants) au directoire des brevets d'invention, duquel mémoire (ou desquels mémoires et dessins) s'ensuivent la teneur et la copie.

(*Ici seront fidèlement transcrits lesdits mémoires et copies, les plans et dessins comme cela se pratique dans les patentes anglaises.*)

Nous avons, conformément à la susdite loi du 7 janvier 1791, conféré, et, par ces présentes signées de notre main, conférons au sieur N. (ou aux sieurs N. N.) un brevet d'invention pour fabriquer, vendre et débiter dans tout le Royaume, pendant le temps et espace de 5 (10 ou 15) années entières et consécutives, à compter de la date des présentes (*ici l'on doit répéter l'énoncé de l'objet breveté*), exécuté par les moyens consignés dans la description ci-dessus, et sur lequel sera appliqué un timbre ou cartel, avec les mots *brevet d'invention*, et le nom de l'auteur (ou des auteurs), pour par lui (ou eux), et ses (ou leurs) ayants cause, jouir dudit brevet dans toute l'étendue du Royaume, pour le temps porté ci-dessus, le tout en conformité des dispositions de la loi du 7 janvier 1791.

Faisons très expresses inhibitions et défenses à toutes personnes d'imiter ou contrefaire les objets dont il s'agit, sous quelque prétexte que ce puisse être. Voulons, pour assurer à N. (ou N. N.) la jouissance de son (ou de leur) brevet, qu'il soit fait sur icelui une proclamation en notre nom, à ce que nul n'en n'ignore.

Mandons et ordonnons à tous les tribunaux, corps administratifs et municipalités, de faire jouir et user pleinement et paisiblement des droits conférés par ces présentes le sieur N. (ou les sieurs N. N.) et ses (ou et leurs) ayants cause, cessant et faisant cesser tous troubles et empêchements contraires : leur mandons aussi qu'à la première réquisition du breveté (ou des brevetés) les présentes ils fassent transcrire sur leurs registres, lire, publier et afficher dans leurs ressorts et départements respectifs, et exécuter pendant leur durée comme loi du Royaume. En foi de quoi Nous avons signé et fait contresigner cesdites présentes, auxquelles nous avons fait apposer le sceau de l'Etat. A....., le..... jour du mois de....., l'an de grâce mil sept cent quatre-vingt..... et de notre règne le.....

Signé : LOUIS.

Et plus bas, DE LESSART.

N° 3.

Modèle d'enregistrement d'un transport de brevet d'invention.

N°..... département de.....

Aujourd'hui..... jour du mois de..... 179....., le sieur N. (ou sieurs N. N.) s'est présenté (ou se sont présentés) en notre secrétariat, pour requérir l'enregistrement de la cession qu'ils ont (ou qui leur a été) faite au sieur N. (ou sieurs N. N.) par le sieur N. (ou les sieurs N. N.) par acte du..... devant Me....., notaire à....., de la totalité (ou partie) du brevet d'invention accordé le....., pour l'espace de 5 (10 ou 15) années, à raison (*énoncer ici l'objet du brevet*); lequel enregistrement nous lui (ou leur) avons accordé ; et il nous a été payé la somme de..... pour les droits fixés dans le tarif annexé au règlement du..... sur la loi du 7 janvier 1791, et a ledit sieur (ou ont lesdits sieurs) signé avec nous.

Fait à....., le..... 179...

Signé : N. N. N.

N° 4.

Tarif des droits à payer au directoire d'invention.

Taxe d'un brevet pour cinq ans.	300 livres.
Taxe d'un brevet pour dix ans.	800 »
Taxe d'un brevet pour quinze ans.	1500 »
Droit d'expédition des brevets.	50 »
Certificat de perfectionnement, changement et addition . .	24 »
Droit de prolongation d'un brevet.	600 »
Enregistrement du brevet de prolongation	12 »
Enregistrement d'une cession de brevet en totalité ou en partie.	18 »
Pour la recherche et la communication d'une description. .	12 »

Tarif des droits à payer au secrétariat du département.

Pour le procès-verbal de remise d'une description ou de quelque perfectionnement, changement et addition, et des pièces relatives, tous frais compris.	12 livres.
Pour l'enregistrement d'une cession de brevet en totalité ou en partie, tous frais compris.	12 »
Pour la communication du catalogue des inventions et droits de recherches	3 »

L'Assemblée nationale décrète les changements qui suivent au texte de la loi du 7 janvier 1791.

A l'article X a été substituée cette nouvelle rédaction :

« L'inventeur sera tenu, pour obtenir lesdites patentes, de s'adresser au » directoire de son département, qui en requerra l'expédition. La patente

» envoyée à ce directoire y sera enregistrée, et il en sera en même temps
» donné avis par le Ministre de l'Intérieur au directoire des autres dépar-
» tements. »

L'Assemblée a décrété la suppression des mots suivants :

Article XII, *en donnant bonne et suffisante caution requérir la saisie des objets contrefaits.*

Article XIII, *d'après laquelle saisie aura eu lieu.*

Mandons et ordonnons à tous les tribunaux, corps adminis-tratifs et municipalités, que ces présentes ils fassent transcrire sur leurs registres, lire, publier et afficher dans leurs ressorts et départements respectifs, et exécuter comme loi du Royaume. En foi de quoi Nous avons signé et fait contresigner cesdites présentes, auxquelles Nous avons fait apposer le sceau de l'Etat. A Paris, le vingt-cinquième jour du mois de mai, l'an de grâce mil sept cent quatre-vingt-onze, et de notre règne le dix-huitième.

Signé : LOUIS.

Et plus bas, M.-L.-F. DU PORT.

Et scellées du sceau de l'Etat.

LOI

Relative aux brevets d'invention délivrés pour des établissements de finances.

(20 septembre 1792) (1) (An IV de la liberté).

L'Assemblée nationale considérant que les brevets d'invention qui sont autorisés du 7 janvier 1791 ne peuvent être accordés qu'aux auteurs de toute découverte ou nouvelle invention dans tous les genres d'industrie, seulement relatifs aux arts et métiers ; que les brevets d'invention qui pourraient être délivrés pour des établissements de finances deviendraient dangereux, et qu'il est important de prendre des mesures pour arrêter l'effet de ceux qui ont été déjà délivrés ou qui pourraient l'être par la suite, décrète qu'il y a urgence.

L'Assemblée nationale, après avoir décrété l'urgence, décrète que le Pouvoir exécutif ne pourra plus accorder de brevets d'invention aux établissements relatifs aux finances, et supprime l'effet de ceux qui auraient été accordés[2].

AU NOM DE LA NATION, le Conseil exécutif provisoire mande et ordonne à tous les corps administratifs et tribunaux que les présentes ils fassent consigner dans leurs registres, lire, publier et afficher dans leurs départements et ressorts respectifs, et exécuter comme loi. En foi de quoi nous avons signé ces présentes, auxquelles nous avons fait apposer le sceau de l'Etat. A Paris, le vingt-cinquième jour du mois de septembre mil sept cent quatre-vingt-douze, l'an premier de la République Française.

Signé : LEBRUN.

Contresigné : DANTON.

Et scellées sous le sceau de l'Etat.

---

(1) Cette loi a été abrogée par la loi du 5 juillet 1844.
(2) Il avait été délivré, avant la promulgation de cette loi, quatorze brevets pour des établissements de finances.

ARRÊTÉ

Du Directoire exécutif concernant la publication des brevets d'invention

(17 vendémiaire an VII) (1)

Le DIRECTOIRE EXÉCUTIF, sur le rapport du Ministre de l'Intérieur,

Considérant qu'aux termes de l'article 15 de la loi du 7 janvier 1791, relative aux découvertes utiles et aux moyens d'en assurer la propriété à leurs auteurs, tout brevet d'invention obtenu par une découverte industrielle doit être publié, à l'expiration du terme fixé pour sa durée, et que les procédés qui en sont l'objet deviennent d'un usage général et permis dans toute la République;

Que l'établissement des brevets d'invention remonte au 25 mai 1791, et que plusieurs de ceux expédiés depuis cette époque ont atteint le terme prescrit à leur durée, et doivent être publiés conformément à la loi;

Qu'il importe de rendre cette publication aussi utile qu'elle peut l'être au progrès des arts et à l'instruction publique,

Arrête ce qui suit :

ARTICLE PREMIER

Les brevets d'invention expédiés depuis la loi du 25 mai 1791 et qui ont atteint le terme prescrit à leur durée seront incessamment publiés par les soins du Ministre de l'Intérieur; l'usage des procédés industriels qu'ils ont pour objet est déclaré libre et permis dans toute la République.

II. — Les originaux desdits brevets seront déposés au Conservatoire des arts et métiers, pour y avoir recours au besoin. Le Ministre chargera les membres du Conservatoire de faire imprimer les descriptions et graver les dessins nécessaires pour leur intelligence, et il adressera des exemplaires de chaque brevet ainsi publié aux administrations centrales de département.

III. — La dépense qu'exigera cette publication sera prise sur le produit de la taxe des brevets, et subsidiairement sur les fonds généraux destinés à l'encouragement des arts.

IV. — Le Directoire exécutif, en conformité de la loi, déclare expirés, et dans le cas de la publication, à la date du présent arrêté, les brevets suivants:

Suit l'énumération de quatorze brevets.

Le présent arrêté sera inséré au Bulletin des Lois.

(1) Cet arrêté a été abrogé par la loi du 5 juillet 1844.

ARRÊTÉ

Relatif au mode de délivrance des brevets d'invention.

(Du 5 vendémiaire an IX) (1)

LES CONSULS DE LA RÉPUBLIQUE, le Conseil d'Etat entendu,

Arrêtent :

ARTICLE PREMIER

A compter de ce jour, le certificat de demande d'un brevet d'invention sera délivré par le Ministre de l'Intérieur ; et les brevets seront délivrés, tous les trois mois, par le premier Consul et promulgués dans le *Bulletin des Lois.*

II. — Pour prévenir l'abus que les brevetés peuvent faire de leurs titres, il sera inséré, par annotation, au bas de chaque expédition, la déclaration suivante :

« Le Gouvernement, en accordant un brevet d'invention sans examen
» préalable, n'entend garantir en aucune manière, ni la priorité, ni le mé-
» rite, ni le succès d'une invention. »

III. — Le Ministre de l'Intérieur est chargé de l'exécution du présent arrêté, qui sera inséré au *Bulletin des Lois.*

Le premier Consul, BONAPARTE.

Par le premier Consul :

Le Secrétaire d'Etat, signé : Hugues B. Maret.

Le Ministre de la Justice, signé : Abrial.

---

(1) Cet arrêté a été abrogé par la loi du 5 juillet 1844.

DÉCRET IMPÉRIAL

Qui abroge une disposition de la loi du 25 mai 1791
sur la propriété des auteurs de découvertes.

(25 novembre 1806) (1)

(Au Quartier impérial de Berlin, le 25 novembre 1806.)

NAPOLÉON, Empereur des Français, Roi d'Italie;
Sur le rapport de notre Ministre de l'Intérieur,
Notre Conseil d'Etat entendu,
Nous avons décrété et décrétons ce qui suit :

ARTICLE PREMIER

La disposition de l'article XIV du titre II de la loi du 25 mai 1791, portant règlement sur la propriété des auteurs de découvertes en tout genre d'industrie, est abrogée en ce qui concerne la défense d'exploiter les brevets d'invention par *actions*.

Ceux qui voudraient exploiter leurs titres de cette manière seront tenus de se pourvoir de l'autorisation du Gouvernement.

II. — Notre Ministre de l'Intérieur est chargé de l'exécution de notre présent décret.

Signé : NAPOLÉON.

Par l'Empereur :

Le Secrétaire d'Etat, signé : Hugues B. Maret.

---

(1) Ce décret a été abrogé par la loi du 5 juillet 1844.

DÉCRET IMPÉRIAL

Qui fixe l'époque à laquelle commencent à courir les années de jouissance des brevets d'invention, de perfectionnement et d'importation.

(25 janvier 1807) (1).

De notre Camp impérial de Varsovie, le 25 janvier 1807.

NAPOLÉON, EMPEREUR DES FRANÇAIS, ROI D'ITALIE;
Sur le rapport de notre Ministre de l'Intérieur,
Notre Conseil d'Etat entendu,
Nous avons décrété et décrétons ce qui suit :

ARTICLE PREMIER

Les années de jouissance d'un brevet d'invention, de perfectionnement ou d'importation, commencent à courir de la date du certificat de demande, délivré par notre Ministre de l'Intérieur. Ce certificat établit, en faveur du demandeur, une jouissance provisoire qui devient définitive par l'expédition du décret qui doit suivre ce certificat.

II. — La priorité d'invention, dans le cas de contestation entre deux brevetés pour le même objet, est acquise à celui qui le premier a fait au secrétariat de la Préfecture du département de son domicile le dépôt de pièces exigées par l'article IV de la loi du 7 janvier 1791.

III. — Notre Ministre de l'Intérieur est chargé de l'exécution du présent décret.

Signé : NAPOLÉON.

Par l'Empereur :

Le Secrétaire d'Etat, signé : Hugues B. MARET.

---

(1) Ce décret a été abrogé par la loi du 5 juillet 1844.

DÉCRET IMPÉRIAL

Portant que la durée des brevets d'importation sera la même que celle des brevets d'invention et de perfectionnement.

(**13 août 1810**) (1).

Au Palais impérial de Saint-Cloud, le 13 août 1810.

NAPOLÉON, Empereur des Français, Roi d'Italie;
Sur le rapport de notre Ministre de l'Intérieur,
Voulant mettre en harmonie les articles III et IX de la loi du 7 janvier 1791, dont l'un décide que *l'importateur en France d'une découverte étrangère jouira des mêmes avantages que s'il en était l'auteur*, et l'autre, *que la durée de cette jouissance ne pourra s'étendre au delà du terme fixé dans l'étranger à l'exercice du premier inventeur ;*
Notre Conseil d'Etat entendu,
Nous avons décrété et décrétons ce qui suit :

ARTICLE PREMIER

La durée des brevets d'importation sera la même que celle des brevets d'invention et de perfectionnement. Tout particulier qui aura le premier apporté en France une découverte étrangère est en conséquence libre de prendre des brevets de cinq, dix ou quinze ans, à son choix, en se conformant aux dispositions prescrites par les lois des 7 janvier et 25 mai 1791.

II. — Notre Ministre de l'Intérieur est chargé de l'exécution du présent décret.

Signé : NAPOLÉON.

Par l'Empereur :
Le Ministre Secrétaire d'Etat, signé : H.-B. Duc de Bassano.

Pour ampliation :
Le Comte de l'Empire, Ministre de l'Intérieur, Montalivet.

---

(1) Ce décret n'a pas été publié dans le *Bulletin des lois* et un arrêt de la Cour de Cassation (13 juillet 1855, aff. Christofle et Cie c. Désir et Arquiche, *Ann.*, 1853, p. 65) a décidé que, par suite, il n'avait pas reçu la « forme obligatoire ».
La loi du 5 juillet 1844 a d'ailleurs abrogé (art. 52), en même temps que les différents décrets, arrêtés et lois qui viennent d'être cités, « toutes dispositions antérieures » à sa promulgation.

LOI

SUR

les *Brevets d'Invention.*

(5 juillet 1844.)

TITRE Iᵉʳ. — Dispositions générales.

ARTICLE PREMIER. — Toute nouvelle découverte ou invention, dans tous les genres d'industrie, confère à son auteur, sous les conditions et pour le temps ci-après déterminés, le droit exclusif d'exploiter à son profit ladite découverte ou invention.

Ce droit est constaté par des titres délivrés par le Gouvernement, sous le nom de *brevets d'invention.*

ART. 2.—Seront considérées comme inventions ou découvertes nouvelles :

L'invention de nouveaux produits industriels ;

L'invention de nouveaux moyens, ou l'application nouvelle de moyens connus pour l'obtention d'un résultat ou d'un produit industriel.

ART. 3. — Ne sont pas susceptibles d'être brevetés :

1° Les compositions pharmaceutiques ou remèdes de toute espèce, lesdits objets demeurant soumis aux lois et règlements spéciaux sur la matière, et notamment au décret du 18 août 1806, relatif aux remèdes secrets;

2° Les plans ou combinaisons de crédit ou de finances.

ART. 4. — La durée des brevets sera de cinq, dix ou quinze années.

Chaque brevet donnera lieu au payement d'une taxe qui est fixée ainsi qu'il suit, savoir :

Cinq cents francs pour un brevet de cinq ans ;

Mille francs pour un brevet de dix ans ;

Quinze cents francs pour un brevet de quinze ans.

Cette taxe sera payée par annuités de cent francs, sous peine de déchéance si le breveté laisse écouler un terme sans l'acquitter.

TITRE II. — Des formalités relatives à la délivrance des brevets.

SECTION Iʳᵉ. — *Des demandes de brevets.*

ART. 5. — Quiconque voudra prendre un brevet d'invention devra déposer, sous cachet au secrétariat de la Préfecture, dans le département où il est domicilié, ou dans tous autres départements, en y élisant domicile :

1° Sa demande au Ministre de l'Agriculture et du Commerce ;

2° Une description de la découverte, invention ou application faisant l'objet du brevet demandé ;

3° Les dessins ou échantillons qui seraient nécessaires pour l'intelligence de la description ;

4° Et un bordereau des pièces déposées.

Art. 6. — La demande sera limitée à un seul objet principal, avec les objets de détail qui le constituent, et les applications qui auront été indiquées.

Elle mentionnera la durée que les demandeurs entendent assigner à leur brevet dans les limites fixées par l'article 4, et ne contiendra ni restrictions, ni conditions, ni réserves.

Elle indiquera un titre renfermant la désignation sommaire et précise de l'objet de l'invention.

La description ne pourra être écrite en langue étrangère. Elle devra être sans altérations ni surcharges. Les mots rayés comme nuls seront comptés et constatés, les pages et les renvois parafés. Elle ne devra contenir aucune dénomination de poids ou de mesures autres que celles qui sont portées au tableau annexé à la loi du 4 juillet 1837.

Les dessins seront tracés à l'encre et d'après une échelle métrique.

Un duplicata de la description et des dessins sera joint à la demande.

Toutes les pièces seront signées par le demandeur ou par un mandataire dont le pouvoir sera annexé à la demande.

Art. 7. — Aucun dépôt ne sera reçu que sur la production d'un récépissé constatant le versement d'une somme de cent francs à valoir sur le montant de la taxe du brevet.

Un procès-verbal, dressé sans frais par le secrétaire général de la Préfecture, sur un registre à ce destiné, et signé par le demandeur, constatera chaque dépôt, en énonçant le jour et l'heure de la remise des pièces.

Une expédition dudit procès-verbal sera remise au déposant, moyennant le remboursement des frais de timbre.

Art. 8. — La durée du brevet courra du jour du dépôt prescrit par l'article 5.

Section ii. — *De la délivrance des brevets.*

Art. 9. — Aussitôt après l'enregistrement des demandes et dans les cinq jours de la date du dépôt, les préfets transmettront les pièces, sous le cachet de l'inventeur, au Ministre de l'Agriculture et du Commerce, en y joignant une copie certifiée du procès-verbal du dépôt, le récépissé constatant le versement de la taxe, et, s'il y a lieu, le pouvoir mentionné dans l'article 6.

Art. 10. — A l'arrivée des pièces au Ministère de l'Agriculture et du Commerce, il sera procédé à l'ouverture, à l'enregistrement des demandes et à l'expédition des brevets dans l'ordre de la réception desdites demandes.

Art. 11 (1). — Les brevets dont la demande aura été régulièrement formée seront délivrés, sans examen préalable, aux risques et périls des demandeurs, et sans garantie, soit de la réalité, de la nouveauté ou du mérite de l'invention, soit de la fidélité ou de l'exactitude de la description.

Un arrêté du Ministre, constatant la régularité de la demande, sera délivré au demandeur et constituera le brevet d'invention.

A cet arrêté sera joint le duplicata certifié de la description et des dessins,

---

(1) Cet article a été modifié par la loi du 7 avril 1902. Voir *infra*, page 194.

mentionné dans l'article 6, après que la conformité avec l'expédition originale en aura été reconnue et établie au besoin.

La première expédition des brevets sera délivrée sans frais.

Toute expédition ultérieure, demandée par le breveté ou ses ayants cause, donnera lieu au payement d'une taxe de vingt-cinq francs.

Les frais de dessin, s'il y a lieu, demeureront à la charge de l'impétrant.

ART. 12. — Toute demande dans laquelle n'auraient pas été observées les formalités prescrites par les nᵒˢ 2 et 3 de l'article 5, et par l'article 6, sera rejetée. La moitié de la somme versée restera acquise au Trésor, mais il sera tenu compte de la totalité de cette somme au demandeur s'il reproduit sa demande dans un délai de trois mois, à compter de la date de la notification du rejet de sa requête.

ART. 13. — Lorsque, par l'application de l'article 3, il n'y aura pas lieu à délivrer un brevet, la taxe sera restituée.

ART. 14. — Une ordonnance royale, insérée au *Bulletin des lois*, proclamera, tous les trois mois, les brevets délivrés.

ART. 15. — La durée des brevets ne pourra être prolongée que par une loi.

SECTION III. — *Des certificats d'addition.*

ART. 16. — Le breveté ou les ayants droit au brevet auront, pendant toute la durée du brevet, le droit d'apporter à l'invention des changements, perfectionnements ou additions, en remplissant pour le dépôt de la demande, les formalités déterminées par les articles 5, 6 et 7.

Ces changements, perfectionnements ou additions, seront constatés par des certificats délivrés dans la même forme que le brevet principal, et qui produiront, à partir des dates respectives des demandes de leur expédition, les mêmes effets que ledit brevet principal, avec lequel ils prendront fin.

Chaque demande de certificat d'addition donnera lieu au payement d'une taxe de vingt francs.

Les certificats d'addition, pris par un des ayants droit, profiteront à tous les autres.

ART. 17. — Tout breveté qui, pour un changement, perfectionnement ou une addition, voudra prendre un brevet principal de cinq, dix ou quinze années, au lieu d'un certificat d'addition expirant avec le brevet primitif, devra remplir les formalités prescrites par les articles 5, 6 et 7, et acquitter la taxe mentionnée dans l'article 4.

ART. 18. — Nul autre que le breveté ou ses ayants droit, agissant comme il est dit ci-dessus, ne pourra, pendant une année, prendre valablement un brevet pour un changement, addition ou perfectionnement à l'invention qui fait l'objet du brevet primitif.

Néanmoins, toute personne qui voudra prendre un brevet pour changement, addition ou perfectionnement à une découverte déjà brevetée, pourra, dans le cours de ladite année, former une demande qui sera transmise et restera déposée sous cachet au ministère de l'Agriculture et du Commerce.

L'année expirée, le cachet sera brisé et le brevet délivré.

Toutefois, le breveté principal aura la préférence pour les changements, perfectionnements et additions pour lesquels il aurait lui-même, pendant l'année, demandé un certificat d'addition ou un brevet.

ART. 19. — Quiconque aura pris un brevet pour une découverte, invention ou application se rattachant à l'objet d'un autre brevet, n'aura aucun droit d'exploiter l'invention déjà brevetée, et réciproquement le titulaire du brevet primitif ne pourra exploiter l'invention objet du nouveau brevet.

SECTION IV. — *De la transmission et de la cession des brevets.*

ART. 20. — Tout breveté pourra céder la totalité ou partie de la propriété de son brevet.

La cession totale ou partielle d'un brevet, soit à titre gratuit, soit à titre onéreux, ne pourra être faite que par un acte notarié et après le payement de la totalité de la taxe déterminée par l'article 4.

Aucune cession ne sera valable à l'égard des tiers, qu'après avoir été enregistrée au secrétariat de la Préfecture du département dans lequel l'acte aura été passé.

L'enregistrement des cessions et de tous autres actes emportant mutation sera fait sur la production et le dépôt d'un extrait authentique de l'acte de cession ou de mutation.

Une expédition de chaque procès-verbal d'enregistrement, accompagnée de l'extrait de l'acte ci-dessus mentionné, sera transmise par les préfets au Ministre de l'Agriculture et du Commerce, dans les cinq jours de la date du procès-verbal.

ART. 21. — Il sera tenu, au Ministère de l'Agriculture et du Commerce, un registre sur lequel seront inscrites les mutations intervenues sur chaque brevet; et tous les trois mois une ordonnance royale proclamera, dans la forme déterminée par l'article 14, les mutations enregistrées pendant le trimestre expiré.

ART. 22. — Les cessionnaires d'un brevet et ceux qui auront acquis d'un breveté ou de ses ayants droit, la faculté d'exploiter la découverte ou l'invention profiteront, de plein droit, des certificats d'addition qui seront ultérieurement délivrés au breveté ou à ses ayants droit. Réciproquement, le breveté ou ses ayants droit profiteront des certificats d'addition qui seront ultérieurement délivrés aux concessionnaires.

Tous ceux qui auront droit de profiter des certificats d'addition pourront en lever une expédition au ministère de l'Agriculture et du Commerce, moyennant un droit de vingt francs.

SECTION V. — *De la communication et de la publication des descriptions et dessins de brevets.*

ART. 23. — Les descriptions, dessins, échantillons et modèles des brevets délivrés resteront, jusqu'à l'expiration des brevets, déposés au ministère de l'Agriculture et du Commerce, où ils seront communiqués sans frais à toute réquisition.

Toute personne pourra obtenir, à ses frais, copies desdites descriptions et dessins, suivant les formes qui seront déterminées dans le règlement rendu en exécution de l'article 50.

ART. 24 (1). — Après le payement de la deuxième annuité, les descriptions et dessins seront publiés, soit textuellement, soit par extrait.

---

(1) Cet article a été modifié par la loi du 7 avril 1902. Voir *infra*, page 194.

Il sera, en outre, publié, au commencement de chaque année, un catalogue contenant les titres des brevets délivrés dans le courant de l'année précédente.

ART. 25. — Le recueil des descriptions et dessins, et le catalogue publié en exécution de l'article précédent, seront déposés au ministère de l'Agriculture et du Commerce et au secrétariat de la Préfecture de chaque département, où ils pourront être consultés sans frais.

ART. 26. — A l'expiration des brevets, les originaux des descriptions et dessins seront déposés au Conservatoire royal des arts et métiers.

TITRE III. — Des droits des étrangers.

ART. 27. — Les étrangers pourront obtenir en France des brevets d'invention.

ART. 28. — Les formalités et conditions déterminées par la présente loi seront applicables aux brevets demandés ou délivrés en exécution de l'article précédent.

ART. 29. — L'auteur d'une invention ou découverte déjà brevetée à l'étranger pourra obtenir un brevet en France ; mais la durée de ce brevet ne pourra excéder celle des brevets antérieurement pris à l'étranger.

TITRE IV. — Des nullités et déchéances ; des actions y relatives.

SECTION 1ʳᵉ. — *Des nullités et déchéances.*

ART. 30. — Seront nuls et de nul effet les brevets délivrés dans les cas suivants, savoir :

1° Si la découverte, invention ou application n'est pas nouvelle ;

2° Si la découverte, invention ou application n'est pas, aux termes de l'article 3, susceptible d'être brevetée ;

3° Si les brevets portent sur des principes, méthodes, systèmes, découvertes et conceptions théoriques ou purement scientifiques, dont on n'a pas indiqué les applications industrielles ;

4° Si la découverte, invention ou application est reconnue contraire à l'ordre ou à la sûreté publique, aux bonnes mœurs ou aux lois du royaume, sans préjudice, dans ce cas et dans celui du paragraphe précédent, des peines qui pourraient être encourues pour la fabrication ou le débit d'objets prohibés ;

5° Si le titre sous lequel le brevet a été demandé indique frauduleusement un objet autre que le véritable objet de l'invention ;

6° Si la description jointe au brevet n'est pas suffisante pour l'exécution de l'invention, ou si elle n'indique pas, d'une manière complète et loyale, les véritables moyens de l'inventeur ;

7° Si le brevet a été obtenu contrairement aux dispositions de l'article 18.

Seront également nuls, et de nul effet, les certificats comprenant des changements, perfectionnements ou additions qui ne se rattacheraient pas au brevet principal.

ART. 31. — Ne sera pas réputée nouvelle toute découverte, invention ou application qui, en France ou à l'étranger, et antérieurement à la date du dépôt de la demande, aura reçu une publicité suffisante pour pouvoir être exécutée.

Art. 32 (modifié par la loi du 20 mai 1856) (1). — Sera déchu de tous ses droits :

1° Le breveté qui n'aura pas acquitté son annuité avant le commencement de chacune des années de la durée de son brevet ;

2° Le breveté qui n'aura pas mis en exploitation sa découverte ou invention, en France, dans le délai de deux ans, à dater du jour de la signature du brevet, ou qui aura cessé de l'exploiter pendant deux années consécutives, à moins que, dans l'un ou l'autre cas, il ne justifie des causes de son inaction ;

3° Le breveté qui aura introduit en France des objets fabriqués en pays étranger et semblables à ceux qui sont garantis par son brevet.

Néanmoins, le Ministre de l'Agriculture, du Commerce et des Travaux publics, pourra autoriser l'introduction :

1° Des modèles de machines;

2° Des objets fabriqués à l'étranger, destinés à des expositions publiques ou à des essais faits avec l'assentiment du Gouvernement.

Art. 33. — Quiconque, dans des enseignes, annonces, prospectus, affiches, marques ou estampilles, prendra la qualité de breveté sans posséder un brevet délivré conformément aux lois, ou après l'expiration d'un brevet antérieur, ou qui, étant breveté, mentionnera sa qualité de breveté ou son brevet sans y ajouter ces mots : *sans garantie du Gouvernement*, sera puni d'une amende de cinquante francs à mille francs.

En cas de récidive, l'amende pourra être portée au double.

Section ii. — *Des actions en nullité et en déchéance.*

Art. 34. — L'action en nullité et l'action en déchéance pourront être exercées par toute personne y ayant intérêt.

Ces actions, ainsi que toutes contestations relatives à la propriété des brevets, seront portées devant les tribunaux civils de première instance.

Art. 35. — Si la demande est dirigée en même temps contre le titulaire du brevet et contre un ou plusieurs cessionnaires partiels, elle sera portée devant le tribunal du domicile du titulaire du brevet.

Art. 36. — L'affaire sera inscrite et jugée dans la forme prescrite, pour les matières sommaires, par les articles 405 et suivants du Code de procédure civile. Elle sera communiquée au procureur du roi.

Art. 37. — Dans toute instance tendant à faire prononcer la nullité ou la déchéance d'un brevet, le ministère public pourra se rendre partie intervenante et prendre des réquisitions pour faire prononcer la nullité ou la déchéance absolue du brevet.

Il pourra même se pourvoir directement, par action principale, pour faire prononcer la nullité, dans les cas prévus aux numéros 2, 4 et 5 de l'article 30.

Art. 38. — Dans les cas prévus par l'article 37, tous les ayants droit au

---

(1) Cet article a été modifié de nouveau par la loi du 7 avril 1902. Voir *infra*, page 194.

revet dont les titres auront été enregistrés au ministère de l'Agriculture et du Commerce conformément à l'article 21, devront être mis en cause.

Art. 39. — Lorsque la nullité ou la déchéance absolue d'un brevet aura été prononcée par jugement ou arrêt ayant acquis force de chose jugée, il en sera donné avis au ministre de l'Agriculture et du Commerce, et la nullité ou la déchéance sera publiée dans la forme déterminée par l'article 14 pour la proclamation des brevets.

TITRE V. — De la contrefaçon, des poursuites et des peines.

Art. 40. — Toute atteinte portée aux droits du breveté, soit par la fabrication de produits, soit par l'emploi de moyens faisant l'objet de son brevet, constitue le délit de contrefaçon.

Ce délit sera puni d'une amende de cent à deux mille francs.

Art. 41. — Ceux qui auront sciemment recelé, vendu ou exposé en vente, ou introduit sur le territoire français un ou plusieurs objets contrefaits, seront punis des mêmes peines que les contrefacteurs.

Art. 42. — Les peines établies par la présente loi ne pourront être cumulées.

La peine la plus forte sera seule prononcée pour tous les faits antérieurs au premier acte de poursuite.

Art. 43. — Dans le cas de récidive, il sera prononcé, outre l'amende portée aux articles 40 et 41, un emprisonnement d'un mois à six mois.

Il y a récidive lorsqu'il a été rendu contre le prévenu, dans les cinq années antérieures, une première condamnation pour un des délits prévus par la présente loi.

Un emprisonnement d'un mois à six mois pourra aussi être prononcé, si le contrefacteur est un ouvrier ou un employé ayant travaillé dans les ateliers ou dans l'établissement du breveté, ou si le contrefacteur, s'étant associé avec un ouvrier ou un employé du breveté, a eu connaissance, par ce dernier, des procédés décrits au brevet.

Dans ce dernier cas, l'ouvrier ou employé pourra être poursuivi comme complice.

Art. 44. — L'article 463 du Code pénal pourra être appliqué aux délits prévus par les dispositions qui précèdent.

Art. 45. — L'action correctionnelle, pour l'application des peines ci-dessus, ne pourra être exercée par le ministère public que sur la plainte de la partie lésée.

Art. 46. — Le tribunal correctionnel, saisi d'une action pour délit de contrefaçon, statuera sur les exceptions qui seraient tirées par le prévenu, soit de la nullité ou de la déchéance du brevet, soit de questions relatives à la propriété dudit brevet.

Art. 47. — Les propriétaires de brevets pourront, en vertu d'une ordonnance du président du tribunal de première instance, faire procéder par tous huissiers, à la désignation et description détaillées, avec ou sans saisie, des objets prétendus contrefaits.

L'ordonnance sera rendue sur simple requête et sur la représentation du brevet ; elle contiendra, s'il y a lieu, la nomination d'un expert pour aider l'huissier dans sa description.

Lorsqu'il y aura lieu à la saisie, ladite ordonnance pourra imposer au requérant un cautionnement qu'il sera tenu de consigner avant d'y faire procéder.

Le cautionnement sera toujours imposé à l'étranger breveté qui requerra la saisie.

Il sera laissé copie au détenteur des objets décrits ou saisis, tant de l'ordonnance que de l'acte constatant le dépôt du cautionnement, le cas échéant ; le tout, à peine de nullité et de dommages-intérêts contre l'huissier.

Art. 48. — A défaut par le requérant de s'être pourvu, soit par la voie correctionnelle, dans le délai de huitaine, outre un jour par trois myriamètres de distance entre le lieu où se trouvent les objets saisis ou décrits et le domicile du contrefacteur, receleur, introducteur ou débitant, la saisie ou description sera nulle de plein droit, sans préjudice des dommages-intérêts qui pourront être réclamés, s'il y a lieu, dans la forme prescrite par l'article 36.

Art. 49. — La confiscation des objets reconnus contrefaits, et, le cas échéant, celle des instruments ou ustensiles destinés spécialement à leur fabrication, seront, même en cas d'acquittement, prononcées contre le contrefacteur, le receleur, l'introducteur ou le débitant.

Les objets confisqués seront remis au propriétaire du brevet, sans préjudice de plus amples dommages-intérêts et de l'affiche du jugement, s'il y a lieu.

TITRE VI. — Dispositions particulières et transitoires.

Art. 50. — Des ordonnances royales, portant règlement d'administration publique, arrêteront les dispositions nécessaires pour l'exécution de la présente loi, qui n'aura d'effet que trois mois après sa promulgation.

Art. 51. — Des ordonnances rendues dans la même forme pourront régler l'application de la présente loi dans les colonies, avec les modifications qui seront jugées nécessaires.

Art. 52. — Seront abrogés, à compter du jour où la présente loi sera devenue exécutoire, les lois des 7 janvier et 25 mai 1791, celle du 20 septembre 1792, l'arrêté du 17 vendémiaire an VII, l'arrêté du 5 vendémiaire an IX, les décrets des 25 novembre 1806 et 25 janvier 1807, et toutes dispositions antérieures à la présente loi, relatives aux brevets d'invention, d'importation et de perfectionnement.

Art. 53. — Les brevets d'invention, d'importation et de perfectionnement actuellement en exercice, délivrés conformément aux lois antérieures à la présente, ou prorogés par ordonnance royale, conserveront leur effet pendant tout le temps qui aura été assigné à leur durée.

Art. 54. — Les procédures, commencées avant la promulgation de la présente loi, seront mises à fin, conformément aux lois antérieures.

Toute action, soit en contrefaçon, soit en nullité ou déchéance de brevet, non encore intentée, sera suivie conformément aux dispositions de la présente loi, alors même qu'il s'agirait de brevets délivrés antérieurement.

ARRÊTÉ

Réglant l'application, dans les colonies, de la loi du 5 juillet 1844.

(**21 octobre 1848.**)

AU NOM DU PEUPLE FRANÇAIS,

Le Président du Conseil des Ministres, chargé du Pouvoir exécutif,

Sur le rapport du Ministre de l'Agriculture et du Commerce ;

Vu l'article 51 de la loi du 5 juillet 1844 ;

Vu l'avis du Ministre de la Marine et des Colonies ;

Le Conseil d'Etat entendu,

Arrête :

Art. 1er. — La loi du 5 juillet 1844, sur les brevets d'invention, recevra son application dans les colonies à partir de la publication du présent arrêté.

Art. 2. — Quiconque voudra prendre dans les colonies un brevet d'invention devra déposer, en triple expédition, les pièces exigées par l'article 5 de la loi précitée, dans les bureaux du directeur de l'Intérieur.

Le procès-verbal constatant ce dépôt sera dressé sur un registre à ce destiné et signé par ce fonctionnaire et par le demandeur, conformément à l'article 7 de la dite loi.

Art. 3. — Avant de procéder à la rédaction du procès-verbal de dépôt, le directeur de l'Intérieur se fera représenter :

1° Le récépissé délivré par le trésorier de la colonie, constatant le versement de la somme de 100 francs pour la première annuité de la taxe ;

2° Chacune des pièces, en triple expédition, énoncées aux paragraphes 1, 2, 3 et 4 de l'article 5 de la loi du 5 juillet 1844.

Une expédition de chacune de ces pièces restera déposée sous cachet dans les bureaux de la direction pour y recourir au besoin. Les deux autres expéditions seront enfermées dans une seule enveloppe, scellée et cachetée par le déposant.

Art. 4. — Le gouverneur de chaque colonie devra, dans le plus bref délai, après l'enregistrement des demandes, transmettre au Ministre de l'Agriculture et du Commerce, par l'entremise du Ministre de la Marine et des Colonies, l'enveloppe cachetée contenant les deux expéditions dont il s'agit, en y joignant une copie certifiée du procès-verbal, le récépissé du versement de la première annuité, et, le cas échéant, le pouvoir du mandataire.

Art. 5. — Les brevets délivrés seront transmis dans le plus bref délai aux titulaires, par l'entremise du Ministre de la Marine et des Colonies.

Art. 6. — L'enregistrement des cessions de brevets dont il est parlé en l'article 20 de la loi du 5 juillet 1844 devra s'effectuer dans les bureaux des directeurs de l'Intérieur.

Les expéditions des procès-verbaux d'enregistrement, accompagnées des extraits authentiques d'actes de cession, et des récépissés de la totalité de la taxe, seront transmises au Ministre de l'Agriculture et du Commerce, conformément à l'article 4 du présent arrêté.

Art. 7. — Les taxes prescrites par les articles 4, 7, 11 et 22 de la loi du 5 juillet seront versées entre les mains du trésorier de chaque colonie, qui devra faire opérer le versement au Trésor public et transmettre au Ministre de l'Agriculture et du Commerce, par la même voie, l'état de recouvrement des taxes.

Art. 8. — Les actions pour délits de contrefaçon seront jugées par la Cour d'appel dans les colonies.

Le délai des distances, fixé par l'article 48 de ladite loi, sera modifié conformément aux ordonnances qui, dans les colonies, régissent la procédure en matière civile.

Art. 9. — Le Ministre de l'Agriculture et du Commerce et le Ministre de la Marine et des Colonies sont chargés, chacun en ce qui le concerne, de l'exécution du présent arrêté.

Fait à Paris, le 21 octobre 1848.

Signé : E. CAVAIGNAC.

Le Ministre de l'Agriculture et du Commerce :
Signé : TOURRET.

DÉCRET

Déclarant la loi du 5 juillet 1844, sur les brevets d'invention, applicable à l'Algérie.

(5 juin 1850.) (1)

LE PRÉSIDENT DE LA RÉPUBLIQUE,

Vu la loi du 5 juillet 1844, sur les brevets d'invention ;

Considérant la nécessité d'étendre à l'Algérie le bénéfice de cette loi ;

Sur la proposition du Ministre de la Guerre et du Ministre de l'Agriculture et du Commerce,

Décrète :

ART. 1er. — La loi du 5 juillet 1844, sur les brevets d'invention, recevra son exécution en Algérie, à partir de la promulgation du présent décret.

ART. 2. — Les pièces exigées par l'article 5 de la loi précitée devront être déposées en triple expédition au secrétariat de la préfecture à Alger, Oran ou Constantine. Une expédition de ces pièces restera déposée sous cachet au secrétariat général de la préfecture, où le dépôt aura été fait, pour y recourir au besoin. Les deux autres expéditions seront enfermées dans une seule enveloppe scellée et cachetée par le déposant, pour être adressée au Ministre de la Guerre.

ART. 3. — Le préfet devra, dans le plus bref délai après l'enregistrement des demandes, adresser au Ministre de la Guerre, qui la transmettra au Ministre de l'Agriculture et du Commerce, l'enveloppe cachetée contenant les deux expéditions dont il s'agit, en y joignant les autres pièces exigées par l'article 7 de la loi du 5 juillet 1844. Les brevets délivrés seront envoyés par le Ministre du Commerce au Ministre de la Guerre, qui les transmettra aux préfets pour être remis aux demandeurs.

ART. 4. — Les taxes prescrites par les articles 4, 7, 11 et 22 de la loi du 5 juillet seront acquittées entre les mains du trésorier payeur, qui les versera au Trésor, et qui enverra au Ministre de la Guerre, pour être transmis au Ministre de l'Agriculture et du Commerce, un état de recouvrement des taxes.

ART. 5. — Les actions pour délits et contrefaçons seront jugées par les tribunaux compétents en Algérie. Le délai des distances fixé par l'article 48 de la loi du 5 juillet sera modifié conformément aux lois et décrets, qui, dans l'Algérie, régissent la procédure en matière civile.

ART. 6. — Le Ministre de la Guerre et le Ministre de l'Agriculture et du Commerce sont chargés, chacun en ce qui le concerne, de l'exécution du présent décret.

Fait à l'Elysée National, le 5 juin 1850.

Signé : LOUIS-NAPOLÉON BONAPARTE.

Le Ministre de la Guerre :
Signé : D'HAUTPOUL.

---

(1) Promulgué en Algérie le 2 août 1850.

LOI

Relative à la garantie des inventions susceptibles d'être breve-
tées et des dessins de fabrique qui seront admis aux expo-
sitions publiques, autorisées par l'administration dans toute
l'étendue de l'Empire.

(23 mai 1868.) (1)

ARTICLE PREMIER. — Tout Français ou étranger, auteur soit d'une découverte ou invention susceptible d'être brevetée aux termes de la loi du 5 juillet 1844, soit d'un dessin de fabrique qui doive être déposé conformément à
la loi du 18 mars 1806, ou ses ayants droit, peuvent, s'ils sont admis dans
une exposition publique autorisée par l'administration, se faire délivrer par le
préfet ou le sous-préfet dans le département ou l'arrondissement duquel cette
exposition est ouverte, un certificat descriptif de l'objet déposé.

ART. 2. — Ce certificat assure à celui qui l'obtient les mêmes droits que
lui conférerait un brevet d'invention ou un dépôt légal de dessin de fabrique,
à dater du jour de l'admission jusqu'à la fin du troisième mois qui suivra la
clôture de l'exposition, sans préjudice du brevet que l'exposant peut prendre
ou du dépôt qu'il peut opérer avant l'expiration de ce terme.

ART. 3. — La demande de ce certificat doit être faite dans le premier mois,
au plus tard, de l'ouverture de l'exposition.

Elle est adressée à la préfecture ou à la sous-préfecture et accompagnée
d'une description exacte de l'objet à garantir, et, s'il y a lieu, d'un plan ou
d'un dessin du dit objet.

Les demandes, ainsi que les décisions prises par le préfet ou par le sous-
préfet, sont inscrites sur un registre spécial qui est ultérieurement transmis au
Ministère de l'Agriculture, du Commerce et des Travaux publics, et communiqué, sans frais, à toute réquisition.

La délivrance du certificat est gratuite.

---

(1) Des lois analogues avaient été promulguées à titre temporaire à l'occasion
des Expositions universelles de 1855 (2 mai 1855) et de 1867 (3 avril 1867). — La
loi du 23 mai 1868 a eu pour objet de rendre permanentes pour les diverses
expositions publiques autorisées par l'administration les dispositions temporaires
des lois précédentes. — Cette loi de 1868 a reçu son application même dans des
expositions d'importance secondaire, telles, par exemple, que le Concours de
jouets qui a eu lieu à Paris en 1901.

D'autres lois, portant dérogation à titre temporaire aux dispositions de la loi
du 5 juillet 1844, et notamment à l'article 32, paragraphe 3, de la dite loi, ont été
promulguées à l'occasion des expositions de 1878 (8 avril 1878), de 1881 (5 juillet 1881, Exposition internationale d'électricité), de 1889 (30 octobre 1888) et
de 1900 (30 décembre 1899).

DÉCRET

Rendant applicables en Indo-Chine les lois des 5 juillet 1844, 31 mai 1856 et 23 mai 1868, sur les brevets d'invention.

(**24 juin 1893**)

———

LE PRÉSIDENT DE LA RÉPUBLIQUE FRANÇAISE,

Vu l'article 51 de la loi du 5 juillet 1844 sur les brevets d'invention;

Vu la loi du 5 juin 1885, approuvant le traité passé le 6 juin 1884, à Hué, entre le Gouvernement de la République française et celui de S. M. le roi d'Annam;

Vu la loi du 17 juillet 1885, ratifiant la convention conclue entre la France et le Cambodge, le 17 juin 1884, pour régler les rapports entre les deux pays;

Vu l'article 18 du sénatus-consulte du 3 mai 1854;

Sur le rapport du Ministre du Commerce, de l'Industrie et des Colonies,

Décrète :

ARTICLE PREMIER. — La loi du 5 juillet 1844, sur les brevets d'invention,

La loi du 31 mai 1856, qui modifie l'article 32 de la loi précitée du 5 juillet 1844,

La loi du 23 mai 1868, relative à la garantie des inventions susceptibles d'être brevetées et des dessins de fabrique admis aux expositions publiques,

Sont applicables en Indo-Chine française sous la réserve des modifications suivantes.

ART. 2. — Quiconque voudra prendre en Indo-Chine un brevet d'invention devra déposer en triple expédition les pièces exigées par l'article 5 de la loi du 5 juillet 1844, dans les bureaux du secrétariat général de la Cochinchine, à Saïgon, et dans ceux de la résidence supérieure;

Au Cambodge, à Pnom-Penh;

En Annam, à Hué;

Au Tonkin, à Hanoï.

Le procès-verbal constatant ce dépôt sera dressé sur un registre à ce destiné, et signé par le secrétaire général ou le résident supérieur, d'une part, et le demandeur, de l'autre, conformément à l'article 7 de la dite loi.

ART. 3. — Avant de procéder à la rédaction du procès-verbal de dépôt, le secrétaire général ou le résident supérieur se fera représenter;

1° Le récépissé constatant le versement au Trésor de la somme de 100 francs pour la première annuité de la taxe;

2° Chacune des pièces, en triple expédition, énoncées aux paragraphes 1, 2, 3 et 4 de l'article 5 de la loi du 5 juillet 1844 ;

Une expédition de chacune de ces pièces restera déposée sous cachet dans les bureaux du secrétariat général ou de la résidence supérieure, pour y recourir au besoin. Les deux autres expéditions seront enfermées dans une seule enveloppe scellée et cachetée par le déposant.

Art. 4. — Aussitôt après l'enregistrement des demandes, le gouverneur général de l'Indo-Chine devra, dans les trente jours de la date du dépôt, transmettre au Département du Commerce et de l'Industrie, par l'entremise du ministre chargé des colonies, l'enveloppe cachetée contenant les deux expéditions dont il s'agit, en y joignant une copie certifiée du procès-verbal, le récépissé du versement de la première annuité de la taxe et, le cas échéant, le pouvoir du mandataire.

Art. 5. — Les brevets délivrés seront transmis, dans le plus bref délai, aux titulaires, par l'entremise du ministre chargé des colonies.

Art. 6. — L'enregistrement des cessions de brevets dont il est parlé en l'article 20 de la loi du 5 juillet 1844 devra s'effectuer dans les bureaux du secrétariat général ou de la résidence supérieure.

Les expéditions des procès-verbaux d'enregistrement, accompagnées des extraits authentiques d'actes de cession et des récépissés de la totalité de la taxe, seront transmises au Ministre du Commerce et de l'Industrie, conformément à l'article 4 du présent décret.

Art. 7. — Les taxes prescrites par les articles 4, 7, 11 et 22 de la loi du 5 juillet 1844 seront versées entre les mains du trésorier-payeur, qui devra faire opérer le versement au Trésor public et transmettre au Ministre du Commerce et de l'Industrie, par la même voie, l'état des recouvrements des taxes.

Art. 8. — Les actions pour délits de contrefaçon seront jugées par les tribunaux correctionnels de l'Indo-Chine.

Le délai des distances fixé par l'article 48 de la dite loi sera modifié conformément aux textes qui régissent en Indo-Chine la procédure en matière civile.

Art. 9. — En général, les attributions conférées aux préfets et aux sous-préfets par les lois sus-visées des 5 juillet 1844, 31 mai 1856 et 23 mai 1868, seront exercées : en Cochinchine par le secrétaire général ; au Cambodge, en Annam et au Tonkin, par le résident supérieur.

Art. 10. — Le Ministre du Commerce, de l'Industrie et des Colonies est chargé de l'exécution du présent décret, qui sera inséré au *Journal officiel de la République française*, au *Bulletin officiel* de l'Administration des Colonies et au *Journal officiel* de l'Indo-Chine française.

Fait à Paris, le 24 juin 1893.

Signé : CARNOT.

Par le Président de la République,

Le Ministre du Commerce, de l'Industrie et des Colonies,

Terrier.

LOI

*Portant modification de divers articles de la loi du 5 juillet 1844
sur les brevets d'invention.*

(7 avril 1902.)

Art. 1ᵉʳ. — Les articles 11, 24 et 32 de la loi du 5 juillet 1844, ce dernier déjà modifié par la loi du 31 mai 1856, sont modifiés et complétés comme il suit :

Art. 11. — Les brevets dont la demande aura été régulièrement formée seront délivrés sans examen préalable, aux risques et périls des demandeurs, et sans garantie soit de la réalité, de la nouveauté ou du mérite de l'invention, soit de la fidélité ou de l'exactitude de la description.

Un arrêté du ministre, constatant la régularité de la demande, sera délivré au demandeur et constituera le brevet d'invention.

A cet arrêté sera joint un exemplaire imprimé de la description et des dessins mentionnés dans l'article 24, après que la conformité avec l'expédition originale en aura été reconnue et établie au besoin.

La première expédition des brevets sera délivrée sans frais.

Toute expédition ultérieure, demandée par le breveté ou ses ayants cause, donnera lieu au payement d'une taxe de 25 francs.

Les frais de dessin, s'il y a lieu, demeureront à la charge de l'impétrant.

La délivrance n'aura lieu qu'un an après le jour du dépôt de la demande, si ladite demande renferme une réquisition expresse à cet effet.

Le bénéfice de la disposition qui précède ne pourra être réclamé par ceux qui auraient déjà profité des délais de priorité accordés par des traités de réciprocité, notamment par l'article 4 de la Convention internationale pour la protection de la propriété industrielle du 20 mars 1883.

Art. 24. — Les descriptions et dessins de tous les brevets d'invention et certificats d'addition seront publiés *in extenso*, par fascicules séparés, dans leur ordre d'enregistrement.

Cette publication, relativement aux descriptions et dessins des brevets, pour la délivrance desquels aura été requis le délai d'un an prévu par l'article 11, n'aura lieu qu'après l'expiration de ce délai.

Il sera, en outre, publié un catalogue des brevets d'invention délivrés.

Un arrêté du Ministre du Commerce et de l'Industrie déterminera : 1° les conditions de forme, dimensions et rédaction que devront présenter les descriptions et dessins, ainsi que les prix de vente des fascicules imprimés et les conditions de publication du catalogue ; 2° les conditions à remplir par ceux qui, ayant déposé une demande de brevet en France et désirant déposer à l'étranger des demandes analogues avant la délivrance du brevet français, voudront obtenir une copie officielle des documents afférents à leur demande en France. Toute expédition de cette nature donnera lieu au payement d'une taxe de 25 francs ; les frais de dessin, s'il y a lieu, seront à la charge de l'impétrant.

ART. 32. — Sera déchu de tous ses droits :

1° Le breveté qui n'aura pas acquitté son annuité avant le commencement de chacune des années de la durée de son brevet.

L'intéressé aura toutefois un délai de trois mois au plus pour effectuer valablement le payement de son annuité ; mais il devra verser en outre une taxe supplémentaire de 5 francs, s'il effectue le payement dans le premier mois ; de 10 francs, s'il effectue le payement dans le second mois, et de 15 francs, s'il effectue le payement dans le troisième mois.

Cette taxe supplémentaire devra être acquittée en même temps que l'annuité en retard ;

2° Le breveté qui n'aura pas mis en exploitation sa découverte ou invention en France dans le délai de deux ans, à dater du jour de la signature du brevet, ou qui aura cessé de l'exploiter pendant deux années consécutives, à moins que, dans l'un ou l'autre cas, il ne justifie des causes de son inaction ;

3° Le breveté qui aura introduit en France des objets fabriqués en pays étranger et semblables à ceux qui sont garantis par son brevet.

Néanmoins, le Ministre du Commerce et de l'Industrie pourra autoriser l'introduction :

1° Des modèles de machines ;

2° Des objets fabriqués à l'étranger, destinés à des expositions publiques ou à des essais faits avec l'assentiment du Gouvernement.

ART. 2. — Seront publiés, conformément aux prescriptions de l'article 24 précité, les descriptions et les dessins des brevets d'invention et certificats d'addition qui auront été demandés depuis le 1ᵉʳ janvier 1902.

DÉCRET

Rendant applicables dans la colonie de Madagascar et dépendances les lois des 5 juillet 1844, 31 mai 1856, 23 mai 1868 et 7 avril 1902 sur les brevets d'invention.

(28 octobre 1902.)

LE PRÉSIDENT DE LA RÉPUBLIQUE FRANÇAISE,

Sur le rapport du Ministre des Colonies et du Ministre du Commerce, de l'Industrie, des Postes et des Télégraphes,

Vu l'article 18 du sénatus-consulte du 3 mai 1854;

Vu les décrets des 11 décembre 1895 et 30 juillet 1897 fixant les pouvoirs du gouverneur général de Madagascar et dépendances;

Vu le décret du 28 janvier 1896, rattachant les établissements de Diégo-Suarez, Nossi-Bé et Sainte-Marie à l'administration de Madagascar;

Vu la loi du 6 août 1896, déclarant colonie française l'île de Madagascar et ses dépendances;

Vu les lois des 5 juillet 1844, 31 mai 1856, 23 mai 1868 et 7 avril 1902 sur les brevets d'invention;

Vu l'avis émis par le Conseil d'administration de la colonie et par le gouverneur général de Madagascar et dépendances.

Décrète :

ARTICLE PREMIER. — La loi du 5 juillet 1844 sur les brevets d'invention ;

La loi du 31 mai 1856, qui modifie l'article 32 de la loi précitée du 5 juillet 1844;

La loi du 23 mai 1868, relative à la garantie des inventions susceptibles d'être brevetées et des dessins de fabrique admis aux expositions publiques;

La loi du 7 avril 1902, portant modification de divers articles de la loi du 5 juillet 1844 sur les brevets d'invention,

Sont rendues applicables dans la colonie de Madagascar et dépendances sous réserve des modifications suivantes.

ART. 2. — Quiconque voudra prendre, à Madagascar, un brevet d'invention devra déposer en triple expédition les pièces exigées par l'article 5 de la loi du 5 juillet 1844 dans les bureaux du gouvernement général de Tananarive.

Le procès-verbal constatant ce dépôt sera dressé sur un registre à ce destiné et signé par le secrétaire général, d'une part, et le demandeur, d'autre part, conformément à l'article 7 de la dite loi.

ART. 3. — Avant de procéder à la rédaction du procès-verbal de dépôt, le secrétaire général se fera représenter :

1° Le récépissé constatant le versement au Trésor de la somme de 100 francs pour la première annuité de la taxe ;

2° Chacune des pièces en triple expédition énoncées aux paragraphes 1, 2, 3 et 4 de l'article 5 de la loi du 5 juillet 1844.

Une expédition de chacune de ces pièces restera déposée dans les bureaux du gouvernement général pour y recourir au besoin. Elle sera placée sous pli cacheté par le demandeur.

Les deux autres expéditions seront enfermées dans une seule enveloppe scellée et cachetée par le déposant.

ART. 4. — Aussitôt après l'enregistrement des demandes, le gouverneur général de Madagascar devra, dans le plus bref délai et au plus tard dans les trente jours de la date du dépôt, transmettre au département du Commerce et de l'Industrie, par l'entremise du Ministre des Colonies, l'enveloppe cachetée contenant les deux expéditions dont il s'agit en y joignant une copie certifiée du procès-verbal, le récépissé du versement de la première annuité de la taxe, et, le cas échéant, le pouvoir du mandataire.

ART. 5. — Les brevets délivrés seront transmis, dans le plus bref délai, aux titulaires par l'intermédiaire du Ministre des Colonies.

ART. 6. — L'enregistrement des cessions de brevet dont il est parlé à l'article 20 de la loi du 5 juillet 1844, devra s'effectuer dans les bureaux du gouvernement général.

Les expéditions des procès-verbaux d'enregistrement, accompagnées des extraits authentiques d'actes de cession et des récépissés de la totalité de la taxe, seront transmises au Ministre du Commerce et de l'Industrie, conformément à l'article 4 du présent décret.

ART. 7. — Les taxes prescrites par les articles 4 et 7 de la loi du 5 juillet 1844 et par l'article 1er de la loi du 7 avril 1902 modifiant et complétant les articles 11 et 32 de la loi du 5 juillet 1844 et de la loi du 31 mai 1856 seront versées entre les mains du trésorier-payeur, qui devra faire opérer le versement au Trésor public et transmettre au Ministre du Commerce et de l'Industrie l'état de recouvrement des taxes.

ART. 8. — Les actions pour délits de contrefaçon seront déférées aux tribunaux de première instance et aux justices de paix à compétence étendue jugeant correctionnellement.

ART. 9. — Les affaires seront instruites et jugées dans la forme prescrite pour les matières sommaires par les articles 404 et suivants du code de procédure civile. Elles seront communiquées au procureur de la République ou à l'officier du ministère public près la justice de paix à compétence étendue.

ART. 10. — Les propriétaires de brevets pourront, en vertu d'une ordonnance du président du tribunal de première instance ou du juge de paix à compétence étendue, faire procéder par tous huissiers à la désignation et description détaillées, avec ou sans saisie, des objets prétendus contrefaits.

ART. 11. — Les attributions conférées aux préfets et aux sous-préfets par les lois sus-visées des 5 juillet 1844, 31 mai 1856, 23 mai 1868 et 7 avril 1902, seront exercées à Madagascar par le secrétaire général.

Art. 12. — Le Ministre des Colonies et le Ministre du Commerce, de l'Industrie, des Postes et des Télégraphes sont chargés de l'exécution du présent décret, qui sera inséré au *Journal officiel* de la République française, au *Bulletin des lois*, au *Bulletin officiel* du Ministère des Colonies, ainsi qu'au *Journal* et au *Bulletin officiel* de la colonie de Madagascar et dépendances.

Fait à Paris, le 28 octobre 1902.

Signé : Émile LOUBET.

Par le Président de la République :

Le Ministre des Colonies :
Signé : Gaston DOUMERGUE.

Le Ministre du Commerce,
de l'Industrie, des Postes et des Télégraphes :
Signé : Georges TROUILLOT.

ARRÊTÉ

*Relatif aux demandes, descriptions, à la délivrance
et à l'impression des brevets d'invention.*

(11 août 1903.)

Le Ministre du Commerce, de l'Industrie, des Postes et des
Télégraphes,

Vu la loi du 5 juillet 1844 sur les brevets d'invention ;

Vu la loi du 7 avril 1902, modifiant les articles 11, 24 et 32
de ladite loi ;

Vu, notamment, l'article 6 et le paragraphe 4 de l'article 24
(nouveau) qui est ainsi conçu :

Un arrêté du Ministre du Commerce et de l'Industrie déterminera : 1° les conditions de forme, dimensions et rédaction
que devront présenter les descriptions et dessins, ainsi que les
prix de vente des fascicules imprimés et les conditions de
publication du catalogue ; 2° les conditions à remplir par ceux
qui, ayant déposé une demande de brevet en France et désirant
déposer à l'étranger des demandes analogues avant la délivrance du brevet français, voudront obtenir une copie officielle
des documents afférents à leur demande en France. Toute expédition de cette nature donnera lieu au payement d'une taxe
de 25 francs ; les frais de dessin, s'il y a lieu, seront à la charge
de l'impétrant.

Vu les arrêtés ministériels des 3 septembre 1901, 31 mai et
31 décembre 1902 ;

Vu l'avis de la Commission technique de l'Office national de
la propriété industrielle, en date du 11 juillet 1903 ;

Sur le rapport du directeur du Commerce et de l'Industrie,
Arrête :

ARTICLE 1ᵉʳ. — Les descriptions et les dessins annexés aux demandes de
brevets d'invention et de certificats d'addition, conformément aux articles 5,
6 et 16 de la loi du 5 juillet 1844, seront fournis en double exemplaire, dont
l'un constituera l'original, l'autre, le duplicata.

Art. 2. — 1° Les descriptions seront rédigées correctement en langue française, aussi brièvement que possible, sans longueurs ni répétitions inutiles. Elles devront avoir le caractère d'une notice impersonnelle. Elles seront écrites à l'encre ou imprimées en caractères nets et lisibles sur un papier de format uniforme, de 33 centimètres de hauteur sur 21 centimètres de largeur, avec une marge de 4 centimètres. Elles ne seront écrites ou imprimées (original et duplicata) que sur le recto de la feuille.

Elles ne se référeront qu'aux figures du dessin, sans jamais mentionner les planches.

2° Les descriptions ne devront pas dépasser cinq cents lignes de cinquante lettres chacune, sauf dans les cas exceptionnels où la nécessité d'un plus long développement serait reconnue par l'Office national de la propriété industrielle sur l'avis de la Commission technique.

3° Afin d'en assurer l'authenticité, les divers feuillets de la description, solidement réunis par le côté gauche, seront numérotés dans le haut, en chiffres arabes, du premier au dernier inclusivement, et chacun d'eux sera paraphé dans le bas. Le nombre de feuillets dont elle se compose sera mentionné et certifié à la fin de la description. Les renvois en marge devront être également paraphés. Leur nombre ainsi que celui des mots rayés comme nuls sera certifié à la fin de la description.

4° Aucun dessin ne devra figurer dans le texte ni en marge des descriptions.

5° L'en-tête de la description sera libellé conformément au tableau A annexé au présent arrêté.

6° Le titre de l'invention doit être très exactement reproduit sur la requête, le pouvoir s'il y en a un, la description et le récépissé de la recette.

Il sera une désignation sommaire et précise de l'objet de l'invention.

7° La description débutera, s'il y a lieu, par un préambule qui sera un exposé aussi clair et concis que possible de ce qui constitue l'invention.

Elle doit être suffisante pour l'exécution de l'invention et indiquer, d'une manière complète et loyale, les véritables moyens de l'inventeur.

8° Les lettres ou chiffres de référence devront, dans la description, se suivre dans leur ordre normal.

Les figures des dessins devront être indiquées dans leur ordre normal.

9° Sous le titre de *Résumé*, la description sera terminée par un résumé aussi concis que possible des points caractéristiques de l'invention. Ce résumé comportera l'énoncé succinct du principe fondamental de l'invention, et, s'il y a lieu, des points secondaires qui le caractérisent.

Le résumé sera énonciatif et non descriptif.

10° Si, au cours de la description, il est fait mention de brevets antérieurs, français ou étrangers, ils seront désignés par leur date de dépôt, par leur numéro et le pays d'origine. Si lesdits brevets ne sont pas encore délivrés, ils seront désignés par leur date de dépôt et par le titre de l'invention.

Art. 3. — La description de l'invention devra être limitée à un seul objet principal avec les objets de détail qui le constituent et les applications qui auront été indiquées.

S'il est reconnu qu'une description n'est pas limitée à une seule invention, l'Office national de la propriété industrielle pourra, sur l'avis de la Commission technique, autoriser le demandeur à restreindre sa demande à un seul objet principal.

Art. 4. — 1° Les dessins seront exécutés selon les règles du dessin linéaire, sans grattage ni surcharge, sur des feuilles de papier ayant les dimensions suivantes : 33 centimètres de hauteur sur 21 centimètres ou 42 centimètres de largeur, avec une marge intérieure de 2 centimètres, de sorte que le dessin soit compris dans un cadre de 29 centimètres sur 17 centimètres, ou 29 centimètres sur 38 centimètres. Ce cadre devra être constitué par un trait unique de un demi-millimètre d'épaisseur environ.

2° Dans le cas où il serait impossible de représenter l'objet de l'invention par des figures pouvant tenir dans un cadre de 29 sur 38 centimètres, le demandeur aura la faculté de subdiviser une même figure en plusieurs parties dont chacune sera dessinée sur une feuille ayant les dimensions ci-dessus déterminées ; la section des figures sera indiquée par des lignes de raccordement munies de lettres ou chiffres de référence. Lorsque le demandeur usera de cette faculté, il devra fournir (dans un cadre de dimensions réglementaires) une figure d'ensemble de l'objet de l'invention où seront tracées les lignes de raccordement des figures partielles.

3° Les figures seront numérotées, sans interruption, de la première à la dernière, à l'aide de chiffres arabes très correctement dessinés, précédés des lettres Fig.

4° Les planches seront numérotées en chiffres romains. Les chiffres seront placés en dehors du cadre. Exemple : Pl. I. S'il n'y a qu'une planche on indiquera « Planche unique ».

5° On inscrira très lisiblement, en tête de chaque planche en dehors du cadre, savoir : à gauche, la mention Brevet n° ... ; au milieu, le nom de l'inventeur ; à droite, le numéro d'ordre de chaque planche, et le nombre de planches en chiffres arabes. Exemple : Pl. IV. 5.

6° Le duplicata sera tracé à l'encre, en traits réguliers, pleins (continus ou pointillés) et parfaitement noirs, sur papier bristol ou autre papier complètement blanc, fort et lisse, permettant la reproduction par un procédé dérivé de la photographie. Aucunes teintes plates, ombres ou lavis, ne devront être apposées ; les coupes seront indiquées par des hachures très régulières, suffisamment espacées et accentuées pour se prêter à la réduction visée par l'alinéa 10, ci-après.

Les surfaces convexes ou concaves pourront être ombrées au moyen de traits horizontaux ou verticaux parallèles plus ou moins espacés.

7° L'original pourra être exécuté sur toile ou sur papier et porter des teintes.

8° Les lettres de référence et le mot Fig. placé avant le numéro de chaque figure devront être du type des caractères latins d'imprimerie. Les mêmes pièces seront désignées par les mêmes lettres ou chiffres dans toutes les figures.

Une même lettre ou un même chiffre ne pourra pas désigner des pièces différentes.

9° Les dessins annexés à une demande de brevet ou de certificat d'addition ne pourront comprendre plus de dix feuilles du grand ou du petit format, sauf dans les cas exceptionnels où l'utilité d'un plus grand nombre de planches serait reconnue par l'Office national sur l'avis de la Commission technique.

10° L'échelle employée sera suffisamment grande pour qu'il soit possible de reconnaître exactement l'objet de l'invention, et les dessins dans tous leurs détails, sur une reproduction réduite aux deux tiers de leur grandeur. L'échelle ne sera pas mentionnée ni figurée sur les dessins.

11° Les dessins ne contiendront aucune légende ou indication, timbre, signature ou mention d'aucune sorte autre que le numéro des figures et les lettres ou chiffres de référence, dont la hauteur sera de 3 à 8 millimètres. On ne devra employer que des caractères latins. Les lettres ou chiffres de référence, qui devront être de dimensions uniformes et très correctement dessinés, pourront être pourvus d'un exposant, dans des cas exceptionnels. Ils seront rejetés en dehors des figures et des lignes, auxquelles on les raccordera par des attaches. Les lignes de coupe et de raccordement seront indiquées par des lettres ou chiffres semblables :

AA. BB. aa. bb. 11. 22.

Les caractères grecs pourront être employés pour désigner des angles.

12° Les diverses figures, séparées les unes des autres par un espace de 1 centimètre environ, devront être disposées de façon que le dessin puisse toujours être lu dans le sens de la hauteur de 33 centimètres, ainsi que les lettres, chiffres et indications des figures.

Lorsqu'une figure se composera de plusieurs parties détachées, elles devront être réunies par une accolade.

13° Les légendes reconnues nécessaires par les demandeurs pour l'intelligence de leurs dessins, seront placées dans le corps de la description. A titre d'exception, il est néanmoins permis de faire figurer certaines mentions sur les dessins, quand elles sont indispensables pour en faciliter la compréhension (telles que eau, gaz, vapeur, ouvert, fermé, ligne de terre, etc.), mais aucune indication ne devra être écrite en langue étrangère.

14° Les dessins seront remis, lors du dépôt, à plat, entre deux feuilles de carton fort, de manière à être exempts de plis ou de cassures.

ART. 5. — L'original et le duplicata de la description et des dessins seront signés par le demandeur ou son mandataire. En ce qui concerne les dessins, la signature sera placée au dos des planches. Il en sera de même des désignations « original » et « duplicata ». Le nom du demandeur et de son mandataire, s'il y a lieu, devra y être mentionné d'une façon très lisible après la signature. Le duplicata sera, en outre, sous la responsabilité du signataire, certifié conforme à l'original.

La description et les dessins ne porteront aucune date. Le mandataire fera précéder sa signature de l'indication « par procuration de M..... » ou de « par procuration de la Société..... »

ART. 6. — 1° La demande de brevet d'invention ou de certificat d'addition devra être datée et indiquer, outre leurs noms et prénoms, la nationalité des demandeurs et le pays dans lequel ils résident au moment du dépôt, si ce pays est différent de celui de la nationalité.

Le demandeur devra indiquer son adresse exacte ; s'il a constitué un mandataire, il fera élection de domicile chez son mandataire ; toutefois, l'adresse exacte du demandeur sera indiquée dans la demande.

2° Elle devra indiquer la date du premier dépôt fait à l'étranger et le pays dans lequel il a eu lieu, lorsque le demandeur voudra être admis au bénéfice de ce dépôt.

3° Le bordereau des pièces annexées à la demande devra mentionner le nombre des pages de la description et le nombre des planches de dessin déposées.

4° La demande et le bordereau seront établis sur une feuille de papier de 33 centimètres sur 21 centimètres, conformément au tableau B annexé au présent arrêté.

5° La description, les dessins annexés, la demande et le bordereau des pièces seront déposés dans une enveloppe fermée ; une copie du bordereau sera reproduite sur l'enveloppe.

ART. 7. — Quand le demandeur voudra que la délivrance de son brevet d'invention ou de son certificat d'addition n'ait lieu qu'un an après le jour du dépôt de sa demande, conformément au paragraphe 7 de l'article 11 de la loi du 5 juillet 1844, modifiée par la loi du 7 avril 1902, cette réquisition devra être formulée d'une façon expresse et formelle et à l'encre rouge dans la demande ; elle devra, en outre, être reproduite sur la face et au dos de l'enveloppe et signée par le demandeur ou son mandataire.

ART. 8. — Avant la délivrance, toute demande de brevet ou de certificat d'addition pourra être retirée par son auteur, s'il le réclame par écrit. Les pièces déposées lui seront restituées. S'il présente cette requête dans un délai de deux mois à partir du dépôt, la taxe versée lui sera remboursée. Ce délai expiré, la taxe restera acquise au Trésor.

Toutefois, celui qui, en vertu des dispositions de l'article 10 ci-après, aura réclamé une copie officielle des pièces déposées à l'appui de sa demande, ne pourra plus retirer celle-ci.

ART. 9. — 1° Lorsque la demande d'un brevet aura été reconnue régulière, ce brevet sera délivré par un arrêté du ministre du commerce et de l'industrie, constatant la régularité de ladite demande. Dès que l'arrêté aura été rendu, il en sera donné avis au demandeur ou à son mandataire par l'Office national de la propriété industrielle, qui transmettra en même temps les pièces à l'Imprimerie nationale, pour qu'elles soient imprimées conformément à l'article 24 de la loi du 5 juillet 1844, modifiée par la loi du 7 avril 1902. Cet avis contiendra l'indication de la date de l'arrêté, du numéro donné au brevet, et du titre de l'invention. Il sera procédé de même pour les certificats d'addition.

2° Lorsque la description et les dessins du brevet ou certificat d'addition seront imprimés, une ampliation de l'arrêté ministériel précité, à laquelle sera annexé un exemplaire imprimé de la description et des dessins déposés, sera expédiée au demandeur ; à partir du jour de cette expédition, la description et les dessins imprimés pourront être consultés sans frais à l'Office national de la propriété industrielle et dans les préfectures.

3° Le titulaire du brevet aura un délai de trois mois, à dater de la remise de cette ampliation, pour signaler à l'Office national de la propriété industrielle les erreurs ou inexactitudes qui auraient pu se produire dans l'impression de sa description ou de ses dessins ; passé ce délai, aucune réclamation ne sera admise.

ART. 10. — Si, avant l'impression de son brevet ou certificat d'addition, le demandeur désire obtenir une copie officielle de la description déposée par lui, il devra en faire la demande et produire en même temps un récépissé constatant le versement dans une Recette des finances d'une taxe de 25 francs s'il s'agit d'un brevet d'invention, et de 20 francs s'il s'agit d'un certificat d'addition.

Les frais de dessin, s'il y a lieu, seront à la charge de l'impétrant.

Art. 11. — Le prix maximum de vente de chaque fascicule imprimé des descriptions et des dessins des brevets d'invention ou certificats d'addition est fixé à 1 franc.

Art. 12. — 1° Les descriptions et les dessins qui ne seraient point exécutés dans les conditions prescrites par le présent arrêté seront renvoyés au demandeur avec invitation d'avoir à fournir de nouvelles pièces régulières dans le délai d'un mois.

2° Il ne pourra être apporté aux descriptions et dessins, sous peine de rejet, aucune modification qui serait de nature à augmenter l'étendue et la portée des inventions.

3° Un exemplaire, conservé par l'Office national de la propriété industrielle, servira à vérifier la concordance entre les documents successivement produits.

4° Dans le cas où le déposant ne répondrait pas audit avis dans le délai imparti, la demande de brevet d'invention ou de certificat d'addition sera rejetée conformément à l'article 12 de la loi du 5 juillet 1844.

5° En cas de nécessité justifiée, le délai accordé au déposant pourra être augmenté sur sa demande.

Art. 13. — Aucune demande de brevet d'invention ou de certificat d'addition ne pourra être rejetée comme irrégulière pour infraction aux prescriptions du présent arrêté, notamment au point de vue de la rédaction de la description et de l'établissement des dessins, qu'après un avis conforme de la Commission technique de l'Office national de la propriété industrielle, le demandeur ou son mandataire préalablement entendu en ses explications ou dûment appelé devant ladite Commission.

Art. 14. — Les présentes dispositions seront applicables aux demandes de brevets d'invention et de certificats d'addition, dont le dépôt sera effectué un mois après la date du présent arrêté.

Art. 15. — L'arrêté ministériel du 31 décembre 1902 est abrogé, sauf l'article 16.

Art. 16. — Le directeur de l'Office national de la propriété industrielle est chargé d'assurer l'exécution du présent arrêté.

Fait à Paris, le 11 août 1903.

Georges Trouillot.

Tableau A.

MÉMOIRE DESCRIPTIF DÉPOSÉ A L'APPUI D'UNE DEMANDE

DE

BREVET D'INVENTION

FORMÉE PAR

(Ici le nom ou les noms du ou des demandeurs).

POUR

(Ici le titre de l'invention).

S'il s'agit d'un Certificat d'addition, l'en-tête de la description sera libellé comme suit :

MÉMOIRE DESCRIPTIF DÉPOSÉ A L'APPUI D'UNE DEMANDE

D'UN 1er (2e, 3e)

CERTIFICAT D'ADDITION

AU BREVET D'INVENTION DU _____ No _____

(Date de dépôt.)

FORMÉE PAR

Ici le nom ou les noms du ou des demandeurs).

POUR

(Ici le titre du brevet).

Tableau B.

Demande d'un_____

Brevet d'Invention_____

A Monsieur le Ministre du COMMERCE ET DE L'INDUSTRIE,

Monsieur le Ministre,

Inventeur
{
Nom _____
Prénoms _____
Adresse_____
Nationalité_____
}

_____l'honneur de vous adresser la demande d'un_____

Brevet d'invention de quinze années

Titre
{
pour_____
_____
_____
}

Tableau B (Suite).

A cette demande sont annexés, suivant le bordereau ci-dessous détaillé :

    1. — *Un mémoire descriptif en double expédition;*

    2. — _____ *dessin en double expédition.*

Convention	{	(Indiquer la date du premier dépôt et le pays dans lequel il a eu lieu.)
Internationale	{	
Ajournement de la délivrance à un an	{	

BORDEREAU DES PIÈCES DÉPOSÉES

Conformément à l'article 5 de la loi du 5 juillet 1844.

1. — Mémoire descriptif : Original (_____ pages)............................ 1
2. —   —   Duplicata (_____ pages)............................ 1
3. — Dessin : Original (_____ planche)............................
4. —   —   Duplicata (_____ planche)............................
5. — Demande adressée à Monsieur le Ministre du Commerce et de l'Industrie.. 1

                                 TOTAL................

Veuillez agréer, Monsieur le Ministre, l'assurance de mon profond respect.

                (DATE) : _____

                (SIGNATURE) : _____

      A Monsieur le Ministre
du Commerce, de l'Industrie, des Postes et des Télégraphes,
Office National de la Propriété industrielle
Au Conservatoire National des Arts et Métiers
292, rue Saint-Martin.   · Paris (3e Arr.)

N. B. — Si la demande est présentée par un mandataire, il écrira avant le nom du demandeur : « Au nom et comme mandataire de ». Le mandataire devra indiquer son adresse.

CONVENTION INTERNATIONALE DU 20 MARS 1883

Pour la protection de la propriété industrielle avec les modifications et adjonctions apportées par

l'Acte additionnel de Bruxelles du 14 décembre 1900 (1).

ARTICLE 1er. — Les Gouvernements de la Belgique, du Brésil, de l'Espagne, de la France, du Guatémala, de l'Italie, des Pays-Bas, du Portugal, du Salvador, de la Serbie et de la Suisse (2) sont constitués à l'état d'Union pour la protection de la Propriété industrielle.

ART. 2. — Les sujets ou citoyens de chacun des Etats contractants jouiront, dans tous les autres Etats de l'Union, en ce qui concerne les brevets d'invention, les dessins ou modèles industriels, les marques de fabrique ou de commerce et le nom commercial, des avantages que les lois respectives accordent actuellement ou accorderont par la suite aux nationaux. En conséquence, ils auront la même protection que ceux-ci et le même recours légal contre toute atteinte portée à leurs droits, sous réserve de l'accomplissement des formalités et des conditions imposées aux nationaux par la législation intérieure de chaque Etat.

ART. 3. — Sont assimilés aux sujets ou citoyens des Etats contractants les sujets ou citoyens des Etats ne faisant pas partie de l'Union, qui sont domiciliés ou ont des établissements industriels ou commerciaux *effectifs et sérieux* sur le territoire de l'un des Etats de l'Union (3).

ART. 4. — Celui qui aura régulièrement fait le dépôt d'une demande de brevet d'invention, d'un dessin ou modèle industriel, d'une marque de fabrique ou de commerce, dans l'un des Etats contractants, jouira pour effectuer le dépôt dans les autres Etats, et sous réserve des droits des tiers, d'un droit de priorité pendant les délais déterminés ci-après.

En conséquence, le dépôt ultérieurement opéré dans l'un des autres Etats de l'Union, avant l'expiration de ces délais, ne pourra être invalidé par des faits accomplis dans l'intervalle, soit, notamment, par un autre dépôt, par la publication de l'invention ou son exploitation (4), par la mise en vente d'exemplaires du dessin ou du modèle, par l'emploi de la marque.

---

(1) Les dispositions de l'Acte additionnel de Bruxelles sont entrées en vigueur le 14 septembre 1902.

(2) Les Etats faisant aujourd'hui partie de l'Union sont les suivants : Belgique, Brésil, Espagne, France avec l'Algérie et les colonies, Grande-Bretagne, avec la Nouvelle-Zélande et le Queensland, Italie, Pays-Bas, avec les Indes Néerlandaises, Surinam et Curaçao, Portugal avec les Açores et Madère, Serbie, Suisse, Tunisie, Norvège, Suède, Etats-Unis d'Amérique, République Dominicaine, Danemark avec les îles Féroé, Japon, Allemagne, Mexique.

Le Guatémala et le Salvador ne font plus partie de l'Union.

(3) Les mots *effectifs et sérieux* ont été ajoutés par l'Acte additionnel de Bruxelles.

(4) L'ancien texte de 1883 portait : *exploitation par un tiers;* les mots : *par un tiers* ont été supprimés par l'Acte additionnel de Bruxelles.

Les délais de priorité mentionnés ci-dessus seront de *douze* mois pour les brevets d'invention, et de *quatre* mois pour les dessins ou modèles industriels, ainsi que pour les marques de fabrique ou de commerce (1).

Art. 4 *bis*. — *Les brevets demandés dans les différents États contractants par des personnes admises au bénéfice de la Convention aux termes des articles 2 et 3, seront indépendants des brevets obtenus pour la même invention dans les autres États adhérents ou non à l'Union.*

Cette disposition s'appliquera aux brevets existant au moment de sa mise en vigueur.

Il en sera de même en cas d'accession de nouveaux États, pour les brevets existant de part et d'autre au moment de l'accession (2).

Art. 5. — L'introduction par le breveté, dans le pays où le brevet a été délivré, d'objets fabriqués dans l'un ou l'autre des États de l'Union, n'entraînera pas la déchéance.

Toutefois, le breveté restera soumis à l'obligation d'exploiter son brevet conformément aux lois du pays où il introduit les objets brevetés (3).

Art. 6. — Toute marque de fabrique ou de commerce régulièrement déposée dans le pays d'origine sera admise au dépôt et protégée telle quelle dans tous les autres pays de l'Union (4).

Sera considéré comme pays d'origine le pays où le déposant a son principal établissement.

Si ce principal établissement n'est point situé dans un des pays de l'Union, sera considéré comme pays d'origine celui auquel appartient le déposant.

Le dépôt pourra être refusé, si l'objet pour lequel il est demandé est considéré comme contraire à la morale ou à l'ordre public (4).

Art. 7. — La nature du produit sur lequel la marque de fabrique ou de commerce doit être apposée ne peut, dans aucun cas, faire obstacle au dépôt de la marque.

Art. 8. — Le nom commercial sera protégé dans tous les pays de l'Union sans obligation de dépôt, qu'il fasse ou non partie d'une marque de fabrique ou de commerce.

Art. 9. — Tout produit portant illicitement une marque de fabrique ou de commerce, ou un nom commercial, pourra être saisi à l'importation dans ceux des États de l'Union dans lesquels cette marque ou ce nom commercial ont droit à la protection légale.

La saisie aura lieu à la requête soit du ministère public, soit de la partie intéressée, conformément à la législation intérieure de chaque État.

Dans les États dont la législation n'admet pas la saisie à l'importation, cette saisie pourra être remplacée par la prohibition d'importation.

Les autorités ne seront pas tenues d'effectuer la saisie en cas de transit (5).

---

(1) Le paragraphe correspondant dans l'ancien texte de 1883 était ainsi conçu : « Les délais de priorité mentionnés ci-dessus seront de *six* mois pour les brevets » d'invention, et de *trois* mois pour les dessins ou modèles industriels, ainsi que » pour les marques de fabrique ou de commerce. *Ils seront augmentés d'un mois* » *pour les pays d'outre-mer.* »

(2) L'article 4 *bis* a été ajouté en entier par l'Acte additionnel de Bruxelles.

(3) Cf. *infra* le n° 3 *bis* du Protocole de clôture.

(4) Cf. *infra* le n° 4 du Protocole de clôture.

(5) Le texte en italique de l'article 9 a été ajouté par l'Acte additionnel de Bruxelles.

Art. 10. — Les dispositions de l'article précédent seront applicables à tout produit portant faussement, comme indication de provenance, le nom d'une localité déterminée, lorsque cette indication sera jointe à un nom commercial fictif ou emprunté dans une intention frauduleuse.

Est réputé partie' intéressée tout *producteur*, fabricant ou commerçant, engagé dans la *production*, la fabrication ou. le commerce de ce produit, et établi soit dans la localité faussement indiquée comme lieu de provenance, *soit dans la région où cette localité est située* (1).

Art. 10 *bis*. — *Les ressortissants de la Convention* (*art.* 2 *et* 3) *jouiront, dans tous les États de l'Union, de la protection accordée aux nationaux contre la concurrence déloyale* (2).

Art. 11. — Les Hautes Parties contractantes *accorderont, conformément à la législation de chaque pays*, une protection temporaire aux inventions brevetables, aux dessins ou modèles industriels, ainsi qu'aux marques de fabrique ou de commerce, pour les produits qui figureront aux Expositions internationales officielles ou officiellement reconnues, *organisées sur le territoire de l'une d'elles* (3).

Art. 12. — Chacune des Hautes Parties contractantes s'engage à établir un service spécial de la Propriété industrielle et un dépôt central, pour la communication au public des brevets d'invention, des dessins ou modèles industriels et des marques de fabrique ou de commerce.

Art. 13. — Un Office international sera organisé sous le titre de : *Bureau international de l'Union pour la protection de la Propriété industrielle.*

Ce Bureau, dont les frais seront supportés par les Administrations de tous les États contractants, sera placé sous la haute autorité de l'Administration supérieure de la Confédération suisse, et fonctionnera sous sa surveillance. Les attributions en seront déterminées d'un commun accord entre les États de l'Union.

Art. 14. — La présente Convention sera soumise à des revisions périodiques en vue d'y introduire les améliorations de nature à perfectionner le système de l'Union.

A cet effet, des Conférences auront lieu successivement dans l'un des États contractants, entre les délégués desdits États (4).

Art. 15. — Il est entendu que les Hautes Parties contractantes se réservent respectivement le droit de prendre séparément, entre elles, des arrangements particuliers pour la protection de la Propriété industrielle, en tant que ces arrangements ne contreviendraient point aux dispositions de la présente Convention.

---

(1) Le dernier alinéa de l'article 10 était conçu comme suit dans l'ancien texte de 1883 : « Est réputé partie intéressée tout fabricant ou commerçant engagé » dans la fabrication ou le commerce de ce produit, et établi dans la localité » faussement indiquée comme provenance. »

(2) L'article 10 *bis* a été ajouté par l'Acte additionnel de Bruxelles.

(3) L'ancien texte de 1883, article 4, était conçu comme suit : « Les Hautes » Parties contractantes *s'engagent à accorder* une protection temporaire aux » inventions brevetables, aux dessins ou modèles industriels, ainsi qu'aux » marques de fabrique ou de commerce, pour les produits qui figureront aux » Expositions internationales officielles ou officiellement reconnues. »

(4) L'ancien texte de 1883 comportait, en plus, un dernier alinéa ainsi conçu : « La prochaine réunion aura lieu en 1885, à Rome. »

14

Art. 16. — Les Etats qui n'ont point pris part à la présente Convention seront admis à y adhérer sur leur demande.

Cette adhésion sera notifiée par la voie diplomatique au Gouvernement de la Confédération suisse, et par celui-ci à tous les autres.

Elle emportera, de plein droit, accession à toutes les clauses et admission à tous les avantages stipulés par la présente Convention, *et produira ses effets un mois après l'envoi de la notification faite par le Gouvernement suisse aux autres Etats unionistes, à moins qu'une date postérieure n'ait été indiquée par l'Etat adhérent* (1).

Art. 17. — L'exécution des engagements réciproques contenus dans la présente Convention est subordonnée, en tant que de besoin, à l'accomplissement des formalités et règles établies par les lois constitutionnelles de celles des Hautes Parties contractantes qui sont tenues d'en provoquer l'application, ce qu'elles s'obligent à faire dans le plus bref délai possible.

Art. 18. — La présente Convention sera mise à exécution dans le délai d'un mois à partir de l'échange des ratifications et demeurera en vigueur pendant un temps indéterminé, jusqu'à l'expiration d'une année à partir du jour où la dénonciation en sera faite.

Cette dénonciation sera adressée au Gouvernement chargé de recevoir les adhésions. Elle ne produira son effet qu'à l'égard de l'Etat qui l'aura faite, la Convention restant exécutoire pour les autres Parties contractantes.

Art. 19. — La présente Convention sera ratifiée, et les ratifications en seront échangées à Paris, dans un délai d'un an au plus tard.

En foi de quoi, les Plénipotentiaires respectifs l'ont signée et y ont apposé leurs cachets.

PROTOCOLE DE CLOTURE

Au moment de procéder à la signature de la Convention conclue, à la date de ce jour, entre les Gouvernements de la Belgique, du Brésil, de l'Espagne, de la France, du Guatémala, de l'Italie, des Pays-Bas, du Portugal, du Salvador, de la Serbie et de la Suisse, pour la protection de la Propriété industrielle, les Plénipotentiaires soussignés sont convenus de ce qui suit :

1. Les mots *Propriété industrielle* doivent être entendus dans leur acception la plus large, en ce sens qu'ils s'appliquent non seulement aux produits de l'industrie proprement dite, mais également aux produits de l'agriculture (vins, grains, fruits, bestiaux, etc.), et aux produits minéraux livrés au commerce (eaux minérales, etc.).

2. Sous le nom de *brevets d'invention* sont comprises les diverses espèces de brevets industriels admises par les législations des Etats contractants, telles que brevets d'importation, brevets de perfectionnements, etc...

3. Il est entendu que la disposition finale de l'article 2 de la Convention ne porte aucune atteinte à la législation de chacun des Etats contractants, en

---

(1) Le texte en italique du dernier paragraphe de l'article 16 a été ajouté par l'Acte additionnel de Bruxelles.

ce qui concerne la procédure suivie devant les Tribunaux et la compétence de ces Tribunaux.

3 *bis*. *Le breveté, dans chaque pays, ne pourra être frappé de déchéance pour cause de non-exploitation qu'après un délai minimum de trois ans, à dater du dépôt de la demande dans le pays dont il s'agit, et dans le cas où le breveté ne justifierait pas des causes de son inaction* (1).

4. Le paragraphe 1ᵉʳ de l'article 6 doit être entendu en ce sens qu'aucune marque de fabrique ou de commerce ne pourra être exclue de la protection dans l'un des Etats de l'Union par le fait seul qu'elle ne satisferait pas, au point de vue des signes qui la composent, aux conditions de la législation de cet Etat, pourvu qu'elle satisfasse, sur ce point, à la législation du pays d'origine et qu'elle ait été, dans ce dernier pays, l'objet d'un dépôt régulier. Sauf cette exception, qui ne concerne que la forme de la marque, et sous réserve des dispositions des autres articles de la Convention, la législation intérieure de chacun des Etats recevra son application.

Pour éviter toute fausse interprétation, il est entendu que l'usage des armoiries publiques et des décorations peut être considéré comme contraire à l'ordre public, dans le sens du paragraphe final de l'article 6.

5. L'organisation du service spécial de la Propriété industrielle mentionné à l'article 12 comprendra, autant que possible, la publication, dans chaque Etat, d'une feuille officielle périodique.

6. *Les dépenses du Bureau international institué par l'article 13 seront supportées en commun par les Etats contractants. Elles ne pourront, en aucun cas, dépasser la somme de soixante mille francs par année* (2).

Pour déterminer la part contributive de chacun des Etats dans cette somme totale des frais, les Etats contractants et ceux qui adhéreraient ultérieurement à l'Union seront divisés en six classes contribuant chacune dans la proportion d'un certain nombre d'unités, savoir :

1ʳᵉ classe.	25 unités.
2ᵉ classe.	20 unités.
3ᵉ classe.	15 unités.
4ᵉ classe.	10 unités.
5ᵉ classe.	5 unités.
6ᵉ classe.	3 unités.

Ces coefficients seront multipliés par le nombre des Etats de chaque classe, et la somme des produits ainsi obtenus fournira le nombre d'unités par lequel la dépense totale doit être divisée. Le quotient donnera le montant de l'unité de dépense.

Les Etats contractants sont classés ainsi qu'il suit, en vue de la répartition des frais.

---

(1) Le n° 3 *bis* a été ajouté par l'Acte additionnel de Bruxelles.
(2) Texte nouveau de l'Acte additionnel de Bruxelles. Dans l'ancien texte de 1883, le n° 6 était ainsi conçu : « Les frais communs du Bureau international » institué par l'article 13 ne pourront, en aucun cas, dépasser par année une » somme totale représentant une moyenne de 2 000 francs par chaque Etat con- » tractant. »

14.

1re classe.	France, Italie.
2e classe.	Espagne.
3e classe.	Belgique, Brésil. Portugal, Suisse.
4e classe.	Pays-Bas.
5e classe.	Serbie.
6e classe.	Guatémala, Salvador (1).

L'Administration suisse surveillera les dépenses du Bureau international, fera les avances nécessaires et établira le compte annuel, qui sera communiqué à toutes les autres Administrations.

Le Bureau international centralisera les renseignements de toute nature relatifs à la protection de la Propriété industrielle et les réunira en une statistique générale qui sera distribuée à toutes les Administrations. Il procédera aux études d'utilité commune intéressant l'Union et rédigera, à l'aide des documents qui seront mis à sa disposition par les diverses Administrations, une feuille périodique, en langue française, sur les questions concernant l'objet de l'Union.

Les numéros de cette feuille, de même que tous les documents publiés par le Bureau international, seront répartis entre les Administrations des Etats de l'Union, dans la proportion du nombre des unités contributives ci-dessus mentionnées. Les exemplaires et documents supplémentaires qui seraient réclamés, soit par les dites Administrations, soit par des sociétés ou des particuliers, seront payés à part.

Le Bureau international devra se tenir en tout temps à la disposition des membres de l'Union, pour leur fournir, sur les questions relatives au service international de la Propriété industrielle, les renseignements spéciaux dont ils pourraient avoir besoin.

L'Administration du pays où doit siéger la prochaine Conférence préparera, avec le concours du Bureau international, les travaux de cette Conférence.

Le directeur du Bureau international assistera aux séances des Conférences et prendra part aux discussions sans voix délibérative. Il fera, sur sa gestion, un rapport annuel qui sera communiqué à tous les membres de l'Union.

La langue officielle du Bureau international sera la langue française.

7. Le présent Protocole de clôture, qui sera ratifié en même temps que la Convention conclue à la date de ce jour, sera considéré comme faisant partie intégrante de cette Convention, et aura même force, valeur et durée.

En foi de quoi les Plénipotentiaires soussignés ont dressé le présent Protocole.

---

(1) Le Salvador et le Guatémala ne font plus aujourd'hui partie de l'Union.
Les autres Etats, qui ont adhéré à l'Union depuis 1883, ont été classés comme suit :

1re classe : Allemagne, Etats-Unis d'Amérique. Grande-Bretagne.
2e classe : Japon.
3e classe : Suède, Mexique.
4e classe : Danemark, Norvège.
6e classe : République Dominicaine, Tunisie.

TABLE ANALYTIQUE DES MATIÈRES [1]

TABLE DES MATIÈRES

LIVRE PREMIER
Des Brevets d'invention.

LIVRE DEUXIÈME
De la Contrefaçon.

DOCUMENTS LÉGISLATIFS ET ADMINISTRATIFS